此成果为2008年度国家法治与法学理论研究重点项目——《政府采购法基础理论研究》(08SFB1003)的终极成果，2014年国家社科基金重点课题——《政府采购法律体系化的现实基础、主要内容与具体途径研究》的阶段性成果，特别鸣谢司法部和全国哲学社会科学规划办公室。

政府采购法原理

肖北庚　著

世界图书出版公司
广州·上海·西安·北京

图书在版编目（CIP）数据

政府采购法原理 / 肖北庚著 . — 广州：世界图书出版广东有限公司，2025.1重印
ISBN 978-7-5192-0961-2

Ⅰ . ①政… Ⅱ . ①肖… Ⅲ . ①政府采购法—研究—中国 Ⅳ . ① D922.204

中国版本图书馆 CIP 数据核字 (2016) 第 063238 号

政府采购法原理

责任编辑：张梦婕
责任技编：刘上锦
封面设计：周文娜
出版发行：世界图书出版广东有限公司
地　　址：广州市新港西路大江冲 25 号
电　　话：020-84460408
印　　刷：悦读天下（山东）印务有限公司
规　　格：787mm × 1092mm　1/16
印　　张：17
字　　数：300 千
版　　次：2016 年 3 月第 1 版
印　　次：2025 年 1 月第 2 次印刷
ISBN　978-7-5192-0961-2/D · 0134
定　　价：88.00 元

前　言

2014年中国政府采购规模达17305.34亿元，是2002年的1009亿元的17倍，占财政支出的比重也由2002年的4.6%提高到11.4%，累计节约财政资金6600多亿元。且公开招标已成为最主要的采购方式，公开招标规模占采购总规模比例逐年提升，尤其是批量集中采购工作面逐步扩大，2014年规模达2001.21亿元，占全国集中采购金额11734.5亿元的17.1%。如此大规模的政府采购和大批量的集中采购要有序进行，离不开内在协调且具操作性的政府采购法制保障。

我国保障政府采购有序进行的现行法制则是以《政府采购法》《招标投标法》两法及其实施条例为主体的法律体系，该两法在主体范围、监管机构、废标条件等方面都存在矛盾和不一致。更为主要的是在主体法律不一致的情况下，政府采购授权立法和地方立法却十分活跃，国务院各部门和地方国家机关相应地制定了大量的规章，仅就财政部而言，就有《政府采购供应商投诉处理办法》《政府采购信息公告管理办法》《政府采购代理机构资格认定办法》等20余部规章。行政法规、部门规章、地方法规、地方规章这些低位阶的法律数量已超百件，远远超过狭义的法律，法律、法规、规章之间也不协调。以两部基本法为主体辅之以众多法规、规章的政府采购法律体系存在着明显矛盾和不协调，致使实践中政府采购法制所承载的促进廉政建设和提高公共资金使用效率等价值在现实中落空，难以有效保证上万亿规模的政府采购完全符合政府采购自身规律和不偏离法制轨道。“法律可以容忍事实上的困难，而不能容忍不一致性和逻辑的缺陷”[1]，这就要求对现行政府采购法律体系进行全面反思和完善，概括与提炼出政府采购法的基本原理，为促进立法发展和保障有效有序执法提供对策。

客观地说，在如何构建统一的政府采购法制上实务部门已走在理论界的前列，早已寄望通过制定两部主体法律的实施细则[2]来促使政府采购法律体系的协调。不过实施细则作为一种立法细化技术，在一定程度上可以缓解两法中某些条款不具体、不好操作的问题，但很难解决两法的不协调和矛盾。要解决这一问题必须从基本理论视角反思政府采购法制的核心问题，进而在统一的理念和理论导引下构建起协调一致的政府采购法律体系。问题的紧迫性还在于我国加入 GPA 法律调整的客观实践需要。加入 GPA 和入世一样，它对缔约国的要求不仅体现在开放政府采购市场，还在于促进政府采购法律制度的完善。GPA 作为一种外在的力量，它要求缔约国施行内在和谐、统一的政府采购制度。当前，我国加入 GPA 谈判，已由单纯的出价谈判走向出价与法律调整谈判并重阶段。正式加入 GPA 前，应调整本国政府采购制度与措施使其与 GPA 相衔接，这是 GPA 的一般要求。由是，对现行政府采购规范集合体进行系统化反思，消除自身的矛盾和不一致性，使其成为一个统一的、内在和谐一致并与 GPA 有效衔接的法律体系，是当前加入 GPA 实践的紧迫要求。这样，对现行缺乏统一性又十分庞杂和分散的政府采购法律体系进行理论反思就成了理论回应实践的客观必要。

过往理论界是如何回应实践中这一紧迫问题的呢？形式上看，文章论著甚丰但都未从理论上对政府采购法制进行体系化的反思。近几年的研究成果显示，论文研究视角主要集中在以下三个方面：一是探讨加入 WTO《政府采购协定》（以下简称 GPA）对我国政府采购法制完善的要求；二是政府采购具体制度完善探讨；三是探寻解决具体实务中的政府采购问题之制度对策。论著方面主要

[1] [美]埃德加·博登海默著：《法理学—法哲学及其方法》，华夏出版社 1987 年版，第 235 页。

[2] 2011 年在国家发展与改革委员会的大力推进下，国务院公布实施的《中华人民共和国招标投标法实施条例》，同时在财政部的推动下国务院制定的《中华人民共和国政府采购法实施条例》已于 2015 年 3 月 1 日实施。

有两类：一是分析政府采购具体制度的著作；二是从比较尤其从 GPA 视角研究政府采购的著作[1]。以上论著均未紧扣现行政府采购法律体系的突出问题并从体系化要求视角对其进行全面探讨。国外近年来也有一些著作和论文论及政府采购法制，但主要是分析本国政府采购制度及其有关 GPA 规范。总体上来看，目前缺乏从法的统一性和一致性基础上全面、系统分析我国政府采购法律制度的经典论著，政府采购法律体系化是弥补过往理论研究不足而对构建和谐一致的政府采购法制不可或缺的重大问题，这正是本书研究的基本前提和使命所在。

[1] 通过 CNKI 检索 2010 年至今五年的论文在 900 篇左右，其中法学类刊物上不多，20 余篇；著作 4 部。这些论著主要是针对实践中的问题探讨相应对策，未见系统全面并结合基础理论，从立法层面反思制度之作。

目 录

第一章

政府采购法概述

政府采购制度作为治理公共财政支出的一项重要制度，是规范公共财政支出的客观要求，也是现代经济发展的必然结果，属行政法范畴。以政府采购概念厘定为基础，诠释政府采购法的性质、基本原则和适用范围等是法律视角对其研究的理论逻辑。

第一节 政府采购的概念与特征

一、政府采购的概念

政府采购是政府采购法学中的一个基础性概念，政府采购法学的主要内容都是围绕政府采购概念研究而展开；政府采购立法实践也是随着政府采购概念研究的深化而不断丰富和完善。明晰的概念既有助于识别政府采购既潜在又显著的属性为构筑科学的政府采购法理论体系奠定理论基础，又能提出政府采购在充分发展状态下的相像模型，是丰富和完善政府采购立法与执法的价值原点。

目前，我国学界对政府采购概念主要有以下几种观点：

（一）规范阐释论

规范阐释论即根据法律规范对政府采购的界定来定义政府采购概念，其典型代表是王家林先生和杨汉平先生，王先生在《借鉴国际经验，结合中国国情，搞好政府采购立法》一文中将政府采购定义为："政府采购是指各级国家机关和实行预算管理的政党组织、社会团体、事业单位，使用财政性资金获取货物、工程和服务的行为。"[1] 这一定义明显是财政部颁发的《政府采购管理暂行办法》以及北京、上海等地政府采购规章的翻版。[2] 杨汉平先生则在其所著的《政府采购法律制度理论与实践》一书中将政府采购界定为："政府采购（Government Procurement），也称公共采购，是指各级国家机关、事业单位和团体组织，使用财政性资金采购集中采购目录以内的或者采购限额标准以上的货物、工程和服务的行为。"[3] 这一定义显然是《政府采购法》第2条第1款规范的理论表达。[4]

规范阐释论作为定义概念的方法固然有助于为相关实践者提供行为预期之价值，然而其缺陷也是显而易见的。首先，不能统一政府采购的内涵。由于各国和各地区所处的自然历史条件、文化传统、法制实践以及迈入现代社会的政治、经济、文化之起始条件均不同，政府采购内涵在各国法律规制中具有明显差异，依据规范定义政府采购，必然难以综合识别政府采购既潜在又显著的根本属性，难以统一其内涵。其实，尽管各国及国际社会法律规范对政府采购有不同的界说，如果我们运用马克思主义从具体到抽象的辩证思维方法，完全可

[1] 王家林：《借鉴国际经验，结合中国国情，搞好政府采购立法》，转引自湛中东、杨君佐：《政府采购基本法律问题研究》，载《法制与社会发展》2001年第3期，第21页。

[2]《政府采购管理暂行办法》规定："政府采购是指采购机关以购买、租赁、委托或雇用等方式获取货物、工程和服务的行为。""各级国家机关、实行预算管理的事业单位和社会团体（以下统称采购机关）使用财政性资金办理的政府采购，适用本办法。"《北京市政府采购办法》第二条规定："本办法所称政府采购，是指纳入本市市级预算管理的机关、事业单位和社会团体（以下简称采购单位），为了完成本单位管理职能或者开展业务活动以及为公众提供公共服务的需要，购买商品或者接受服务的行为。"《上海市政府采购管理办法》第二条规定："本办法所称的政府采购，是指政府为了开展日常政务活动或者为社会公众提供服务的需要，以确定的、规范的方式和程序，购买货物、工程和服务的行为。"

[3] 杨汉平：《政府采购法律制度理论与实务》，西苑出版社2002年版，第1页。

[4]《政府采购法》第2条第1款规定："本法所称政府采购，是指各级国家机关、事业单位和团体组织，使用财政性资金采购依法制定的集中采购目录以内的或者采购限额标准以上的货物、工程和服务的行为。"

以从这色彩各异的界说中寻觅到许多共同的要素，然后从这些要素中概括出普适的概念。其次，难以发挥理论指导实践的作用。众所周知，理论的生命和价值在于服务和指导实践，法学理论尤其如此。法学理论研究的价值不仅在于解释规范，使规范在适用于现实过程中，为人们提供具体指导，更重要的在于对规范进行比较、概括和抽象，发现规范同一行为的不同规范之共同要素和观念，以便为规范的发展和完善提供具体的指导和参考，并预示规范的发展趋势，进而发挥规范对理论的具体指导作用。再次，规范界定方法所形成的政府采购概念难以适应国际政府采购法制的需要。国际政府采购法制从一定意义上来讲是妥协的结果，它是对世界各主要国家政府采购法制的差异进行平衡后通过谈判而形成的，这种谈判从一定意义上来讲就是妥协。如果我们都是从本国实际情况出发来界定政府采购，发掘不了政府采购的共同点，那就很难为谈判提供现实条件，也就形成不了政府采购法制的共同理念。因此，要为国际政府采购法制寻找到共同的政府采购概念进而展开国际政府采购法制研究必然要舍弃传统的规范定义方法。最后，从马克思主义方法来看，这种定义方法还只停留在具体层面，没有上升到理论抽象。而从方法论视角看，理论演进的逻辑是从具体到抽象，再由抽象到具体不断循环的过程。可见规范定义方法只是理论的初步，它还必然会向其他更高层次方法迈进。

（二）语义说

语义说即是指通过对概念所包含语词的含义进行全面分析，并从词语所涉及到的现实问题中综合概括出概念的内涵，马海涛和曹富国两先生则是这方面的代表。曹富国先生在其编著的《政府采购管理国际规范与实务》一书中通过对政府采购所包含的语词进行时代语境分析，进而将政府采购界定为："政府采购乃是一国政府部门及政府机构或其他直接或间接受政府控制的企事业单位，为实现其政府职能和公共利益，使用公共资金获得货物、工程和服务的行为。"[1] 马海涛在其主编的《政府采购手册》一书中，首先对采购和政府的含义进行了全面分析，然后以此为基础对政府采购进行了界定，将其定义为："政府采购（Government Purchase）乃是一国政府部门及政府机构或其他直接或间

[1] 曹富国、何景成：《政府采购管理国际规范与实务》，企业管理出版社 1998 年版，第 9 页。

接受政府控制的企事业单位，在财政监督下，以法定的方式、方法和程序使用公共资金获得货物、工程和服务的行为。”[1]

语义说几成我国政府采购理论界所采取的通说，2002年朱建元先生在其主编的《政府采购的招标与投标》一书中基本上采取了与上述表达类似的概念，将政府采购界定为：“一国政府部门及政府机构或其他直接或间接受政府控制的企事业单位，为实现其政府职能和公共利益，使用公共资金获得货物、工程和服务的行为。”[2] 即使是后期出版的著作也没能完全跳出曹富国先生语义定义之内在影响，如2006年由山东人民出版社出版的《政府采购国际法律制度比较研究》一书对政府采购的定义。[3]

尽管语义说可以视为政府采购的通说，但它将概念纳入特定的社会情景中进行分析，引出其共有意义之时必然会凸显出政府采购概念在不同国家的个性内涵。当个性内涵遮蔽政府采购的共同语义时，就难以形成政府采购法制的共同理念，这势必会造成政府采购概念在国际社会中理解不一，从而难免在定义中犯以偏概全的低级错误。

要对政府采购进行科学定义，应当从法制实践入手，对世界各国依据国际条约和本国法制所进行的采购实践内涵的各种要素进行分析把握，并以此为基础，才能全面准确厘定政府采购的本质属性。从政府采购实践来看通常包括以下要素：政府采购主体是公共资金的使用者、政府采购的资金具有公共性、政府采购行为服务于公共利益、政府采购的客体通常包括货物、工程、服务，这样可将政府采购定义为：政府采购是公共资金支配者为了公共利益的需要，使用公共资金购买货物、服务或工程的行为。

二、政府采购特征

如果存在着检验和证明政府采购区别于诸如私营采购等其他采购行为的众所公认的标准，那么就存在一种政府采购内在规定性的最低限度的基本要素，

[1] 马海涛、陈福超、李学考：《政府采购手册》，民主与建设出版社2002年版，第6页。
[2] 朱建元、全林：《政府采购的招标与投标》，人民法院出版社2000年版，第2页。
[3] 姚艳霞：《政府采购国际法律制度比较研究》，山东人民出版社2006年，第6页。

这些要素主要有：

首先，政府采购主体是公共资金的使用者。在政府采购主体界定上曾经普遍使用的是国家机关及其所属实体，同时在国家机关上，有的国家法律把国家机关主要限定在政府部门，而不包括立法及司法部门，这显然有背于政府采购的立法目的，因为立法的目的在于提高公共资金的使用效率，而公共资金使用者显然不限于行政机关。因此随着理论研究的深入，大多数国家的立法都将所有使用公共资金的国家机关和团体组织纳入政府采购主体范畴。随着经济的发展，理论界发现一些公用事业部门也使用公共资金，随之也将其纳入政府采购主体范畴。因此，判别政府采购首要的标准是政府采购主体是公共资金的使用者。这里，公共资金的使用者比单独列举政府采购主体更具普适性，能涵盖各种政府采购法制对政府采购之界定。同时，也能使政府采购概念具有适应经济形式变化而不更改其内涵的稳定性。

政府采购主体必须是公共资金的使用者，这是一切政府采购所必须具备的条件，但不是充分条件。同时，具备此条件的采购活动并非都是政府采购，一项采购行为是否属于政府采购，必然视政府采购为行为整体并结合行为性质与目的、采购资金性质等要素综合把握。

其次，政府采购行为兼具民事行为和行政行为双重性质。正如西方学者所认为的："一般来说，政府采购具有商业行为和非商业行为的双重，世界各国的理解也不一样，有的国家基于政府采购行为是政府行为和非政府行为（即客观标准）来区分政府采购行为的性质；而另一些国家则基于政府采购的目的（即主观标准）来区分政府采购行为的性质；如军队购买皮鞋的行为，按第一种标准，它就是一种商业行为，而按第二种标准，这是一种政府行为。"[1]政府采购作为一种采购行为它同私人采购一样，行为的成立在于采购人与供应商之间的意思表达一致，且表示一致建立在自由表达基础上，因而具有民事行为性质。而政府采购中的"政府"两字使其具有行政行为属性，"政府采购之公共资金之公共性及其托管人的角色成为政府采购公共管理性的一个重要渊源"。[2]

[1] Peter Malanczuk Akehurst's Modern Introduction to International Law, Rout ledge 1997, 7thed, p120.

[2] 曹富国、何景成：《政府采购管理国际规范与实务》，企业管理出版社 1998 年版，第 6 页。

政府采购的行政行为性质主要体现在：作为政府采购的公共资金支配者与供应商进行活动行为时，享有单方面变更、中止采购行为内容的特权，否定了民事行为的意思自治原则和契约自由原则，“是对传统合同法的一种制度的创新”。[1]正是政府采购行为兼具民事行为和行政行为法律性质，因此受多种法律制度调整，恰似西方学者所说：“公共采购部门履行的是托管人的职能，因为受雇的管理员花费的资金来自于别人的捐助和税收，雇主依靠这些资金代表他们的客户或捐助人提供服务。因此非赢利机构或政府的采购职能就成为一个受管制然却透明的过程，受到无数法律、规则和条例、司法和行政决定，以及政策和程序的限定和控制。”[2]

再次，采购所使用资金的公共性。政府采购不仅要求主体是公共资金使用者，而且公共资金使用者所使用的资金性质也是判定政府采购的重要标准。因为公共资金使用者有时候在市场上使用他人资金或私有资金进行购买并非政府采购。对于资金公共性的具体界定，各个国家用词不一，社会主义国家大都使用财政资金一词，财政资金通常是预算内资金[3]。其实，公共资金还有其他获取方式，如社会资助、捐款或自已募捐等方式。因此，一些发达国家往往把以上述方式所获取的资金也界定在公共资金范围内，并将其作为判断政府采购的重要标准。尽管上述两种不同性质国家对公共资金范围界定差异较大，但共同点都是通过公共渠道所获取的资金，因而政府采购所使用的资金公共性是判定政府采购尤为重要的标准。

除了对公共资金范围的不同理解外，理论界对公共资金的性质也有不同认识，有的将银行通过公共储蓄所获得的资金也理解为公共资金。当然，从获取渠道来看，对通过储蓄所获资金的公共性是不用置疑的。尽管渠道具有公共性而资金还是存款人所有，并非公共资金。

[1] 刘俊海：《关于政府采购立法的若干思考》，参见《政府采购立法国际研讨会材料（五）》天津，1999年12月16日。

[2] Donald W · Donbler, Purchasing and Supply Management, The Mc Graw-Hill Companies, INC.1986.

[3]《政府采购法实施条例》第2条对财政性资金进行了定义：“财政性资金是纳入预算管理的资金。以财政性资金作为还款来源的借贷资金，视为财政性资金。”

复次，采购行为的目的服务于公众需要。政府采购是公共资金支配者为了开展日常职能活动或为公众提供服务的需要，采购行为的执行者和管理者是实行业绩制的公务员或雇员，他们进行采购行为的目的在于服务公众，没有赢利的动机和需要，“从事和管理采购职能的人员没有公司雇员需要赢利的动机”，[1]“采购和分配的物品是为了几个机关和部门之用，通常他们不是用于制造和转售之目的”。[2]正是这种行为目的性在于服务大众，使得政府采购行为常常不受规制赢利行为的经济法约束，而被专门的法律所规范。

最后，政府采购行为过程的公开性。政府采购是采购者为公共需要和实现政府职能而实施的行为，行为主体是公共资金的托管人，为了保证公共资金的使用者不背离公众利益，必须对政府采购行为所涉及的采购方式、采购信息和采购程序进行公开。这一点早就为美国的政府采购法制所规范，也为理论界所公认。“通常情况下，非赢利机构和政府采购的记录可以进行公开审议，任何人都可以提出问题并期望得到解答。尤其是政府采购中，受到不公正待遇的任何一方都可以在采购过程中的任何阶段提出投诉。州政府和地方政府常常进行联合或合作采购，因此，在州政府和地方政府采购中，共享信息更是成为一条原则。”[3]这要求政府采购行为实施者和管理者必须严格依据法律、法规和规章进行操作，他们没有多少自由裁量权和自主行为。

第二节 政府采购法的渊源

法律渊源有多种含义，有司法实践视角中的法律效力渊源，有作为法律产生根据的实质法律渊源，还有作为法律规范表现形式的形式法律渊源等等。我国政府采购法制的立法实践源自于政府采购实践，因而从实践视角——规范政府采购的法律表现形式，探索政府采购法的外在形式更有实际意义。政

[1] Harry Robert Page, Public Purchasing and Material Management, Mass.D.C.Heath & Copany 1998.

[2] Donald W · Donbler, Purchasing and Supply Management, The Mc Graw-Hill Companies, INC.1986.

[3] Harry Robert Page, Public Purchasing and Material Management, Mass.D.C.Heath & Copany 1998.

府采购法是行政法的一个分支，其规范形式多种多样，有必要对政府采购法规范的表现形式予以概括并进行理论分类，政府采购法的渊源理论类型主要有以下几种：

一、法律

法律有广义和狭义之分，这里所讲的法律是狭义上的法律，也即仅指依据宪法规定由最高权力机关及其常设机关制定的规范性文件。其中由全国人民代表大会制定或修改的法律为基本法律，全国人民代表大会常务委员会制定和修改的法律为一般法律。基本法律和一般法律都对国家机构和公民权利保障等国家和社会生活根本性和全局性或某一方面具体问题进行规范。政府采购作为国家公共财政管理的一种重要手段，也是国家经济生活领域一个重要问题，同时，政府采购还有助于预防腐败和提高政府信用，因而有必要以法律形式对其进行规范。法律作为政府采购法渊源主要有两种具体表现形式：一是专门规定政府采购规范的法律，目前全国人民代表大会常务委员会制定的有关政府采购方面的法律只有《招标投标法》和《政府采购法》，在这一点上，我国立法与国外的相关立法差异较大，西方发达国家大多只有政府采购法，而招投标法往往被视为政府采购法的特别法，我国则将两者作为程序法和实体法来对待，现实实施中亦存在不少问题，应借鉴西方政府采购发达国家的立法模式，完善我国政府采购法；二是专门规范其他问题但包括政府采购规范的法律，如《预算法》《会计法》《刑法》《反不正当竞争法》《药品管理法》等，这些专门法律只有其涉及政府采购的规范才是政府采购法的法律渊源。在我国现行政府采购法实践中，法律是政府采购法最核心的和最高层次的渊源。

二、行政法规

行政法规是指最高国家行政机关根据并且为了实施宪法和法律依照法定职权与程序制定和发布的关于国家行政管理活动方面的规范性文件。行政法规不同于行政管理法规，行政法规是国务院制定的具有普遍约束力的法律文件的特称，而行政管理法规则可以泛指所有行政法律文件。行政法规的名称通常为条例、规定和办法三种。

行政法规的效力低于宪法、法律，高于其他规范性文件。行政法规所规制的事项也不同于法律和其他规范性文件。它所规制的事项主要包括为执行法律的规定而需要制定行政法规的事项及宪法第 89 条规定的国务院行政管理职权的事项等；同时，经全国人民代表大会及其常务委员会授权，国务院还可以就应当由法律规制的事项但尚未制定法律的，根据实际需要可以就其中的部分事项先行制定行政法规。目前，有关政府采购的行政法规较少，主要有《政府采购法实施条例》与《招标投标法实施条例》等。

三、地方性法规

地方性法规是指享有地方立法权的地方国家权力机关及其常设机关为保障宪法、法律和行政法规的遵守和执行，依照法定职权和程序制定的规范性文件。根据宪法和《地方各级人民代表大会和地方各级人民政府组织法》及《立法法》之规定，享有地方立法权的地方权力机关包括：省、自治区、直辖市的人民代表大会，省、自治区人民政府所在地的市人民代表大会和经国务院批准的较大的市人民代表大会以及设区的市人民代表大会等；同时，地方性法规制定后要经过批准或备案程序后方能实施。

在我国实行分级财政预算制度，地方政府对政府采购这一财政性政策手段运用较多，大多数地方人大都制定了实施招投标法的细则或专门制定有规范政府采购的法规，如《湖南省实施〈中华人民共和国招标投标法〉办法》等。不过，设区的市人民代表大会尽管享有立法权，但不能就政府采购事项进行立法。

四、自治法规

自治法规是指民族自治地方的自治机关根据宪法和法律的规定，结合当地民族的政治、经济和文化的特点，依照法定的职权和程序制定的自治条例和单行条例。自治法规需经批准或备案程序后方可实施。

自治区人民政府在经济上享有更多的自主权，制定了许多有关政府采购方面的自治条例和单行条例，如《新疆政府采购网管理办法（试行）》等。

五、规章

规章分为部门规章和地方政府规章。政府采购部门规章是指国务院对政府采购负有管理或监督职责的部门，根据法律和国务院的行政法规定、决定、命令，依照法定职权和程序在本部门的权限范围内制定的规范性文件。地方政府规章则是指被赋予地方立法权的地方人民政府根据法律和行政法规的规定，依照法定职权和程序制定和发布的规范性法律文件。享有地方立法权的地方人民政府包括省、自治区、直辖市人民政府和较大的市的人民政府。我国政府采购管理或监督职责集中在行政部门和各级人民政府，他们制定了大量的政府采购行政规章。如财政部颁布的《自主创新产品政府首购和订购管理办法》等。规章是当前政府采购法法律渊源中数量最多的渊源。

六、国际条约与协定

有关政府采购的国际规范主要有：《WTO政府采购协定》《贸易法委员会货物、工程和服务采购示范法》《国际复兴开发银行贷款和国际开发协会信贷采购指南》《亚洲开发银行贷款采购准则》，其中第一个规范属于国际协定，对加入国具有强制效力，后三个规范则属于示范性的国际软法。2008年我国向WTO提交了加入《WTO政府采购协定》申请书，一旦正式加入该协定，《WTO政府采购协定》则可视为我国政府采购法的渊源，对我国涉外政府采购行为具有约束力。

第三节 政府采购法的基本原则

政府采购法的基本原则是指贯穿于整个政府采购法制体系，并对政府采购法制各环节和所有领域起价值导向和指导作用的核心准则和纲领。首先，它是一种“基础性规范”，是政府采购具体规则和相关概念的价值原点和基础，政府采购法制的具体规则和概念以政府采购法基本原则为指导，并反映和体现政府采购法的基本原则。其次，政府采购法基本原则是一种普遍性规范，具体的采购活动必须受政府采购法基本原则指导，必须将基本原则的精神与具体规范所确立的行为准则结合起来，并在具体规范缺位的情况下可采法律原则以填补规范漏洞。再次，政府采购基本原则对具体政府采购立法行为提供指导，国家立法机关制定政府采购法律时，国家行政机关制定有关政府采购的行政法规和规章时者须受政府采购法基本原则的指导，尤其是法规与规章的制定。各国不同法源形式的政府采购法都要贯彻和体现政府采购法的基本原则。

一、公开透明原则

公开透明原则是政府采购法的一个重要原则，它是指“具有明确的采购规则并能使这些规则得到以遵守获得查证的法律理念与精神”。[1] 采购参与方了解政府采购法制以及采购机会的公开是公开透明原则的一般要求，具体内容包括：1. 有关采购的法律和程序要公布于众，并能让公众及时方便获取相关政府采购法律文件和程序规则。不仅一般政府采购，而且任何特定的政府采购所适用的规则都要事先公布，并且在采购过程中不能任意更改。2. 采购项目和活动授予条件要在指定的媒体上予以公告，资格预审和评价投标的标准要事先公布，且只能按照此标准进行评标和决标；采购活动要做好相应采购记录以备公众和采购机构的审查和监督。我国政府采购法第 42 条规定：“采购人、采购代理机构对政府采购项目每项采购活动的采购文件应当妥善保存，不得伪造、变造、隐匿或者销毁。采购文件的保存期限为从采购结束之日起至少保存十五年。”3. 为确保透明度原则的实现，应规制质疑和投诉程序，同时对一些性质不能公开的采购物品，采购机构也要做好说明和记录，并经过严格审批和授权方能进行。

公开透明原则有助于限制采购官员自由裁量权、预防腐败，进而提高公共资金的使用效率。

---

[1] Ggosta Westring and George Jadoun, public procurementmanual; central and eastern Europe, p6(1996).

二、公平竞争原则

公开透明是能预防自由裁量权滥用的有效原则，而透明度的有效实现需要公平竞争为支撑，公平竞争是政府采购法的又一重要原则。其意思是政府采购合同的授予应当以公平竞争方式按商业标准授予。

政府采购的核心目标是获取公共机构日常运作所需的物美价廉的货物、工程或服务，而政府采购中的竞争则可以促使供应商提供更好的商品和技术，设法降低产品成本或价格，从而使采购人可以依较低的采购价格获得优质的商品，进而促使政府采购目标的实现。公平竞争原则主要通过科学的采购方式和程序来实现，而招标采购最能体现有组织的、规范性的竞争，为政府采购法制所首选。我国《招标投标法》规定了强制招标制度，《政府采购法》确立了公开招标应作为政府采购主要采购方式的采购制度。公平竞争否认任何形式的限制竞争行为，《招标投标法》和《政府采购法》禁止招标采购中的任何限制竞争行为。依法必须进行招标的项目其招投标活动不受地区或者部门的限制。任何单位和个人不得违法限制和排斥本地区、本系统以外的法人和其他组织参加投标。

公平竞争原则作为一般法律原则同其他法律原则一样，在特定情形下仍允许公平竞争之例外情况存在，其条件是对非公平竞争因素的考虑超过公平竞争的重要性或公平竞争明显无效时之情形。一般来说，公平竞争原则例外的规定在不同国家和不同性质的政府采购法制中大致相同，主要包括紧急情况、国家安全需要、公共利益需要，已经采用竞争性采购方式和程序，但没有合格的竞标人，或由于知识产权等其他原因只有唯一的供应商能够履行合同，等等。

三、公正原则

公正原则是指政府采购应给予所有参加竞争的供应商均等机会，并受到同等待遇。它是政府采购法制的又一重要原则。其具体内容包括：1. 平等对待所有供应商。公正最核心的要旨是平等，平等是公正的基本要求，公正首先意味着平等地对待所有供应商，所有参加竞争的供应商机会均等并受到同等待遇。允许所有有兴趣参加投标的供应商、承包商、服务提供者均有同等的参与竞争的机会；资格预审对所有的投标人都使用同一标准；采购机构向所有的投标人提供的信息应当一致，不对国内不同地区或国外投标商进行歧视。2. 公平适度地行使采购自由裁量权。政府采购是一个复杂的过程，其许多环节和细节并不为政府采购法制所精确规制，采购自由裁量权的空间往往比较大，只有将采购自由裁量权限制在公正合理的限度内，才能真正公正对待一切供应商，为此政府采购法制通常规制不同的采购方式及其相应适用条件和程序来限制采购自由裁量权。3. 体现比例原则要求。比例原则是行政法的基本原则，作为行政法的政府采购法制也应当遵循比例原则，具体来说在政府采购过程中采购人应当全面权衡公共利益、社会利益和采购人自身利益，并做出有助于最大限度实现公共利益、最小限度损害采购人利益的采购行为。具体来说，在采购过程中应要兼顾政府采购扶持民族产业、促进中小企业等的公共政策目标。

为确保公正原则的实现，各国政府采购法制通常规定回避制度，我国《政府采购法实施条例》对回避制度做了详尽规定："在政府采购活动中，采购人员及相关人员与供应商有下列利害关系之一的，应当回避：（一）参加采购活动前 3 年内与供应商存在劳动关系；（二）参加采购活动前 3 年内担任供应商的董事、监事；（三）参加采购活动前 3 年内是供应商的控股股东或者实际控制人；（四）与供应商的法定代表人或者负责人有夫妻、直系血亲、三代以内旁系血亲或者近姻亲关系；（五）与供应商有其他可能影响政府采购活动公平、公正进行的关系。供应商认为采购人员及相关人员与其他供应商有利害关系的，可以向采购人或者采购代理机构书面提出回避申请，并说明理由。采购人或者采购代理机构应当及时询问被申请回避人员，有利害关系的被申请回避人员应当回避。"

四、诚信原则

诚信原则本为民法的一项基本原则，其基本含义是行使权利、履行义务应采诚实及信用之主观态度和客观行为，政府采购引入此原则有助于树立公众对法律和政府的信任与信赖。其主要内容包括：1. 有关政府采购的法律规范应稳定且具有不溯及既往；2. 政府采购行为应当具有真实性和准确性，我国《政府采购法》和《招标投标法》为此规定了政府采购人在项目公布、信息传达、评标决标过程要真实，不得有任何虚假；招标人不得以任何形式规避招标或虚假招标；投标人提交资格证明和投标书的各项内容应当真实；投标人不得在投标中弄虚作假或以他人名义投标等规定。3. 政府采购当事人应当信守诺言,《政府采购法》和《招标投标法》所规定的投标人在有效期内不得撤销投标、政府采购合同订立后双方应严格履行合同义务等规范就体现了这一要求。违反诚实信用原则给对方造成损失的，损害方应当承担赔偿责任。

第四节 政府采购法的适用范围

政府采购法的适用范围亦称政府采购法的效力范围，是指政府采购法对什么人适用、对什么事适用和在什么时间范围适用，以及适用例外规定等，我国《政府采购法》第 2 条、第 4 条、第 84 条、第 85 条和第 86 条分别对《政府采购法》适用主体范围、适用客体范围和适用例外作了规定。

一、政府采购法的适用主体范围

《政府采购法》第 2 条第 1、2、3 款规定：“在中华人民共和国境内进行的政府采购适用本法。本法所称政府采购是指各级国家机关、事业单位和团体组织，使用财政性资金采购依法制定的集中采购目录以内的或者采购限额标准以上的货物、工程和服务的行为。政府集中采购目录和采购限额标准依照本法规定的权限制定。”可见，政府采购法采取的是“具体采购主体列举”加“使用财政性资金”和“集中采购目录与采购限额”限定来确定其适用主体范围的。

首先，适用主体包括国家机关、事业单位和团体组织。根据我国宪法和有关组织法规定，国家机关不仅包括行政机关，而且包括立法机关、司法机关和军事机关等。不过我国政府采购法将军事机关的采购行为授权中央军事委员会单独制定军事采购法规来予以规范，宏观上军事机关是政府采购法的适用主体，但微观上看，它并不是政府采购基本法《政府采购法》的适用主体。根据我国有关法律，事业单位主要是指依据法律登记注册的非营利性法人，包括教育、科研、文体、卫生等领域的组织。而团体法人则是指根据我国社团登记法律制度注册的社会团体和政党组织。主要包括工会、协会、学会、妇女联合会等组织。

从列举范围来看，我国将国有企业排斥在政府采购适用主体范围。尽管国有企业在国民经济中地位重要，且涉及面广，为了国有企业在采购中享有自主权，以免使其受到加入WTO后的巨大冲击，不将国有企业纳入到政府采购单位中是可以接受的。但是国有企业本身是有多种类型的，如果从与公共利益的关联度来看，国有企业通常可以分为公用事业的国有企业和非公用事业的国有企业。公用事业的国有企业通常是经营与社会公众生活密切相关的电力、能源、供水、供气、交通运输、电信等部门，其经营直接影响国计民生，企业利益在很大程度上也就是公共利益。同时，这类国有企业使用的资金很大部分也是财政性资金，而且国家对大型国有企业投入的财政性资金数额还比较大。从政府采购法律规制的核心目标在于有利于实现公共利益这个角度来看，将公用事业性国有企业纳入政府采购调整范围是适当的。同时，政府采购国际法制在这方面也给我们提供了有益启示和经验。《欧盟政府采购指令》中的《欧盟关于协调有关水、能源、交通运输和电信部门的采购程序的指令》就规定公共当局通过所有权或财政参与而直接或间接实施主要影响的任何企业的采购行为应受指令的约束。并且还规定直接或间接影响的判定标准为：（1）控制公司发行股份的多数表决权；（2）拥有公司多数认购资本；（3）可任命一半以上的公司行政、管理或监督机构成员。[1]GPA协定也将公用企业是否纳入政府采购留给缔约国自由裁量，因此在公用事业的国有企业普遍被纳入政府采购适用主体范围的背景下，我国也应当借鉴这一做法。

其次，国家机关、事业单位和团体组织是政府采购法的适用主体，但现实的采购活动并不是上述机关和组织都可以成为政府采购法的主体，具体那些成为政府采购法的适用主体，还取决于其是否使用财政性资金进行采购和所进行采购的行为是否在集中采购目录以内和达到限额标准。

[1] 曹富国：《政府采购法主体范围比较研究》，《武汉大学学报人文科学版》2000年第4期，第533—536页。

财政性资金标准是进一步界定政府采购法适用的关键性标准。现行政府采购法并没有对财政性资金进行界定，理论上通常把财政预算内资金和预算外资金都纳入财政性资金范畴，但实践中如果将预算外资金纳入政府采购范畴，意味着将其地位合法化，极不利于对这部分资金的规范化管理，同时也难以操作。这就为政府采购适用主体范围增加了不确定性，为明确政府采购法的适用主体范围，国务院制定的《政府采购法实施条例》第2条对财政性资金予以了具体规范。不仅要对财政性资金的具体范围进行规范，而且要对适用主体所使用财政性资金的具体比例予以明确。因为如果采购主体的采购资金往往来源多样，既有财政性资金，也有非财政性资金，如果对财政性资金的比例不予明确，也会导致适用范围不确定，给实际操作带来困难，政府采购行政法规对此问题有宏观规定，待具体细化。

集中采购目录和采购限额标准是进一步确立政府采购法适用主体的另一个关键标准。《政府采购法》对这一准则作了赋予行政机关自由裁量权的宏观规定。其第7条、第8条规定："集中采购的范围由省级以上人民政府公布的集中采购目录确定。属于中央预算的政府采购项目，其集中采购目录由国务院确定并公布；属于地方预算的政府采购项目，其集中采购目录由省、自治区、直辖市人民政府或者其授权的机构确定并公布。纳入集中采购目录的政府采购项目，应当实行集中采购。政府采购限额标准，属于中央预算的政府采购项目，由国务院确定并公布；属于地方预算的政府采购项目，由省、自治区、直辖市人民政府或者其授权的机构确定并公布。"《政府采购法实施条例》第五条进一步区分了部分集中采购与集中采购："省、自治区、直辖市人民政府或者其授权的机构根据实际情况，可以确定分别适用于本行政区域省级、设区的市级、县级的集中采购目录和采购限额标准。"

二、政府采购法的适用客体范围

政府采购法的适用客体范围是指政府采购行为所指向的属政府采购法所规范和调整的那些对象。从立法通例来看，政府采购法的适用客体范围不像适用主体范围那样会因一国的财税体制和法制传统而迥然相异，通常共同的包括货物、工程和服务。

（一）货物

货物是指各种形态和种类的物品。目前立法实践中主要有单纯将货物和货物及其货物供应的附带服务作为适用客体两种类型。我国政府采购法采用的是前一立法模式，而联合国国际贸易法委员会制定的《货物、工程和服务采购示范法》（以下简称《示范法》）则采后一立法模式。我国《政府采购法》第2条第5款规定："本法所称货物，是指各种形态和种类的物品，包括原材料、燃料、设备、产品等。"《示范法》第2条第3款规定："货物系指各种各样的物品，包括原料、产品、设备和固态、液态或气态物体和电力；以及货物供应的附带服务，条件是那些附带服务的价值不超过货物本身的价值。"《示范法》是国际贸易法委员会推出的范本，往往为大多数国家立法所采纳，我国在立法中没有考虑辅助于货物本身的服务，不能不说是一立法缺陷。首先，割裂了货物采购中的重要内容，因为现代货物包含大量的高科技因素，只有经过生产厂家的售后服务，采购实体方能充分利用货物的使用价值；其次，将附属于货物的服务内容排除在政府采购规则之外，轻则会对货物采购本身的质量造成减损，重则将完全破坏货物采购的效果。最后，从体系上看，我们只能根据《政府采购法》第2条将附属于货物的服务归属于"服务采购"一类，但仅从法条的内容上看，我们尚且不能必然得出以上结论。此外，将附属于货物的服务割裂于货物的政府采购之外，无疑将对社会资源造成浪费，因为对于特定货物而言，生产商本身无疑就是最好的服务商。因此，在完善我国政府采购法时应将货物供应的附带服务视为货物的一部分，将其明确纳入政府采购法的适用范围。

（二）工程

工程亦有广义和狭义之分，狭义的工程是指这完成建筑及土木工程之一部分和全部；而广义的工程则是指由建设和土木施工工程及其相关工作的任何部分。目前，政府采购法在工程的界定上也主要采取上述两种方式。我国《政府采购法》采工程之狭义定义，其第2条第6款规定："本法所称工程，是指建设工程，包括建筑物和构筑物的新建、改建、扩建、装修、拆除、修缮等。"而我国《招标投标法》则采工程之广义定义，其第3条规定："工程建设项目包括项目的勘察、设计、监理以及与工程建设有关的重要设备、材料的采购。”我国政府采购法制同时将两种不同定义纳入两部规范政府采购行为的不同法律中，有悖于法制统一，同时也不能适用我国加入GPA协定的要求，应当予以完善。从国际社会立法实践来看，《示范法》采广义定义，将工程界定为：“指与楼房，结构或建筑物的建造、改建、拆除、修缮或翻新有关的一切工作，如工地平整、挖掘，架设、建造、设备或材料安装、装饰和最后修整，以及根据采购合同随工程附带的服务，例如钻挖、绘图、卫星摄影、地震调查和其他类似服务，条件是这些服务的价值不超过工程本身的价值。”在完善政府采购法制时，应当采工程之广义定义。

（三）服务

服务作为政府采购法的适用客体世界各国在立法上趋向一致，基本上采取保底条款之表述来界定服务。《示范法》第2条第5款规定：“服务系指除货物或工程以外的任何采购对象。”我国《政府采购法》基本上采纳了《示范法》的表述，及第2条第7款将服务界定为：“本法所称服务，是指除货物和工程以外的其他政府采购对象。”随着我国法治实践发展和服务型政府建设的推进，公共服务业成为服务的重要内容，2015年实施的《政府采购法实施条例》将公共服务明确纳入服务范围，其第2条4款规定：“政府采购法第二条所称服务，包括政府自身需要的服务和政府向社会公众提供的公共服务。”

需要指出的是要厘清政府采购法的适用范围，还必须对采购行为本身作出界定，我国《政府采购法》将采购界定为：“指以合同方式有偿取得货物、工程和服务的行为，包括购买、租赁、委托、雇佣等。”这与GPA协定、《欧盟采购指令》和《示范法》等国际组织政府采购规则存在极大的差别。GPA协定规定，政府采购客体包括任何契约方式进行的采购，而且不仅包括货物、服务和工程还包括货物和服务的任何组合。《示范法》也规定，采购系指以任何方式获得货物、工程以及服务。无疑，GPA协定和《示范法》所调整的采购的范围要比我国《政府采购法》所调整的采购的范围更广一些，其所调整的范围已经超出了租赁、购买、委托或雇佣等合同领域范围，这样一来对于政府的行政行为的程序性、规范性无疑有更高的要求，即只要采购实体获得货物、工程以及服务就应严格遵从政府采购的程序。国际组织政府采购规范的这种规定有利于杜绝采购实体表面上采用其他方式获得货物、工程和服务，而实则仍使用有偿获得的方法来采购货物、工程以及服务，借以规避政府采购法的适用。我国应当采纳这一严格规范政府采购行为的规则。

三、政府采购法对适用例外的规定

政府采购法所调整的是政府采购活动中所形成的社会关系，这种社会关系和其他社会关系一样，具有普遍性和特殊性，对具有特殊性的社会关系通常用特殊规则和适用例外来规范，政府采购法的适用例外也就是对政府采购领域特定社会关系的规范。它是指政府采购法适用的排除情形和条件，主要有三种类型，基于国际义务的适用例外、基于国家安全和公共利益的适用例外及军事采购的适用例外。

（一）基于国际义务的适用例外

国际法作为一国法律渊源，其优先适用为法律的一般常理，作为内国法律渊源的国际法具有优先适用的地位。政府采购法制对这种地位予以了特别规定：在不损害国家利益和社会公共利益前提下，国内政府采购法制与国际条约和协议不一致时，应当适用相关国际条约和协定。我国《政府采购法》第84条规定："使用国际组织和外国政府贷款进行的政府采购，贷款方、资金提供方与中方达成的协议对采购的具体条件另有规定的，可以适用其规定，但不得损害国家利益和社会公共利益。"

（二）基于国家安全和公共利益的适用例外

法制具有多重价值，而维护国家安全和公共利益是其首要和核心价值，当一般价值与核心价值发生冲突时，只有将核心价值放在首要位置才能体现法律的合目的性。政府采购法制在价值追求上同样遵循这一规律，为此一国政府采购法制通常将涉及到公共利益和国家安全的采购项目不予适用政府采购法。不过在具体语言表述上不同文化背景和法制传统的国家表述不完全一致，有的表述为国家安全和公共利益；有的表述为国家主权和国家命运；有的表述为国家紧急状态和领土完整。我国《政府采购法》第85条则规定："对因严重自然灾害和其他不可抗力事件所实施的紧急采购和涉及国家安全和秘密的采购，不适用本法。”

（三）军事采购的适用例外

从世界各国宪政体制来看，军事机构通常属于国家机构的重要组成部分，维持其日常运转的也是公共资金，一般来说其所进行的采购通常属于政府采购范畴，美国军事采购就适用其统一的政府采购法制。不过很多国家考虑到军事机构的采购常常涉及到军事秘密，关系到一国的国家安全和秘密，因而规定军事采购不适用一般的政府采购法制，而通过授权立法的形式制定特别的法律来规范军事采购。我国采用的就是后一种模式，《政府采购法》第86条规定：“军事采购法规由中央军事委员会另行制定。”

第二章

政府采购法的历史发展

第一节 政府采购法制演进的一般规律

政府采购概念只是从静态揭示政府采购的科学内涵及政府采购在历史发展过程中永恒不变的要素，是理论分析的原点和基础。然要弄清政府采购规制的动因、内容及其两者的关联性，还必须先厘清政府采购法制肇始国家中政府采购形成的历史背景及其发展轨迹以及这种背景与法制内容的关联性，这对作为晚近才起步的我国政府采购法制探讨更为重要。具体来说，就是要考察不同历史阶段的政府采购法制形成的特定社会环境及由这种特定环境决定的政府采购规范内容。

一、财经政策工具：政府采购法制产生的最初动因

政府采购发端于资本主义形成初期，其原初形态是政府以不同于普通民事主体的身份到市场采购的行为，被作为一种财经政策而使用。

众所周知，国家是靠纳税人的税收而支撑日常管理和运作的，国家在任何时期都有一定的财经政策。资本主义形成初期主要资本主义国家所采用的财经政策都是收支平衡的财经政策，并以预算方式保证这种平衡，政府靠三个途径来支付它们所消费的产品和服务以维持国家运作，这三种途径是税收、借款和

印制钞票，[1]它们都有其局限性。要想维持币值防止通货膨胀，政府就不能无限制地印制其所需要的钞票；而借款必然会增加未来的预算来偿付账目，而且还要冒转移资金优先权之风险；而社会对税收的容忍度也有一定限度，它有一个看不见的“上限”。这决定国家在制定财经政策时就必然要考虑如何发挥资金的使用效率，而其中政府某一个部门来购买政府管理所需要的产品，可以收到规模效益，以同样的资金获得更多的产品，这就使得政府采购的最初形态主要是通过设立专门的机构来从事政府采购，并对采购方式作出一定的规定。资本主义早期的商品经济形态和政府的“守夜人”角色定位，也为上述内容的政府采购提供了政治和经济基础，因为“守夜人”角色意味着管得越少的政府是越好的政府，政府只要把自己的事管好就行，无需介入到社会的经济生活中去。而商品经济形态的市场要求相对不充分，政府采购也不可能市场化，也只要考虑专门机构负责采购，无需考虑更多的经济及政策目标。

作为财经政策的政府采购，其核心目标是遏制政府采购人“经济理性人”的品格，使其按照公共资金所有人的意图来使用公共资金，“从事和管理采购职能的人员没有公司雇员需要赢利的动机”，[2]进而使财政资金获得有效使用。其采购根本目的在于采购到政府管理所需要的物品，“采购之根本目标在于识别所需要材料的来源，并在需要的时候以尽可能经济的方式按可接受的质量标准获取这些商品。采购部门必须能够快速有效地满足需求，并且采购政策和程序必须同商业惯例相吻合。采购部门利用专业技术和现代方法，聘用专业采购员和管理人员，以保证采购项目能完全符合使用部门的需要”。[3]

英国、美国和法国早期的政府采购就鲜明地反映了这一点。西方发达国家的政府采购一般认为发端于英国，可追溯至1782年英国政府设立的国家文具公用局采购政府部门办公用品的行为。“1782年，当时的英国政府就曾经设立

---

[1] David H. Rosen bloom: Public Administration: Understanding Management, Politics, and Law in the public sector, Harvard press 1988, p307.

[2] Harry Robert Page, Public Purchasing and Material Management, Mass. D. C. Heath & Company 1998.

[3] Herold E · Fearon, Donald W · Donbler and Kenneth H · Killen, The Purchasing Handbook, 5thed, Mc Graw — Hill, Inc, New York 1993.

文具公用局，专司政府部门所需办公用品的采购。该局后来发展为物资供应部，专门负责采购政府各部门所需物资。”[1] 英国当时设立专司政府采购机构的目的在于满足政府日常管理职能需要，提高政府资金使用效率，因此，他考虑的是商品的价值因素和质量因素，以最低廉的价格获得质量最佳的产品，满足使用者的需要。当时对采购主体的主要要求是不滥用职权背离公共资金所有人的意图去追求个人好处，政府采购法制核心内容是规范和控制采购人的采购权，不过也给采购主体一定的自由裁量权，让其自由根据国家政策规定选择友好供应商。正是这种自由权的赋予使后来大范围采购时，产生了供应商与采购主体之间的合谋，采购主体不完全依商品价值和质量因素来选择供应商，对这一弊端的克服促使了后来英国政府采购法制中“物有所值”原则的形成，它要求采购主体依照法定的方式和程序来选择供应商以保证供应商之间公平竞争和采购主体依法采购。这激起了供应商之间的竞争，使采购制度成为国家干预经济手段提供了可能。可见这一时期英国中央政府各部门的采购都只是在政策指引基础上进行的，除了控制政府支出外，种种合法的采购方式都被视为不必要。[2]

英国的这种政府采购制度，对其早期的殖民地美国产生了一定影响。美国是世界上实行政府采购制度较早的国家之一，可以说与这种影响密不可分。美国在独立战争时期为了解决一些军需品、物资及劳力的匮乏，也采取政府采购方式进行购买，并以法律的形式将政府物资采购权赋予当时的财政部长。[3] 战时物资采购往往是急需的，因此，常常是用直接采购方式，直接采购方式使得采购主体享有很大的自由裁量权，随着政府采购数额的加大和采购范围的拓宽，享有采购权的主体往往尽力为友好供应商或朋友获取政府采购合同，政府采购领域丑闻不断出现。于是产生了规范采购方式的动因，1861 年，美国国会通过了一项联邦法案，对政府采购方式、程序及必须实行公开招标的采购等内容

[1] 该观点最先出现于企业管理出版社 1998 年出版的、曹富国与何景成编著的《政府采购管理国际规范与实务》一书。后被我国学者广泛引用，如湛中乐、王小能、杨汉平在其论文或著作中均采用了这一观点。

[2] 鲍先广：《中华人民共和国政府采购法实施手册》，中国财经经济出版社 2002 年版，第 1327 页。

[3] 杨汉平：《政府采购法律制度理论与实务》，西苑出版社 2002 年版，第 6 页。

作了详细的规定，这些规定为美国以后政府采购立法奠定了基础。[1]但其主要内容还是规定行政部门负责根据国会通过的预算来执行政府采购，除非行政部门有国会所拨的款项，否则他们不能授予合同。可见，此时美国的政府采购也主要是一种财经性政策。随着政府采购制度的发展，政府采购与国家经济政策目标的关系逐步为人们所认识，其后并作为经济发展的一种手段来认识。

法国实行政府采购制度的历史也非常久远，可以追溯到它的公共征收和公共征调制度。19世纪期间由于法国进行运河、道路、铁路等重要工程建设，大量进行公共征收。依据法国法律，公共征收是行政主体为了公共利益目的，按照法定的形式和事先公平补偿原则以强制方式取得私人不动产的物权和其他物权之程序。[2]该制度主要适用于采购不动产。后来，法国又通过实行公共征调制度将采购扩大到动产和劳务。公共征调是行政机关为了公共利益，在公用征收外，依照法定程序，强制取得财产权或劳务的常用方式。[3]这时，公共征收和征调只类似于政府采购，并不是完整意义上的政府采购，而这种准政府采购其财经政策性质也是十分明显的。

如果商品经济和政府“守夜人”角色定位下的财经政策工具，促使了政府采购法制的萌芽，并形成雏形；那么现代市场经济和政府干预主义下的赤字财经政策的推行则使得政府采购法制作为一个新型的法律制度得以全面形成。完整意义上的政府采购制度是现代市场经济发展的产物，与市场经济国家中政府干预政策的产生和发展紧密地联系在一起。[4]随着资本主义政治、经济制度尤其是财经政策的变化，政府采购获得了新的发展。众所周知，20世纪30年代，凯恩斯理论在资本主义国家兴起，并演变成相应的政治、经济实践。凯恩斯理论在国家财经政策上主张非平衡预算，允许赤字的存在，认为“只要政府在资本社会的经济生活中开始扮演实质的角色，政府的支出就可以抑制经济周期性

[1] Steven Kelman Procurement and Public Management Publisher for American Enterprise institute Washington, D.C, 1996, p15.

[2] J.M. 奥比：《公用征收、领土整治、城市规划和建筑》，1980年法文版，第23页。

[3] 王名扬：《法国行政法》，中国政法大学出版社1988年版，第405页。

[4] 国家发展计划委员会政策法司编：《招标投标政府采购理论与实务》，中国检察出版社1999年版，第34页。

波动中正常的繁荣或是衰退趋势。也就是说，如果政府的支出占国家GDP相当大的比例的话，那么政府对于国家经济周期性波动就可以扮演平衡杠杆的作用。赤字支出（即支出多于收入）可作为刺激经济脱离经济衰退的工具。政府盈余（即收入多于支出）则可作为管制经济增长或是抑制通货膨胀的工具”。[1]凯恩斯主义在政治上主张政府干预，扩大政府职能，政府应当积极干预经济，刺激投资和消费。凯恩斯认为："政府直接投资不仅可以弥补私人投资的不足，以维持国民收入的应有水平，而且政府每增加一笔净投资，还可以通过乘数效应带动私人投资和消费，使国民收入量比最初的净投资额有成倍的增长"。因此、凯恩斯“希望国家多负起直接投资之责”。[2]凯恩斯理论产生后很快演变为西方主要资本主义国家政治经济实践，各国政府加大了政府干预经济生活的力度。尤其在20世纪30年代西方经济衰退时，各国政府为扩大内需采取了扩张性的财经政策，与之相适用，政府采购政策就是扩大政府采购规模和领域。这一时期政府采购法制在内容和功能上都发生了巨大的变化，美国的政府采购政策可以说是这一时期的典范。罗斯福时期，美国经济跟当时西方国家经济一样出现经济危机，经济处于萧条时期，为了摆脱经济萧条，促进国内经济复苏，美国采取了扩大政府公共开支，增加公共工程建设等政策，为了使这些政策实施，美国国会于1933年通过了《购买美国产品法》，该法规定凡用美国联邦基金购买供政府或建设公共工程使用的商品，若非违反公共利益，或国内产量不足或质量不合标准，或价格不合理地过高，均应购买美国产品，仅在美国商品价格高于外国商品的5%以上时，才能向外国购买。[3]也即美国政府基于公共使用的目的，只能采购在美国采掘或生产的，已制成的物品、材料或供应品；所采购的已制成的物品、材料或供应品，只能是实质上全部由在美国国内采掘、生产或制造的物品或供应品制成，并且应在美国国内制造。除非有关部门或独立机关的负责人断定购买美国产品在成本上不合理或者不符合美国的利益。[4]同

[1] David H. Rosen bloom: Public Administration: Understanding Management, Politics, and Law in the public sector, Harvard press 1988, p316.

[2]［英］凯恩斯：《就业、利息和货币通论》，商务印书馆1981年版，第139页。

[3] Cf Purchase American ACT.

[4]《1993年购买美产品法》第2部分。

时，该法还对政府采购的方式和合同授予等方面作了规定。其出台不仅使政府采购法制的内容得到完善，而且也使政府采购发生变化，由单纯的财经政策向实现国家经济政策手段方向发展。正如1969年美国行政会议所指出的政府采购是政府调节经济和社会的基本手段，它是政府解决贫困、种族歧视、资源浪费、环境破坏、经济危机等一系列社会问题的重要方法。[1] 政府采购法制的性质也相应发生根本变化，由财政预算法性质向宏观调控法转变。正是政府采购法制宏观调控作用的发挥，促使了美国国内经济的复苏。可以说，《购买美国产品法案》在很大程度上扶持和保护了美国工业。政府采购法制这一作用促使了其自身的发展，随后美国通过了众多的法案来规定政府采购行为，这些法案主要有：《武装部队采购法》(Armed Service Procurement Act of 1947)、《联邦财产与行政服务法》(Federal Property and Administrative Service Act of 1949)、《合同竞争法案》(Abstract Compete Act of 1962)、《联邦采购局政策法案》(Office of Federal Procurement Policy Act of 1974)。这些规则构成一个有机法律体系，对美国政府采购主体、方式和程序等予以了规制。[2] 政府采购这种性质转变不是美国独有，西方许多国家的政府采购都发生过这种性质变化。就多数国家的现实看，行政机关将政府采购用作干预工具或社会经济政策的手段都已经是不争之事实，不但欧共体是这样，美国和加拿大也是这样。[3]

由美国、加拿大、欧共体等国政府采购法制的这种变化，我们可窥视到随着财经政策的变化，政府采购的职能已由单纯的维护预算平衡功能拓展到了社会经济政策功能，政府采购已成为政府增加就业机会、对少数民族和边远地区实行特殊优惠或实现其他合法的政治目标的干预工具。正是政府采购职能的这种变化，也导致了政府采购法制内容的拓展，政府采购法制已由原来的单纯规定集中采购和公开招标程序拓展到由采购原则、政府采购主体、采购方式和程序以及救济制度在内的有机体系。当然，这个体系还缺乏采购客体的全面规范、

[1] 转引自王小能：《政府采购法律制度初探》，《法学研究》，2000年第1期，第81页。

[2] John Cibinc, Jr and Ralph C. Nash, Jr, Administration of Government Contracts. The George Washington University 1995, 3rd Edition.

[3] McCrudden: Public Procurement and Equal Opportunities in the European Community. A States of the European Community and under Community Law, Bbrussels. (1994)

具体详尽的采购规程和供应商制度等，这些内容成为了日后政府采购法制发展的新要求。

二、新公共管理理论：政府采购法制发展的理论动因

法律制度是调整社会关系的规范，社会关系、人与人的互动、博弈、交易以及人类行为与社会环境变化，必然引起法律制度的变迁。[1] 只是在社会关系和环境变迁的不同历史时期，引起法律制度的核心因素不同并不排斥一些非核心因素在法律制度演变中的作用，政府采购法制的演变也如此。如果说经济体制以及财经经济政策的发展促使政府采购职能的变化，构筑了一个比较完整的政府采购法律制度；那么政府管理方式的变化则促成了完整意义上的政府采购法律体系的形成，并使其内容得到丰富和完善。

从历史的宏观视野来看，迄今为止的政府管理模式经历了统治行政、管理行政和新公共管理三种模式。统治行政在思维方式上则主要考虑统治秩序的稳固性，各种制度和管理方式的设计都以此而展开，这种思维方式已消退在管理行政中。管理行政的思维方式则在于“行政就是管理”，[2] 强调国家运用行政权力实现公共利益，并视运用强制性权力为管理之本质。对行政权力强制性的强调使得政府陷入了管理危机、信用危机和财经危机的困境，新公共管理理论所要解决的问题是使政府走出上述困境。为走出这些困境，新公共管理理论提出了诸如政府业务合同出租、打破政府垄断等措施，这些措施内在地促使了政府采购法制的完善和发展。

20 世纪 70 年代以前，人类占统治地位的行政方式是管理行政，管理行政要求政府运用强制性权力垄断公共事务，政府在决策方面的角色就是一个资源分配者。资源分配是管理者组织战略制定的核心，而资源分配中的资源不仅包括时间、金钱、物质材料、人力以及信誉等管理者分配的一级资源，而且也包括管理者通过购买行为对资源的再分配。[3] 这样政府的购买行为就被看作一种

[1] [美] 波斯纳：《法律的经济分析》（上），中国大百科全书出版社 1997 年版，第 225 页。

[2] 胡建淼：《行政法教程》，法律出版社 1996 版，第 23 页。

[3] Mintzberg, H., The Nature of Managerial Work, Harper and Roe Press 1973. p147—148.

分配公共财产、解决劳动力就业的一种重要形式，"随着政府的角色转变为规制者、利益分配者和大雇主，它将过去分散于私人公司、贸易与劳动协会以及慈善机构的权利吸纳到其功能与职责中"。[1] 这样管理行政越是发展，职能就分化越充分。而管理行政的职能分化是对象性分化，而非主体性分化，[2] 这样，职能越是分化，政府的规模也就越庞大，于是政府自身也就出现机构臃肿、人浮于事、推诿扯皮等问题，极易造成管理中的失调、失控和效率低下，导致管理危机。新公共管理理论要化解政府管理危机，必然要改变政府管理方式和削减政府职能。

在管理方式改变上，强制行政权管理公共事务的方式，定会被一种获得被管理者认同的、减少管理强制、降低管理成本的新方式取代。这种新方式是一种要求在管理过程中管理相对人对整个管理活动信息有充分的了解，并有发言权，且其发言和意见能够得到管理者充分考虑。同时管理者的个人专制也要得到有效遏制，进而使得管理者寄于被管理者的监督之下，从而产生管理者与相对人相互合作。再者，管理者在管理过程中任何侵害相对人权益的行为，相对人都可以获得救济。因为只有这样，在政府管理过程中相对人才不再感到自己是一种强迫服从者，而是一种同样具有影响力的主体。实质上也就是一种合同管理方式。它在现实生活中的具体运用，不仅有助于获得被管理者认同，而且有助于民主的实现。合同的规制有助于民主的实现，民主的对话机制之建立是管理有效的根本。"在现实世界中，政治就是妥协，而民主就是政治。"[3] 可见民主充分体现了契约特色，而合同的规制是基于双方主体地位平等对话、协商和意见的一致，契约规制的过程又可以说是民主的过程，充分地体现了民主的本质和特性，与民主的本质有一致性。这样合同规制管理方式在公共支出领域里的运用，就必然要求合同规制方式延展到公共支出领域的各个触角，这就促使了政府采购法合同授予制度的丰富与完善。

---

[1] Harry W.Jones, The Rule of Law and the Welfare State, Collected in D, J, Galligan (ed)(1992), Administrative Law, Dartmouth Publishing Company Limited, p6.

[2] 张康之：《论政府的非管理化》，《教学与研究》2002 年第 7 期，第 33 页。

[3] [美]杰弗里·普费弗：《用权之道——机构中的权利斗争与影响》，新华出版社 1998 版，第 13 页。

新公共管理不仅从总体上要求政府转变管理模式，而且要求缩减政府职能来化解管理危机，它要求政府首先从一些公共事务中摆脱出来，将一些能够通过自治解决的问题交由社会自治组织去管理；同时，政府的某些经济职能也可以转移给现实生活某些专门从事相应经济的职能组织去办理。这意味着政府虽然还是专门的公共组织，但却不是唯一的公共管理机构，在政府之外，也应当有一些准自治的、半自治的和自治的机构去承担公共管理的职能。[1]这可以促使政府部分地甚至完全地从日常管理工作中解脱出来，专心致力于公共政策的制定及监督执行，进而提高有效性。同时，公共管理职能的转移就政府本身而言可以达到消肿减肥的目的，消肿减肥不仅有助于提高行政效率，更在于使政府管理者产生一种基于危机而生的责任感，以强烈的责任心对待管理，具体管理者责任心无疑是管理效力的核心前提。这种缩减政府职能的管理措施，也必然要求作为公共财经支出的政府采购法制有所反应，因为“政府支出是政府介入社会生活程度的一个指标”。[2]它受到公众的普遍关注。政府采购法制中采购主体与具体从事政府采购事务的代理机构相分离、政府采购人与具体执行主体相分离、采购监督机关与采购人相分离等制度的建立和完善就是缩减政府职能的逻辑结果。

管理行政不仅使得政府面临管理危机，而且在管理行政模式下，由于国家是管理公共事务的唯一主体，“只有国家才有权进行行政活动”，“行政是国家的”。[3]这使得管理者常常以拥用国家管理权而自居，对于长期受封建意识影响而缺乏民主观念的管理者更是如此。他们的权力观念不是权力的公意性——权力来自人民，而是权力在社会管理活动中的强制力以及强制力所带来的利益。这样在缺乏良好监控制度下，权力被滥用也就在所难免，进而导致管理中的失调、腐败以及对相对人的轻视与不公，使政府形象受损，以致出现普遍存在的政府信用危机。而政府采购法制通过主体性分化和赋予相对人程序性权益等制

[1] 张康之：《论新公共管理》，《新华文摘》2000 年第 10 期，第 7 页。

[2] David H. Rosen bloom: Public Administration: Understanding Management, Politics, and Law in the public sector, Harvard press 1988, p284.

[3] 许崇德，皮纯协：《新中国行政法学研究综述》，法律出版社 1991 年版，第 30 页。

度设计，促使政府的公共政策有助于政府走出管理中的信用危机。

新公共管理理论于20世纪70年代末80年代初在西方兴起的一场公共行政改革中演变成为实践。这种实践发端于英国，继英国之后，澳大利亚和新西兰也开始了公共行政改革，与此同时，美国、加拿大、法国等西方国家也都采取了类似改革措施。因此，这一时期英、美的政府采购法制相对来说也日益完善，并构筑了独立的法律体系。英国在公共行政改革过程中，对公共支出进行了严格规范，并颁布了一些政府采购指南和实施指南，进而形成了以政府政策、预算控制、个人责任和议会监控为前提，以《英国公共工程合同规则》《英国公共设施供应的公用事业工程合同规则》《英国公共服务合约法规》《公共供应合同管理条例》《采购政策指南》《采购实施指南》为核心的政府采购法律体系，其内容则涵盖到采购主体、核心原则、社会经济政策、采购过程职业化、合同授予、跨部门协作、投标申诉和纠纷解决等。可以说，英国作为一个判例法国家，其政府采购法律体系之完善是很多成文法国家所不及的。美国在推行公共行政改革过程中，除对原有的政府采购法制修订外，如对《购买美国产品法》进行了修订，还根据公共行政新政策需要制订和完善了一些新的涉及政府采购方面的法律法规，如《联邦采购条例》(1984)、《竞争与合同法令》(1984)、《联邦采购流水线法令》(1994)、《克灵格——科恩法令》(1996)等。这些规则构成一个有机法律体系，对美国政府采购主体、主要原则、合同签订程序、承包商资格审定、投标上诉、合同实施方式、合同中止、纠纷解决方式等予以了规制。[1]

第二节 我国政府采购法制的历史演进

政府采购作为一种购买行为，是随着政权机构的设立和一般等价物货币的出现而产生并逐步发展起来的，自古有之。作为公共财政支出方式的政府采购则源于近代，形成于二百多年以前的西方市场经济发达国家。新中国建立后，

[1] John Cibinc, Jr and Ralph C. Nash, Jr, Administration of Government Contracts. The George Washington University 1995, 3rd Edition p15.

便有政府采购，但是通过计划方式进行。改革开放后的二十世纪八十年代初开始采用招标投标方式；社会主义市场经济体制建立后，政府采购全面推广，政府采购法制不断发展。整体看，我国政府采购法制经历了工程招标初见端倪、政府采购法制初步形成、政府采购法律体系日益丰富等不同阶段，并将由分散立法走向统一立法。

一、工程招标制度初见端倪

完整意义上的政府采购包括货物、服务、工程等，然各国政府采购法制实践受历史条件、文化传统、法制基础等因素的影响，并不是一开始都将上述各方面一体地纳入法律规制范畴。我国在政府采购领域中，最初开展的实践是建设工程招标投标，工程招标是我国政府采购制度的起点。

工程招标始于1980年10月17日国务院《关于开展和保护社会主义竞争的暂行规定》的出台，它首次规定："在社会主义公有制经济占优势的情况下，允许和提倡各种经济成分之间、各个企业之间，发挥所长，开展竞争。……对一些适宜于承包的生产建设项目和经营项目，可以试行招标、投标的办法。"[1]这一规范性文件推动工程招标投标进入地方探索，深圳特区和吉林市率先进行了这种探索，并取得良好效果。南京市政府则在探索的同时，对招标投标进行初步规范，1984年1月1日，发布了《南京市城镇建设综合开发实施细则的通知》，规定：积极推行招标、投标办法，择优选用施工队伍；招标投标工作应在城市建委主持下进行。这时推行招投标之目的在于期望引入竞争机制，打破经济运行中的绝对行政计划和条块分割格局。

随着工程招标地方实践的不断开展，基本统一的制度规范成为现实需要。为指导地方的统一实践，1984年9月18日，国务院颁发了《关于改革建筑业和基本建设管理体制若干问题的暂行规定》。该文件强调：要改革单纯用行政手段分配建设任务的老办法，实行招标投标，大力推行工程招标承包制。在国务院文件指引下，相关部委出台操作性规章，1984年11月20日，国家计委

[1] 在中国法律法规库检索查询系统（http://ceilaw.cei.gov.cn/index/law/index.asp）的全部子库中检索，输入任意词"招标投标"最早的检索结果即：国务院《关于开展和保护社会主义竞争的暂行规定》。

联合建设部制定了《建设工程招标投标暂行规定》，规定用30条粗线条规定了招标投标的基本要求和必经程序。但对核心内容——强制招标投标的范围及评标机构与评审规则，"授权各省、自治区、直辖市和委托国务院各有关部门，可根据本规定，制定本地区、本部门的实施细则"[1]，授权制定实施细则，为地方工程招标实践留下一定制度规制空间。随后，我国许多省市的基础设施和公共工程普遍开展了招标投标活动。全国范围内，具有公正、公平和竞争价值取向的招标投标广泛应用于利用国外贷款、机电设备进口、建设工程发包、科研课题分配、出口商品配额分配等领域。[2] 经过这些领域多年实践证明，招标投标制度"对于推进投资体制改革，创造公平竞争的市场环境，提高经济效益，保证工程质量，防止招标投标中的腐败现象，具有重要意义"。[3] 河南、山东、上海、汕头等七个地方为规范实践中的招投标行为先后制定了各自建设工程施工的暂行规定，对招标投标做了粗线条的概括规定；1992 ~ 1995年陆续有青岛、沈阳、云南、湖北等20个地方政府出台了更为详尽的招标投标规范。

大量地方和部门授权立法为制定全国性法律提供了多层次、多方面情况和信息，也提供了立法经验。处于经验主义立法阶段的20世纪，工程招标制度不可避免走向法律。因为经验主义立法强调，"对新的重大问题、重要改革，要制定法律，必须先有群众性的探索、试验，即社会实践检验的阶段。在这个基础上，经过对各种典型、各种经验的比较研究，全面权衡利弊，才能制定法律"，[4] "开始时法律可制定得简单些，以后再细致完善，先制定地方性法规，然后制定全国性法律"。[5] 在我国计划经济体制下，重大工程项目由国家发改委的前身国家计委进行审批，当涉及到对建设工程领域中招标投标行为规范时，由其行使法律草案起草权顺理成章。1994年全国人大常务委员会委托当时的国家计委起草规范工程招标的《招标投标法（草案）》，工程招标制度初见端倪。

草案经反复征求意见和审议，于1999年6月《招标投标法》正式通过。

[1]《建设工程招标投标暂行规定》第29条之规定。

[2]《全国人民代表大会常务委员会公报》1999年第5期，第442页。

[3] 同上。

[4]《彭真文集》，人民出版社1991年版，第507页。

[5] 苏力：《市场经济对立法的启示》，《中国法学》1996年第4期，第30页。

其颁行适应了20世纪末我国推行加大国家投资力度、加快基础设施建设以拉动国民经济持续增长政策之需要，有助于解决现代化制度建设保障需要与国家层面招标投标规则空缺的矛盾，为建设工程市场有序发展注入了制度力量。

二、政府采购法制初步形成

工程招标制度在实践中的初步成效，为货物与服务采购制度的推行提供了经验，而党的十四大所提出的社会主义市场经济体制的深入推进和国际政府采购法制化浪潮则为政府采购法制形成注入了现实动力。

社会主义市场经济体制既要求规范公共财政支出，又要求控制政府采购中的“经济人理性”。这势必要改变过去政府各部门都拥有维持政府自身运转所需物品的购买、验收、付款三权的自行分散采购模式，规范采购方式和采购程序；同时也迫切需要加强财政支出管理，提高采购资金使用效率；并利用政府采购实现某些财政政策目标，这都要求建立和实行规范的政府采购制度。

社会主义市场经济为建立统一政府采购法制提供了直接动力，而二十世纪九十年代的政府采购国际规则浪潮则为其给予了间接动力。1994年世贸组织为消除成员国间的政府采购限制措施，将1979年《政府采购守则》修订为《政府采购协定》；联合国贸易法委员会为给发展中国家提供政府采购法制范本，也于当年通过了《货物、工程和服务采购示范法》。政府采购制度成为国际贸易自由发展不可或缺的制度安排，我国对世贸组织的关注必然要注重政府采购法制建设。

1995年开始政府采购制度的试点工作[1]，率先试点的是上海市人民政府。上海市财政局和卫生局于1995年联合下发了《关于市级卫生医疗单位加强财政专项采购经费管理的若干规定》，要求对已批准立项的预计价格在500万元以上的采购项目，实行公开招标采购；500万元以下的项目可实行非招标采购形式，用非招标的询价采购形式的，供货方不能少于3家；100万元以上的项目，

[1] 扈纪华：《中华人民共和国政府采购法释义及实用指南》，中国民主法制出版社2002年版，第23页。

政府也要参与立项、价款支付、验收使用、效益评估等管理过程[1]。上海市试点带动了地方实践，许多地方以公务用车采购为突破口摸索了多样化的采购方式，重庆在市信托拍卖行主持和市公证处监督下以减价竞卖的形式举行了公开招标会；湖南则由省财政厅按照询价采购方式实施部分省直单位集中采购；深圳的公务用车采购显得更加规范化，从预算编制、委托招标中心编写标书、发布招标通告、到投标、开标、评标和定标环节都遵循着严格的程序性规定[2]。

地方政府采购实践促使地方政府采购制度建设。地方立法始于1998年天津市人民政府批准市财政局拟定的《天津市实行政府采购制度暂行办法》；政府采购实践发达的深圳市，1998年率先制订了我国第一部政府采购地方性法规《深圳经济特区政府采购条例》。到2002年，共有20个省级行政单位和11个较大的市制定了地方性法规或地方政府规章。[3]整体看，地方立法水平参差不齐，政府采购制度尚缺乏明确的全国层面依据。为此，财政部着手制订部门规章，1999年制定了《政府采购招标投标管理暂行办法》，规范了货物与服务的采购范围、原则、方式、程序及救济等基本问题。2001年又进一步推出了《政府采购信息公告管理办法》与《政府采购合同监督暂行办法》。

地方立法和部门规章的出台，为制定统一政府采购法提供了经验和动力支撑，全国人大常委会2002年出台了《政府采购法》，该法对政府采购权和采购方式做了全面规定。以《招标投标法》与《政府采购法》两法为主体的我国政府采购法律体系得以正式形成。

三、政府采购法律体系日益丰富

法律颁行后，制定相应的法规规章和实施细则是我国立法的一般规律。《政府采购法》和《招标投标法》制定后，围绕两法制定了一系列的法规和规章，政府采购法律体系日益丰富。

《招标投标法》授予国务院部委和地方政府制定相应实施办法，全国大多

---

[1] 谷辽海：《法治下的政府采购》，群众出版社2005年12月版，第7页。

[2] 马海涛、陈福超、李学考：《政府采购手册》，民主与建设出版2002年版，第499—516页。

[3] 参见国家法规数据库，http：//www.chinalaw.net.

数省市都制定了省级的实施办法来规范本省的工程招标投标，对工程建设负有监管职责的国务院发展与改革、住房与城乡建设、交通、商务等行政主管部门制定了系列部门规章与准则。交通部2006年制定了《公路工程施工招标投标管理办法》，专门规范了公路工程的招标投标，细化了工程招标投标制度；2013年又修订了2001年颁布的《公路工程勘察设计招标投标管理办法》，突出了勘察设计中的招标投标方式和程序，进一步细化了招标投标制度。建设部于2007年专门发布了《工程建设招标代理机构资格认定办法》，使政府采购代理机构制度部门化；2011年住房与城乡建设部还专门印发了《建设项目工程总承包合同示范文本》，使政府采购合同示范文本不断细化和类型化。商务部则于2008年颁布了《机电产品国际招标综合评价法实施规范（试行）》，突出了机电产品进口的招投标制度。作为工程招标核心监管机构的国家发展与改革委员会在2013年共出台三个规范性文件：制定和修改了《中央投资项目招标代理资格管理办法》和《工程咨询单位资格认定办法》，全面细化了政府采购代理机构制度；联合工业和信息化部、住房与城乡建设部、交通部等部委联合发布了《电子招标投标办法》，率先规范了政府采购实践中新出现的电子采购方式，这可能造成电子采购方式的制度分类化。

《政府采购法》则将具体实施步骤和办法授权国务院制定。在国务院指导下，财政部围绕《政府采购法》所确立的基本制度，制定和完善了一系列的规章和具体操作办法，为政府采购实践提供较为全面的操作规则。《政府采购法》实施的第二年即2004年，财政部就颁布了《政府采购评审专家管理办法》《集中采购机构监督考核管理办法》《中央单位政府采购管理实施办法》《政府采购供应商投诉处理办法》《节能产品政府采购实施意见》《政府采购运行规程暂行规定》等一系列规章，整体地细化了政府采购制度。同时，这一年财政部还对先前颁布的两个重要规章进行了修订，使部门规章无论在宏观领域还是微观方面对接了国家法律。在宏观方面，废止了1999年出台的《政府采购招标投标管理暂行办法》，出台了《政府采购货物和服务招标投标管理办法》，为货物与服务招标投标提供了细化的、可操作的招投标方式和程序。在微观领域，修订了《政府采购信息公告管理办法》，使政府采购信息公告方式、期限和具体途径与新出台的《政府采购法》保持了完全一致。

随着政府采购具体操作规章的完善和政府采购实践的发展，政府采购的公共政策功能变得更加突出。为规范和实现政府采购公共政策功能，2006年后，财政部出台了一系列有关保障政府采购公共政策功能的规范性文件和规章。2006年，财政部联合环境保护行政管理部门颁布了《关于环境标志产品政府采购实施意见》，其后每年与环境保护行政管理部门出台环境保护标志政府采购清单，至今已出台了13期清单，极大地促进了政府采购环境保护功能。2007年，为支持自主创新，财政部修改了2004年制定的《中央单位政府采购管理实施办法》，并出台了《自主创新产品政府采购评审办法》和《自主创新产品政府采购预算管理办法》。尽管2011年我国宣布政府采购不与自主创新挂钩，相关两办法也被暂停执行，但政府采购支持自主创新的公共政策功能已成为实践部门的共同理念。2008年，财政部又出台了《政府采购进口产品管理办法》，规范了进口产品的采购方式和采购流程，在一定程度上从另一个角度弥补了政府采购国货制度之不足。2011年，财政部又出台了《政府采购促进中小企业发展暂行办法》，确立了中小企业划型标准，规范了政府采购中小企业产品的方式和程序，有助于发挥政府采购在促进中小企业发展中的应有作用。

财政部不仅规范了政府采购公共政策功能，而且针对政府采购实践中的相关问题不断完善了相应制度。2005年出台了《政府采购代理机构资格认定办法》，2010年又依据实践变化，将其修订为《政府采购代理机构认定办法》，规范了政府采购实践中不断增加的采购代理机构行为。2012年又针对饱受诟病的政府采购非招标方式拟订了《政府采购非招标方式管理办法》，并在广泛征求意见基础上，于2013年10月审议通过、2014年2月1日正式施行，使非招标方式得到限制和规范。

地方政府和国务院相关部门制定政府采购法制具体实施办法的热情使政府采购法制得以不断发展和完善。到目前为止，行政法规、部门规章、地方法规、地方规章等低位阶的法律文件已经逾百件，可谓构成了庞大的法律体系。然整体上，我国政府采购法制是在经验主义立法思想指导下采取的分散立法模式。这种立法模式，注重法条或具体制度之特定功效而不注重一般法律制度本身之内在品性；关注法律规则之面面俱到和数量而较少关注政府采购法律基本原则；关注政府采购法律概念和逻辑而不重视制度整体发展方向。[1]政府采购法律体系依旧是一个主要经由某些“技术”或“工具”而连接起来的存在诸多冲突或矛盾的法律规则集合体[2]，《政府采购法》与《招标投标法》两法原本在主体范围、监管机构、废标条件等方面存在的矛盾和不一致，在政府采购法律体系丰富发展过程中不仅未消除反而强化了。

客观地看，实践部门正视了两主体法律的冲突，并寄希望通过制定相应实施细则的办法消除《政府采购法》与《招标投标法》的矛盾。国务院早在2006年和2007年分别将《招标投标法实施条例》和《政府采购法实施条例》纳入立法计划，并将相应法律草案起草权分别交由国家发展与改革委员会和财政部[3]，两行政部门分别于2009年10月和12月公布了两条例草案公开向社会征求意见。2011年国务院颁行了强势的国务院发展与改革委员会起草的《招标投标法实施条例》，工程招投标领域有了可操作性的具体规则。三年后，国务院颁行了财政部起草的《政府采购法实施条例》，该《条例》已于2015年3月1日正式实施。分头制定实施细则的做法是分散立法模式的进一步强化，不仅不能足以化解来自两部法律的内在核心规定之矛盾与抵触，反而会强化与加剧两法的对立与冲突。唯有改分散立法模式为统一立法模式方能消除两法的相互抵牾。

四、统一立法：我国政府采购法制之未来走向

单一立法模式是法律经验主义时期我国政府采购立法模式的选择，这种模式下的政府采购法制存在着难以克服的内在矛盾和困境，21世纪当我国法制建设进入到法律理念主义时期时，转变过份强调立法的实践基础之立场，突出法律自身品格之要求，重新思考政府采购立法模式就成了理论的逻辑必然，这

[1] 肖北庚：《WTO政府采购协定及我国因应研究》，知识产权出版社2010年版，第196页。

[2] 肖北庚：《缔约国于〈WTO政府采购协定〉之义务及我国因应》，《环球法律评论》2008年第4期，第62页。

[3] 国办法[2006]2号、[2007]2号即国务院2006年立法工作计划、国务院2007年立法工作计划。

种思考的结论必定是政府采购法制进一步发展时当采取单一立法模式。

作为事物之理的法律是对人们交往中形成的具有普遍性之规则的立法表达，其首要品格是内在的逻辑一致性，不应存在矛盾是维持人类行为服从规则治理之法律的核心原则。[1]“如同在大自然中一样，我们赋予了连续一致性以法律这个称谓。”[2]法律的内在一致是法律成为人们所普遍接受的行为指南之必需，“法律还应当连贯、一致，避免此处这样规定、彼处那样规定，从而使人们无所适从。如果要使法律成为人们所普遍接受的行为指南，那么法律体系中的各个部分之间的一致性就是必不可少的”。[3]西方学者莫里斯·科恩特别强调：“法律绝不能放弃一致性方面的努力。”[4]

怎样才能在立法中维护法律的一致性品格呢？“通过把一种一致的裁判标准适用于大量相同或极为相似的情形，我们实际上是将某种程度的一致性、连贯性和客观性引入了法律过程之中，而这将增进一国内部的和平，并且为公平和公正的司法奠定了基础”。[5]法律一致性是法律理念主义的基础理念，法制演进到遵循法律理念主义的今天，政府采购立法要与法治进程协调、融通，其立法就必然要舍弃过往分别依据“资金性质”和“项目性质”将政府采购关系割裂开来，并进行单独立法的立法格局，而是要依据政府采购行为和政府采购关系这种一致的标准来确立政府采购立法思维。由是摒弃排斥政府采购统一关系的招标投标单独立法就成了政府采购立法服膺法律理念主义的应有逻辑。

法的一致性作为一种理论抽象在现实所面对的是复杂的社会关系，怎么样将复杂的社会关系统一于法的一致性中来，使法律成为由不同层次规范组成的有机整体是其内在理路。“多元的法律秩序不是相互无关的、立场不同的，而

[1] [美]富勒：《法律的道德性》，商务印书馆2005年版，第96页。

[2] Benjamin N. Cardozo, The Grouwth of the Law (New Haven,1924), p40.

[3] 彼得·斯坦，约翰·香德著，王献平译：《西方社会的法律价值》，中国人民公安大学出版社1990年版，第72页。

[4] Morris R.Cohen, “Law and Scientific Method ” , in Law and the Social Order New York ,1933, p194.

[5] [美]E. 博登海默：《法理学法律哲学与法律方法》，中国政法大学出版社1999年版，第237页。

在调整人们之间的关系这一点上，必须看做是一元的，具有统一意义的。”[1]政府采购法所调整的社会关系涉及到采购人与采购代理机构、采购人与供应商、采购人与采购监管机构以及采购监管机构与国内采购主体等之间的关系，看上去也许纷繁复杂，甚至十分零乱，但这些关系之间必然存在着由政府采购行为和作用机制所决定的相互同一性，立法只能遵循此种同一性，尤其法治演进到理念主义阶段的立法更不能因为实践基础之强调而漠视此种同一性。“在现代国家中，法不仅必须适应于总的经济状况，不仅必须是它的表现，而且还必须是不因内在矛盾而自己推翻自己的内部和谐一致的表现。”[2]政府采购立法上要体现这种同一性，则需运用一定的立法技巧将所有的政府采购关系包罗其中，并尽量减少游离于政府采购法之外的社会关系来构建政府采购基本法。然而同一性的强调并不能抹杀政府采购关系的复杂性和具体性，这种复杂性和具体性的落实则需要发挥我国现实立法体制中部门立法和地方立法之作用，也就是要以基本法为基础通过不同部门、地方和层面的“立法者”制定有关实施细则和具体执行办法或标准，进而使政府采购法制形成一个法律规范效力层级齐全、层次分明、结构严谨、内容协调的法律体系之有机体制。可见，不同效力层次政府采购法律规范体系是平衡政府采购关系复杂性和多样性的有效制度构架，而这种构架的基础则是单一的政府采购基本法。

通过法律体系使复杂的政府采购关系统一于法的一致性，是从立法技术层面解决问题，当我们转入到法律关系所涉及的社会利益主体时，法的一致性则需要通过立法博弈来实现。尽管政府采购立法模式的选择并不涉及具体社会主体的利益，但由于我国立法体制中相应行政主管部门参与了立法草案的制定，他们均有其内在的制度化利益。过往我国立法中过份强调全社会共同利益和国家利益，否认个别利益的正当性认知，忽视立法主体自身的制度化利益。没有对个别利益的肯定也就无需立法博弈，不能通过立法博弈获取制度化利益的行政管理部门明修栈道，暗度陈仓，在政府采购立法中极力主张自己管理范围与事项的特定立法需求。并借助立法起草权主导政府采购法律规范的话语权进而

[1]［日］宫泽俊义：《日本国宪法精解》，中国民主法制出版社 1990 年版，第 702—703 页。

[2]《马克思恩格斯全集》（第 37 卷），人民出版社 1971 年版，第 488 页。

争取自身的制度化利益，这造成立法不善的同时还助长了过度立法。政府采购分散立法实质上就是一种过度立法的表现。

法律经验主义对立法中共同利益之强调漠视了立法博弈，而法的内在特质则在于肯定法是多重利益分化和协调的产物，以法的内在特质为追求的法律理念主义在立法上必然要关注并协调多重利益——不同主体的利益，进而肯定立法博弈。政府采购立法中的立法博弈的一个前提性内容就是允许享有不同层面政府采购立法权的政府采购行政主管部门充分表达自己的愿望和利益，并在共同认可的规则下自主地进行相关辩论和妥协，形成一个不同行政主管部门认同的立法模式选择，这种模式必然是内涵各方博弈利益的统一立法模式，因为只有能消除摩擦和冲突并关照到不同利益主体的统一与协调的政府采购法规范才可能产生持续的最大博弈利益。

当代法律的内在品格不光是关注法律自身，而且也要注重国内法制与国际法制相接轨并吸收国外立法的先进经验，我国政府采购法制发展也应遵守这一基本规律，既要注重与 GPA 协定相协调，也要以开放的态度从西方发达国家先进的政府采购法制中吸收有益的经验。

从西方发达国家的立法经验来看，当今世界上对招标投标单独立法的国家只有埃及和科威特，[1]这两个国家的立法模式只能够作为一种类型而存在，很难称得上为经验。而有着 200 多年历史的西方发达国家的政府采购立法模式则有经验之价值，它们都是将招标投标作为一种方式纳入政府采购规范体系中，并建立以《政府采购法》为基本法，招标投标为采购方式的法律体系。[2]

不仅西方发达国家的政府采购立法经验启示着我们应该采取单一立法模式，而且加入 GPA 协定要求我国政府采购立法必须采取单一立法模式。我国 2008 年已正式向世界贸易组织提交了加入《WTO 政府采购协定》的承诺清单，并展开了数轮加入谈判，这意味着我国将要履行《WTO 政府采购协定》的一

[1] 何红锋：《〈招标投标法〉的内容应当纳入〈政府采购法〉》，《中国政府采购》2007 年第 10 期，第 61 页。

[2] 肖北庚：《缔约国于〈WTO 政府采购协定〉之义务及我国因应》，《环球法律评论》2008 年第 4 期，第 67 页。

般义务。GPA 协定一般义务的核心内容是："本协定适用于协议涵盖的所有采购的措施，无论其是否全部或部分采用电子化手段。"[1] 这里措施一词是对一国"政府采购的法律、法规和行政规章以及采购机构适用的规则、程序和惯例"的抽象。[2] 它使用"类型"化思维将政府采购各种具体措施和做法用抽象概念进行了编辑，使各种措施成为了一种理性的集合。协调一致是集合的核心准则，这也为缔约国政府采购措施提出了协调统一之要求。要做到政府采购各种措施的协调统一，显然采取统一立法模式比分散立法模式更容易达到目标。

值得注意的是，采取统一立法模式因将招标投标方式与程序纳入到政府采购法制中统一规范，有人会认为，这将造成"使一般意义上的招标投标活动失去基本法律依据"[3] 的结果。其实，这种担心是计划经济时代下思维惯性在作怪，它的前提是主张任何问题都应当由政府来进行管理，且在依法治国的口号下这种管理要通过法律进行，任何招投标活动都要有相应的法律，就是这种逻辑之必然。事实上在社会主义市场经济背景下，立法更应当思考如何最大限度内充分发挥市场与个人的首创性与积极性，要考虑市场构造和选择制度的作用，"应将市场当做政府干预的替代选择，多让市场解决问题"，[4] 立法中应该考虑如何"不规制"。不规制也即只有通过市场等其他有效方法不能达到目的时才转向法律途径，立法应该有实质的必要。如果有了这种法制理念，前面的担心就显然多余了。从法律视角来看，上述担心的实质是，如果招标投标方式与程序缺乏单独立法，社会生活中的民事和商事主体在日常的工程等采购中因不能适用规范公共资金使用的《政府采购法》，必然造成其行为缺乏法律规制之结果。其实招标投标方式作为《政府采购法》的强行法律规范，并不排斥和禁止其他非政府采购主体援引并践行其规则，也就是说，并不妨碍民事和商事主体依自愿原则对招标投标方式和其他方式的选择适用。事实上，民商事主体在从事相应

[1] 参见《WTO 政府采购协定》第 2 条第 1 款。

[2] 肖北庚：《缔约国于〈WTO 政府采购协定〉之义务及我国因应》，《环球法律评论》2008 年第 4 期，第 63 页。

[3] 于安：《招标投标法与政府采购法不宜合并》。来源：http://it.ccgp.gov.cn,2007-04-09。

[4] 这一主张规定在经济合作发展组织理事会《加强政府立法质量建议》的报告中，参见周汉华：《变法模式与中国立法》，《中国社会科学》2000 年第 1 期，第 91 页。

行为时，考虑到交易的安全性和公正性，往往会选择《政府采购法》中的招投标程序。

第三节 美国政府采购法制的历史演进

法律作为一种规范体系，无论是作为经由人们慎密思考并详细制定的规范体系还是被视为个人心智所不及而却在人类实践过程中得到人们普遍遵循并具有一般性和确定性的规范体系，它们都不是凭空产生的，“它们是一些观念或普遍原则，体现对事物之价值、可追求的理想性等进行的判断”。[1] 是追求并保护一定的价值的结果。特定的法律制度必反映时代立法者对当时社会价值的追求，不过这种价值追求并不是一成不变的，而是随着社会实践的变化和法律制度自身所要解决问题的更新而嬗变。发轫于美国独立战争时期，作为规范不同于私人间购买行为的政府，以不同于普通民事主体身份到市场采购的行为，其始初所追求的价值为效率，但随着政府采购实践不断深化而引发的所要解决之问题及性质的变化和法治在国家生活地位的日益提高，其价值重心转向控权，这就是美国政府采购法制价值演进的内在理路，美国政府采购法制也正是在这种价值变迁中不断完善。

一、效率：美国政府采购法制初获施行时之核心理念

美国是世界上实行政府采购制度较早的国家之一，其政府采购制度起源于独立战争时期。当时为解决战争所需军需品、物资及劳力匮乏的问题，产生了以集中购买方式保证行政机构和军事部门正常有效运行必需的物品和劳务的客观需求，政府以不同于普通民事主体身份到市场购买的政府采购方式应运而生，美国以立法的形式规制了此种实践，并将采购权赋予了财政部长。独立战争胜利后，美国实行预算财政制度，行政机构维持其运行所需资金来源于立法机构批准的预算案，超越预算受到严格限制。这样，如何有效利用预算资金成为政

[1] [英] 活克：《牛津法律大词典》，光明日报出版社 1998 年版，第 920 页。

府的首要考量，它强化了集中统一采购方式，专司满足政府日常管理职能所需物质和劳务之供给的政府采购之职的采购部门得以设立。采购部门“采购之根本目的在于识别所需材料的来源，并在需要的时候以尽可能经济的方式按可接受的质量标准获取这些产品。采购部门必须能够快速有效地满足需求，并且采购程序和政策必须同商业惯例相吻合。采购部门利用专业技术和方法，聘用专业采购人员和管理人员，以保证采购项目能完全符合需要”。[1]可见，经济地采购到政府管理所需要的物品和服务是政府采购的根本目的，效率价值（经济效率和行政效率）成了政府采购法制之首选。

政府采购行为的正当性建立在经济效率的可行性及其满足行政机关需要的必要性上之所以可能，首先是促使政府采购产生的两个客观事实——解决战时军需品和劳务匮乏与充分有效利用预算案批准的资金使然。战时物质采购往往是急需的，经济获得所需物品之重要性遮蔽了控制采购人“经济理性人”的品格之必要性；而有效使用资金的重要性强化了采购过程应充分发挥采购人的主观能动性之价值。另一方面，乃是与当时人们普遍接受的“经济理性”论的规模效益观相关。该观点隐含了由政府某一部门集中采购政府管理所需要的产品可以在大规模采购中刺激供货商获取“垄断”利润，降低价格，进而使得操作效率得到最大化，政府获得更大的经济效益，节约国库资金，保证纳税人的金钱得到高效使用，为保证税收之强制征收在社会容忍度的范围内提供了可行途径。再者，美国独立后头十年的经验表明，国家建设的侧重点“从提供对个人权利的保护以防专制政府的干预转移到了对一个有效的共同的政府（Effective Common Government）的创建”。[2]建立一个强大的美国中央政府成为当时大多数美国人追求的理想，正是这种信念，加之任何一个刚成立的政府都不会过分滥用权力是人类历史发展的普遍规律，使得行政机构践履其正常职能应获致一定程度自由裁量权之观念能得到大多数人的认同，至少能为大多数人所容忍，也就是这种容忍在设计政府采购制度时控权的重要性让位给了效率的重要性。

[1] Herold E · Fearon , Donald W · Donble and Kenneth H · Killen, The Purchasing Handbook, Graw–Hill,Inc, New York 1993,p156.

[2] Friedrich A.Hayek, The Constitution of Liberty, England ,Routledge & Kegan Paul Ltd,1960,p228.

更有甚者，美国建国初期行政权并未充分展开，民众对行政权的危害缺乏充分认识，而当时流行的政治理念则是："在共和政体中，对自由的最大危险来源于立法机关的权力不断扩大。"因为："第一，宪法规定的立法机关的权力比其他部门更为广泛而且不容易受到限制；第二，立法机关容易接近人民的钱包，对其他部门的金钱酬报也可以施加影响。"[1]对立法权可能产生的侵权之焦虑不安遮蔽了控制行政权的重要性。于是在政府采购制度设计时控权的重要性让位给效率的重要性就在法律规制的应有理路之中。

以效率为核心的政府采购法制其规范的核心内容就是设立专门的采购机构，并对该机构的权力范围、行权方式等进行了规制。缘于斯，美国始初政府采购法制的内容主要是赋予当时的财政部长或后来设立的政府采购局（Office of Government Procurement）集中采购权，并粗略地规定权力行使的程序。且规定：在具体采购过程中采购人所要考虑的是商品的价值因素和质量因素，尽可能以最低廉的价格获得质量最佳的产品，以提高政府资金使用效率，满足政府工作部门维持其运转之需要。并要求采购部门应根据国会通过的预算来执行政府采购，除非行政部门有国会所拨的款项，否则他们不能授予合同。[2]当然，政府采购是在供应商参与下政府与供应商通过一定程序而进行的活动，这种活动的正常进行还离不开采购方式的规定，美国始初的政府采购法中规定了直接采购方式。其目的仅在于限制政府采购主体不滥用职权，显而易见地背离公共资金所有人的意图去追求个人的好处，且这种限制以不得影响政府采购的效率和效力为限。可见，具有法律形式的美国政府采购法制其价值和意义却在经济政策方面，而非法律领域。其实，法律之核心价值在于维护公平和秩序，这一价值目标在政府法制的展开则是将政府采购主体的自由裁量权控制在必要限度内以确保供应商获得平等机会。片面注重经济价值和意义可谓是美国政府采购法制初期的一大缺陷，不过这种缺陷必将随着政府采购实践的演进而修正。

---

[1] 汉密尔顿：《联邦党人文集》，商务印书馆1980年版，第39页。

[2] Steven Kelman :Procurement and Public Management Publisher for American Enterprice institute ,Washington University Press.1996,p15.

二、控权：美国政府采购法制演进之逻辑必然

政府采购法制在美国初获施行时，应当赋予其更多的法律品格（限制采购中的自由裁量权），起初并未得到立法者的深切考虑。它基于当时政府采购实践的人们，其智能与判断力所及的只是如何有效地使用从预算中获得的资金。随着采购实践的不断深入和采购规模的日益扩大，他们发现此一制度在操作各个方面都极不便利，以至于他们先前构设的用以提高资金使用效率的制度，反而增加了必须加以整治的社会问题。于是他们认识到如果过分重视资金使用效率，那么就会因缺乏对政府采购过程有效控制而产生许多人们难以接受甚至不能容忍的问题。这种境况迫使他们转向权力制约视角思考对政府采购领域广泛存在的自由裁量权施以控制，追求控权之核心价值。

促使政府采购法制核心价值目标由效率向控权转化的主要是美国政府采购及法制实践中的下列事实。

首先，政府采购数额的增大和采购范围的拓展使得享有自由裁量权的采购主体有了更多的与供货商合谋之机会。十九世纪五六十年代美国政府采购规模得以扩大，从而激起了供货商之间的竞争，不少供货商采取一些非正常的手段允诺给予具体采购操作人以不当利益，进而使得采购人依据有利于自己的目的偏离公共资金所有人的意图授予采购合同，享有采购权的主体尽力为友好供货商和朋友获取政府采购合同则不可避免。政府采购领域中的这种合谋使得政府采购领域丑闻不断。[1] 这一切实际上是初始政府采购法制留下的未注重控制采购人的自由裁量权漏洞所致，认识到未受控制的采购权是上述丑闻产生的根本原因后，控制政府采购中的自由裁量权获得了初步的动因。

其次，政府采购的深入发展使得它具有了公共政策功能。美国二十世纪三十年代出现了经济衰退，为了摆脱经济萧条促使经济复苏，采取了扩大内需的扩张性财政政策。受此种政策导引，政府采购规模和领域日益扩大。政府采购规模的扩大使得政府何时、何地向何人购买何种物资，对该经济部门和地区的发展、生存和获利都将产生人们初始实施政府采购法制时难以预见的至关重要的影响，

---

[1] 肖北庚：《政府采购之国际规制》法律出版社 2004 年版，第 38 页。

政府采购对整个国民经济都会发生举足轻重的作用。同时，大量的公共资金通过政府采购投放到市场中去，其行为无疑对经济结构和产业运行有着重要的导向价值，由此政府在政府采购中“借水行舟”贯彻一定的经济和行政政策，特别是那些还没有来得及法律化的政策目标有了可能。[1] 正如美国行政会议在当时的年度报告中所指出的：政府采购是政府调节经济和社会的基本手段，它是解决贫困、种族歧视、资源浪费、环境保护、经济危机等一系列社会问题的重要方法；同时它也成为政府增加就业机会、对少数民族和边远地区实施特殊优惠或实行其他合法的政治目标的干预工具[2]。这些政策目标在很大程度上与社会正义对政府行为要求相一致，由此政府获得了依据实时性的目标和具有特定价值的追求做出政府采购决定的权力。甚至人们也产生了一种不切实际的想法：政府履行上述正当职能的合法性也意味着政府的任何具体采购行为同样也具有合法性。这为政府采购主体在具体采购过程中通过关注这类任务的趋向而渗入自己的意图和利益留下了空间和口实。美国政府采购实践也证明了这一点，二十世纪三四十年代美国政府采购实践就不断出现了在贯彻公共政策意图的政府采购中渗透采购人私意的案例。[3] 理论地看，政府采购主体能在政府采购中掺杂私意是政府采购决定具有广阔的选择空间，不受法律严格控制所致，他也同样地证明“所有的自由裁量权都有可能被滥用，这仍是个至理名言”。[4] 因此，必须注意到政府采购自由裁量权的危害性，并对其进行监督和控制。[5] 寻求控制这种新的自由裁量权之方法就成了进一步完善美国政府采购法制的客观必然。

再次，二十世纪三十年代末美国联邦最高法院与福兰克林·罗斯福总统之间的斗争重述并强化了政府经济政策与行为必须受到法院的司法审查之结果。

[1] Jose M. Fernandez Martin, The EC Public Procurement Ruler, A Critical Analysis, Oxford, Clarendon Press, 1996,p46.

[2] W. Noel Keyes ,Government Contracts—Under The Federal Acquisition Regulation,West Publishing Co,2002,p1127.

[3] John W.Whelan, Robert S.Palsley, Federal Government Contracts—Cases And Materials, Mineola,New York The Foundation Press Inc, 1975, p175—320.

[4] 威廉·韦德：《行政法》，中国大百科全书出版社 1995 年版，第 70 页。

[5] Kenneth Culp Davis, Discretionary justice, University of Illinois Press, 1971,p25.

在美国，行政机构与最高法院之间的斗争可以说是大多数美国人所熟悉的当代史，但对政府采购法制有意义的却是二十世纪三十年代罗斯福领导的行政机构与最高法院的斗争。尽管这场斗争很难说谁胜谁负，但却产生了一项对政府采购法制具有恒久意义的重要结果[1]。众所周知这场斗争的核心是围绕当时美国政府为了走出经济困境而制定的有关经济方面的法律和法规是否合宪而展开的，其结果强化了最高法院的司法审查权，法律实践再次重述了司法审查权的价值。这种重述也得到了立法机构的高度赞扬，美国参议院司法委员会 1937 年的报告中指出：对美国宪政制度的维护“要比实时地采取不能具有多大裨益的立法更具无可比拟的重要性”[2] 对司法权价值的重述和立法机构对重述的称颂使司法审查在经济法制中的运用受到了普遍欢迎。作为经济行政法制的政府采购法也必须受到司法审查，这样政府采购过程及具体采购中经由采购主体自由裁量权而形成的采购决定之实际内容，应当受一个独立法院的审查便成了政府采购法制应有之义，司法审查这种控制自由裁量权的有效方式也就进入到了政府采购法制，控权价值追求之内容得到了进一步拓展。

三、美国政府采购法制控权理念之制度表征

价值目标是法律规范的基础和原点，其实现依赖相应的制度安排。上述价值目标导引下逐步形成的以《联邦采购条例》为核心的美国政府采购法制规定了政府采购主体分离制度、采购程序采购方式相统一制度、供应商资格制度、以司法审查为核心的供应商权益救济制度等，这些制度相互勾连和作用使得控权价值目标转化成了法制实践。

主体分离制度是指美国政府采购法制规定的政府采购人与具体从事采购事务的采购代理机构相分离、政府采购人与具体执行主体相分离、采购人与采购监督机关相分离，这种分离中每一类主体都彼此享有不同的一定采购或监督采购权力，尽管具体从事采购事务的主体在政府采购活动中具有较多的控制和主导权，但其他主体对这种主导和控制权可施行一定的制约。由此，任何一具体

[1] Alfred C.Aman, Administrative Law And Process ,LexisNexis Press, 1993, p512.

[2] Friedrich A.Hayek, The Constitution of Liberty, England ,Routledge & Kegan Paul Ltd,1960,p312.

采购行为的完成都需要与上述不同主体所享有的不同权力共同地和协调一致地使用，或者要求对若干种不同手段加以共同的或协调一致的运行，如果得不到协调一致的运行，那么任何一类主体都不可能合法地完成任何一具体采购行为的应有环节。主体分离制度使得任何一个被分离的主体都不可能有效承诺将某一特定的采购机会给予某一特定的供应商，即使某一主体僭越权力给予供应商此种允诺，在实际的采购中供应商也难以获得相应预期，这使得政府采购主体的主观任意受到了制约，也正是这种制约在一定程度上使得自由裁量权的行使独立于采购主体的主观任意和专断意志。

供应商资格制度是美国政府采购法制中又一限制自由裁量权的制度。该制度规定要成为政府采购的供应商必须具备良好的商业信誉、相应的履约能力及优良的守法记录等。这种规定表面上看，因将某些供应商排除在政府采购之外而与法律所弘扬的平等价值不一致，然法律并不排除类分，只要这种类分能为该群体中的人或该群体外的人同时认为是有道理的，那么法律认为这种界分就与平等问题无关。[1] 就政府采购法制而言，允许那些拥有可明确识别资格的供应商进入政府采购领域，也完全是符合效率与平等之要求且是可行的。更有甚者，正是允许具有相应资格的人进入政府采购领域，排除了政府采购人以那种实时的或有利于采购操作人利益的方式决定什么人应当被允许进入采购活动领域，这类决定也就不是自由裁量的结果，进而限制了自由裁量权行使的范围。同时这种制度法律化意味着任何拥有这种资格的供应商对其有资格参与的任意具体采购活动都具有不可否认的主张权，政府采购人也只能依据某一供应商是否具有供应商资格制度所确认的条件来决定而不能依据任何武断的情形来决定，这也就意味着在决定何者可以成为有资格获得政府采购合同方面自由裁量权被有效地排除了。而且，供应商制度还对供应商资格审查程序作出了严格规定，使得自由裁量权发挥作用的程序空间也被堵住了。

对政府采购中采购人自由裁量权的限制和制约，主体分离制度和供应商制度只是从权力所指向的对象和权力之间关系视角来考虑的，实际上更为重要的控权视角应体现在权力运行过程中，因为权力运行过程才是政府采购人实行自

[1] Friedrich A.Hayek, The Constitution of Liberty, England ,Routledge & Kegan Paul Ltd,1960,p216.

己目的和贯彻自己利益的核心环节，为此美国政府采购法制规定了采购方式与程序协调一致制度。该制度对采购行为方式类型及其不同采购方式应符合的条件和遵循的基本要求给予了详尽的规定；且考虑到现实中每一具体采购情况的复杂性及采购合同的成功是“对采购机关富有技艺和合理管理的结果，而不像购买那样，是对减缓市场压力的有效反映”。[1] 还界定了一些例外情形。这一构设使得整个采购程序在发挥采购人的主观能动性的正常运行过程中，为具体采购活动的展开提供了明确的要求，采购程序中每一步骤的展开与关联都有了法律规定的明确准则，进而使采购行为合法性证明立基于连续一贯的规则而非立基于采购人的专断性意志。这种明确的限制要求甚至有可能消除采购人追求自己利益之动机和缩减采购行为实现采购人的目的的空间，从而减少了人为的不确定性。

上述制度设计是从政府采购一般运作过程来限制自由裁量权，而自由裁量权的限制更为重要的是可以通过对政府采购人在具体采购过程中的采购行为和采购决定进行审查，并制裁和惩罚违法的采购行为和决定而产生的威慑力来实现。美国政府采购法中的供应商权益救济制度正是此种控权方式设计。美国政府采购法制规定议会审计署和公用事业局的合同申诉委员会专门受理政府采购过程中的质疑；[2] 同时美国普通法院也可以对采购过程中权益受到侵害的供应商提供司法救济。尽管具有行政性质的合同申诉委员会有可能出于公共政策和特定政治情势的需要依据特定情形审查某一具体采购行为和决定，使自由裁量权滥用行为处于未受相应制裁和惩罚的状态。但普通法院的司法救济，尤其是司法审查对自由裁量权的滥用产生巨大的威胁作用。司法审查赋予法院有权对供应商提起的其合法权益受到损害的政府采购行为进行审查，并以独立的意志决定政府采购人所采取的政府采购行为是否具有法律依据、是否越权或滥用权力，同时也有权决定该具体政府采购行为的实际内容是否符合法律的要求。法院这种权力之存在即使不能完全遏制政府采购中的自由裁量权，至少也能使自

[1] Turpin, Government Procurement and Contract ,Longman ahrlor,1989,p70.

[2] John Cibinc, Ralph C.Nash, Administration of Government Contract, George Washington University,1995,p1311.

由裁量权受到有效制约和约束。依据司法审查要求法院有权对具体采购行为是否对于实现政府采购法制所指向的一般性结果有必要作出裁定，并在否定性裁定中给予政府采购人相应的处罚，这种处罚既会对实施政府采购行为的采购主体产生否定性评价，更主要的是对日后类似情形下有可能作出此种采购行为的采购人产生威胁，使其不滥用采购权。进而使具体采购人尽可能使其所作所为成为合法的事情而不是政府采购人自己认为极有可能正确的事或应当正确的事，从而排除了采购人的主观意志和自我利益追求。

第四节 政府采购国际法制的历史演进

政府采购从国内规制走向国际规制是综合考量国家主权与贸易自由化程度等因素的结果。只有当国际社会主要国家认识到政府采购法制能够平衡国家利益与共同利益，歧视性政府采购贸易壁垒必须予以限制甚至予以清除方能促进贸易自由流动时，政府采购方可进入国际法制规制领域。政府采购国际规制历史演进则从实践层面印证了这一点。

政府采购应当纳入国际法制规制早在20世纪40年代就被国际社会所认识并试图进行相应实践。1946年联合国经济社会委员会成立之时，美国就向联合国提出了一份著名的“国际贸易组织宪章（草案）”，该草案首次将政府采购提上国际贸易的议事日程，要求将最惠国待遇和国民待遇作为世界各国政府采购市场的原则。[1]然而，政府采购作为一国经济目标实现手段被人们认识的同时，各国也考虑政府采购对国家主权的影响。因为政府采购只是一国经济目标实现的手段，而不一定是世界经济发展目标的手段（至少在经济全球化和自由化未充分发展时不是世界经济发展目标的重要手段）。正是这种认识，加之政府采购在当时的国际贸易中只是一种隐性而非显性的贸易壁垒，美国的这一动议在当时并没有成为全球的法制实践。许多国家的国内立法机构并未批准国际贸易组织宪章。正是因为这样，后来的关贸总协定也将政府采购视为国民待遇

[1] 王小能：《政府采购法律制度初探》，《中国法学》2000年第1期，第83页。

和最惠国待遇的例外，该例外规定在GATT第3条第8款，该款规定：政府机构购买供政府使用的，不以商业转售为目的或者不用以生产供商业销售为目的的产品采购的法律、管理规定或要求不适用于该条的规定。由此可见，早期的关贸总协定和联合国经济社会发展委员会的有关文件并没能将政府采购纳入规制领域，将政府采购视为国际贸易的例外。

尽管贸易发展要求在GATT体制运作之初，由于对政府采购作为自由贸易壁垒属性认识的不透，没有引起对政府采购的足够关注。但政府采购法制国际规制与国内规制一样，其作为财经政策可以提高资金的经济性和效率性，早在GATT体制运作不久就被世界银行这一国际组织所认识。世界银行是世界银行集团的简称，其主要职能就是为世界各国发展项目提供资金，而其所提供的资金却来自各会员国的股本及世界银行从国际资本市场上所筹集的资金，因此世界银行在给发展项目贷款时还必须考虑资金的安全有效运作，这种监督资金安全运作的责任使得世界银行有必要采取加强对贷款资金监督管理的措施。在考虑和制定这种措施时，世界银行借鉴了当时西方发达国家政府采购的做法，在1964年制定了《国际复兴开发银行贷款和国际开发协会贷款采购指南》以促进贷款资金依世界银行规定的目的所运作。实践上这一《采购指南》也确实起到了资金监管作用。正是这样，随着国际经济和世界银行自身的发展，世界银行对《采购指南》不断进行了修改和完善。最后一次大修于GATT《政府采购守则》颁布后不久的1985年，1996年1月和8月又作了两次补充修改，形成了现在的《国际复兴开发银行贷款和国际开发协会贷款采购指南》。

如果经济全球化和贸易自由化未充分展开时，国际采购法律规制仅在于保障资金的安全性和经济性，只能产生近似于政府采购法制的采购规则；那么经济全球化和贸易自由化必然要求将政府采购给予国际法制规制。经济全球化必然使国际经济活动加快，加深各国经济间相互依赖关系。各国或地区的政府愈发难以贯彻一些有价值的经济活动政策，因为这种活动往往是跨国的，超出了某国政府控制所及。[1] 国际法制对各国经济活动政策的实现作用日益加强，那

[1] John H.Jackson: Law and Policy of International Economic Relations The MIT Press , Second Edition, 1997, p1.

么在现代社会作为影响一国经济活动政策重要手段的政府采购上升到国际法制领域就成了经济全球化的一个必然要求。全球贸易一体化的实现是一个动态的过程，它往往以区域经济一体化为基础，“区域一体化是全球贸易自由化的‘营造物’（building-blocks）”。[1] 政府采购的国际规制也始于区域一体化组织，在全球的区域一体化组织中，欧盟处于领先和典型地位，其对政府采购的规制也先于全球性的GPA协定制订。

欧盟的前身是1958年1月1日正式成立的欧共体，其成立的目标是通过关税同盟、经济同盟、政治同盟，实现欧洲的经济一体化和政治一体化。它主要通过消除贸易壁垒，取消关税，促进货物、资本和人员流动来实现经济一体化。因此，欧共体自成立之初就开始制定取消关税和贸易限制的协议与指令。在取消贸易限制过程中，欧共体认识到歧视性政府采购对自由贸易的限制，于1966年出台了有关政府采购的专门规定以期减少政府采购的贸易壁垒功能。当1968年欧共体实现成员完全取消关税和贸易限制，统一对外贸易政策时，政府采购这一贸易壁垒对自由贸易的影响变得尤为突出，欧共体便开始着手政府采购方面的法律规制，从1971年开始，欧共体相继通过了两个政府采购指令，即《政府工程招标指令》（EEC 70/305 Public Works Directive）和《政府部门货物采购招标指令》（EEC 77/62 Public Sictor Supply Contracts Directive）。[2] 这些法令规定了欧共体内公开招标要求，为成员国供应商提供了公平竞争，实现了政府采购市场的内部化。可见，欧共体作为区域经济一体化组织比GATT这种全球化贸易组织对政府采购的规制要早。随着全球经济的发展，以及GATT所制定GPA协定对欧盟的影响，欧盟理事会又修改了先前的政府采购指令，并在20世纪90年代前后制定了《关于协调政府物资采购合同程序》《关于协调给予公共工程合同的程序》《关于协调给予公共服务合同的程序》《关于协调有关对公共供应和公共工程合同的给予执行复查程序的法律条例和行政条款》等指令。2014年3月，欧盟又颁布新的公共采购指令，包括替代原先的两部指令

[1] 曾令良：《欧共体对多边贸易体制的影响》，《武汉大学学报》（人文社会科学版）2000年第3期，第76页。

[2] 鲍先广：《中华人民共合国政府采购法实施手册》，中国财经经济出版社2002年版，第1341页。

的公共部门指令（2014/24/EU）和公用事业指令（2014/25/EU），以及首次公布的特许经营指令（2014/23/EU），这是欧盟政府采购法制最新发展。当然区域性一体化组织对政府采购的规制还远不止欧盟，几乎所有的区域化一体性组织都制定了相应的政府采购规则，只是欧盟相对早一些。

区域经济一体化组织促使政府采购多边协定的产生，而经济全球化和贸易自由化从区域一体化走向全球一体化过程时，全球性的政府采购协定相应也就产生了，WTO 对政府采购规制就是这一过程的必然产物。

首先，经济全球化必然促使各国经济社会化程度提高和国家行政职能扩张。经济社会化程度较高、国家经济行政职能不断膨胀的国家，由于其政府采购市场所涉资金较大，[1] 政府采购对经济宏观调控作用明显，极力主张开放各国政府采购市场并倡导国际社会制定相应法制。正是在众多政府采购市场开放国家（尤其是美国）的倡导下，国际社会自二十世纪七十年代开始政府采购国际规制实践。在这种实践中，发达国家相对来说，已经建立了一套较为完整的自由、开放和竞争性的政府采购体制，而大部分发展中国家却对政府采购这一管理经济的现代化手段还不甚了解，甚至在有的国家，根本不存在政府采购，或者即使存在也形同虚设，政府采购体制极不完备。这样，要协调法制差异极大的国家之间的政府采购，离不开国际组织政府采购规范的制定。

其次，随着国际经济的发展和关贸总协定在国际经济作用发挥的加强，国际贸易自由化的呼声不断高涨。在长期国际贸易发展中，关税、配额制等阻碍国际贸易自由化的传统壁垒逐步减少或消除。政府采购对国际自由贸易的障碍和壁垒作用变得特别明显，政府采购虽然并不体现为国家政府直接参与国际市场竞争，且政府采购也并不直接为市场创造财富，但毫无疑问，各国政府对巨额公共资金的运用将直接影响到市场产品的最终消费（即物流）和市场资金的流向（即资金流），故政府采购势必影响国际贸易的走势。在促进国际贸易自由化的进程中，政府采购无疑将占据相当重要的位置，为此国际社会就相互开

[1] Dr.Gray J · Zenz and Dr George H · Thompson 在 Purchasing and Management of Material，一书中指出美国政府在 1989 年 ~ 1992 年间每年用于货物及服务的采购就占其 GDP 的 26% ~ 27% 以上，每年有大概 2000 亿美元用于政府采购。

放政府采购市场而不断努力谈判和磋商。在这种谈判和磋商过程中，形成一些作为谈判成果的国际组织政府采购规则也就顺理成章。

再次，在全球化语境下，各国普遍认同各自具有比较优势、必要的国际竞争并参与到国际竞争，既利己又利人，可以实现国际贸易收益的最大化。各国为了本国最大的国际贸易收益，就必然要充分发挥自身的比较优势，想方设法为本国的优势产品进入外国市场提供便利。[1] 而市场的开放是对等的，不是单方面的，因此，各国为了换取外国市场的同等开放，不得不对等开放本国市场，这种市场开放的逻辑延伸，必然包括政府采购市场。由此，协调先前具有差异的各国政府采购法制就成为平等开放政府采购市场的必然要求。

正是上述因素作用的结果，1978 年关税贸易总协定东京回合谈判后，签署了第一个《政府采购协定》。该协定经过 1987 年的小幅修改，在关贸总协定乌拉圭回合谈判中再次成为谈判的议题，1994 年，就该议题形成了最终法律文件，该法律文件经 2006 年和 2014 年两次修改形成了现在的 WTO《政府采购协定》(以下简称 GPA 协定)。

不仅关贸总协定关注政府采购国际化，而且联合国国际贸易法委员会也十分关注在政府采购过程中法律体系不完备国家的公共资金巨大浪费问题，试图为促进国际社会各国健全政府采购法制提供范本，于是 1993 年在维也纳通过了《联合国国际贸易法委员会货物和工程示范法》。1994 年，对该示范法进行了部分修订，并在纽约通过了《联合国国际贸易法委员会货物、工程和服务采购示范法》。2001 年，《示范法》又进一步修订完善，形成了现在的范本。

[1] 袁曙宏、宋功德：《WTO 与行政法》，北京大学出版社 2002 年版，第 264 页。

第三章

政府采购法的公共政策功能

政府采购作为政府到市场上采购货物、工程或服务的购买行为，它不单是满足自身消费需求的一种采购行为，还将通过具体采购行为体现出政府一定的经济社会政策意图，其意欲达到的目的就是政府采购的公共政策功能。

肇始于有效利用公共资金和限制腐败的政府采购制度，随着其规模的扩大，其公共政策功能日益彰显。“大量的公共资金通过政府采购投放到市场中去，其行为无疑对经济结构和产业运行有着重要的导向价值，由此政府在政府采购中‘借水行舟’贯彻一定的经济和行政政策，特别那些还没有来得及法律化的政策目标有了可能。”[1] 政府采购实现这些经济与行政等所蕴含的作用就是政府采购公共政策等功能。

第一节 政府采购公共政策功能的内涵

一、政府采购公共政策功能之内在规定

政府采购公共政策功能是指政府采购在实现满足政府自身需求，保证政府日常政务物资供给等基本需要的基础上，通过合同授予等措施实现诸如调控经

[1] 肖北庚：《从效率到控权：美国政府采购法制价值演进的内在理路》，《财经与理论实践》2007年第3期，第121页。

济、保护环境、扶持中小企业、购买国货等经济和社会目标的功能。

政府采购公共政策功能是政府采购法制完善和成熟的标志。世界各国在实施政府采购制度初期通常以节约财政资金、提高资金使用效率为核心，缺乏对政府采购公共政策功能的追求。随着政府采购制度的发展，政府采购规模的扩大，其作为财政政策的重要工具，可以配合其他财政政策工具以及货币手段，起到调节经济与促进社会公平的杠杆作用。现在成熟、规范的政府采购理论普遍认为政府采购可以在诸如调整经济结构、规范市场秩序、保护环境、支持民族产业等方面发挥引导和促进作用。现代政府采购法也通常对上述诸方面进行规制。

政府采购公共政策功能作为实现政府一定的经济社会政策目标，它有自身的内在特点。

（一）政府采购公共政策功能以政府采购规模化市场需求为基础。政府采购公共政策功能实质是对特定行为和特定领域的扶持与支持，如果政府采购规模过少，则只能扶持某一领域内的极少数企业，这样很容易造成不公平，只有足够支持某一行业和领域的大规模的采购资金投放到该行业和领域时，才有可能促进公平和实现经济调节作用。

（二）政府采购公共政策功能是对市场自由竞争和商业效率原则的必要背离。政府采购公共政策功能的本质在于以实现政府的公共政策为目标，而不是按照自发的供求关系作为是否授予政府采购合同的依据，市场竞争因素和商业效益准则不是授予政府采购合同的标准，是对市场自由竞争和相应效益原则问题的背离。然基于政府经济调整职能之实现，此种背离又是必要的。

（三）政府采购公共政策功能通常与国家宏观经济社会政策相适应。政府采购作为财政性政策工具之一，其作用是促进国家宏观经济社会政策的具体实现，其选择和设计需要符合国家宏观经济社会政策的总体要求，并考虑政府在一定时期的根本任务与政府采购制度运用的自身特点，不同时期国家宏观经济政策的差异和侧重点对政府采购公共政策功能设计起着重要作用。由此可见，政府采购公共政策功能的侧重点并不是一成不变的，而是随着政府调控经济社会的总体需要变化而有所演变。

二、政府采购公共政策功能之类分

政府采购公共政策功能的分类是指依据不同标准将政府采购公共政策功能体系进行划分所形成的各个不同的有机组成部分。按照不同的标准，政府采购公共政策功能有不同的分类。

（一）按照是否有明确的规范依据，可将政府采购公共政策功能分为规范所规定的公共政策功能和制度规定的公共政策功能。制度所规定的公共政策功能是指政府采购所设计的招标、投标、合同授予等制度所促进的公共政策功能；规范所规制的公共政策功能是指法律规范所明确规定的公共政策功能。

（二）依据公共政策功能的领域不同，可将政府采购公共政策功能分为环境保护、产业扶持和购买国货等公共政策功能。环境保护公共政策功能是指政府采购减少环境负荷，促进生态环境改善的功能；产业扶持功能是指政府采购扶持中小企业与自主创新企业，促进不发达地区和少数民族地区发展等方面的功能；购买国货是指政府采购促使采购主体采购本国货物、服务或工程的功能。

（三）依据政策功能的性质可以将政府采购公共政策功能分为宏观经济管理功能和微观政策扶持功能。宏观经济管理功能是指政府采购的财政政策功能即通过积极的财政政策，扩大政府财政开支和政府采购需求，调节宏观经济供求关系，其中包括调节宏观经济需求结构的功能；微观政策扶持功能是指通过执行诸如绿色采购等具体政策而促进一定时期政府特定目标实现的功能。

第二节 政府采购公共政策功能的宏观分析

“完整意义上的政府采购制度是现代市场经济发展的产物，与市场经济国家中政府干预政策的产生和发展紧密地联系在一起。”[1] 勃兴于现代市场经济和新公共管理语境条件下且作为新公共管理众多策略之一而兴起的政府采购法制与政府的公共政策有着极强的关切度，其立法指导思想择定、采购程序和方式

[1] 国家发展计划委员会政策法规司：《招标投标政府采购理论与实务》，中国检察出版社 1999 年版，第 11 页。

的设计、采购监督和相应法律责任的规制都旨在于实现其公共政策目标和功能。然在过去我国政府采购法制的实施和适用过程中，由于对政府采购法制隐性的政府采购功能缺乏足够的认识和理解，人们关注的主要是政府采购法制的法律特征，仅作为法律规范的一般行为要求而实施，使得现实生活中由于利益的驱动和法制环境本身固有的缺失，政府采购法制被人为规避甚至异化。其应有的功能不仅没有发挥，而且使利用政府采购“寻租”、妨碍正常市场秩序的情形，在法制的外衣下获得了正当性。可见，法律的实施离不开对法制产生内在动因的把握和理解，对政府采购法制其应有功能的认识于政府采购法制的有效实施是不可或缺的。有鉴于此，解读政府采购法制的宏观公共政策功能就成了政府采购法制的价值原点和理论基石。

一、政府采购：化解管理危机的现实途径

政府采购是一种富有技巧和合理的管理。[1] 政府采购是一种运用公共资金采购政府组织运行所必要的物资，表面上看它是一种有着商业目的的商业行为，而实际上政府采购的目的就是在分离的、非人格的商业行为与政府和契约相对方间几乎是一种共生关系之间的一种折衷。[2] 在这种折衷中，整个政府采购活动必须是在采购机关的控制和指导下有目的的进行，采购机关的活动成为整个采购活动的核心，采购机关活动的规范与否直接会对整个采购产生举足轻重的影响，政府采购法制则是为采购活动提供有效和有序的规则，进而政府采购成为一种富有技巧的管理。正是这种管理技巧的设计及其在管理中的应用，促进了政府管理方式的更新，进而使政府走出传统管理行政下的管理危机。

富有技巧的管理是潜隐在政府采购法制所设计的政府采购政策制定和监督主体与具体采购执行主体分离、公开透明的采购程序、公正的合同授予、互动的合同履行等制度中。这些制度设计，既将竞争与市场机制引入了政府公共管理和公共部门，又将政府职能向社会转移，从而减少政府对市场的干预，放松政府对社会与市场的管制，简化政府管理的行政流程；实现政府从社会的部分

[1] Turpin: Government Procurement and Contracts, Long man, Harlow, 1989, p70.

[2] Turpin: Government Procurement and Contracts, Long man, Harlow, 1989, p71.

撤离，减少了政府职能，更多地发挥非政府组织和民间组织在公共管理中的作用。从而使政府走出以权谋私、权钱交易等公平误区和机构臃肿、人浮于事、推诿扯皮等效率误区，化解管理危机。

政府采购法制作为化解管理危机的一种可行途径，首先在于它有助于促进政府管理思维的转变。从历史的宏观视野来看，迄今为止的行政模式可以分为统治行政、管理行政和新公共管理三种模式，统治行政在思维方式上则主要考虑统治秩序的稳固性，各种制度和管理方式的设计都以此而展开，这种思维方式已消退在管理行政中。管理行政的思维方式则在于"行政就是管理"，[1]强调国家运用行政权力实现公共利益，并将运用强制性权力当作管理的本质。正是这种思维及其在这种思维指导下所设计的具体制度造成了管理危机，在新公共管理实践背景下兴起了政府采购则突出公共管理的政府与社会的互动，并以这种思维为基点设计管理制度和管理体制，从而促使政府与社会相互分离并各司其职，使管理行政中存在的一切不可解决的问题消融在政府与社会的互动中。

政府采购法制不仅在于观念层面上的思维转变促使管理危机的化解，更在于具体制度设计中导致管理方式的转变，使政府采购成为管理危机的减压阀。可以说政府采购作为一个整体制度的设计，它本身就意味着管理方式的转变。然理论的分析不应停留在理论抽象的层面，更应深入到具体制度的分析中去，就具体制度来说，最具典型意义的促使管理方式转变的制度设计是政府采购中的合同规制。[2]合同规制的核心要求是政府采购过程中，采购主体利用合同的安排来实现原本由国家权力强制行使来实现的管理目标，它实际上是一种管理方式的转变。在传统的管理行政中，政府决策和决定的作出都是由单方面的行政权力决定，而在合同规制中我们却看到了管理成为了一种管理与被管理方平等协商、合意决定的行为。这种管理方式如果被管理机关在现实生活中反复运用并推广到相应的管理领域，这会极大地提高管理的有效性，促使管理在社会生活中的实现。首先，此种管理方式易于获得被管理者的认同。管理的有效与权威本质上在于被管理者认同，一种管理方式能不能够受到被管理者的认同，

[1] 胡建淼：《行政法教程》，法律出版社 1996 年版，第 75 页。

[2] 西方学者丹梯斯在"Regulation by Contract: The New Prerogative"一文中视政府采购为合同规制。

在很大程度上在于被管理者尊重感的产生和敌对情绪的消灭。政府采购程序的设计强调管理者在公共资金使用过程中与相对人发生关系时，双方应该依据严格的、公开透明的程序，并最终以合同方式规定双方的权力和义务。公开透明程序中相对人对整个活动的信息有充分的了解，并拥有发言权，具体决定的作出也充分考虑相对人的意见，这就使相对人不再感觉到自己是一种强迫服从者，而是一种对管理同样具有影响力的主体。这种感受必然会成为一种平等感，平等会促使人们感到自己也会受到社会和国家的珍视，并在这种珍视中有了尊重感。其次，这种管理方式有助于消灭独断专横的个人专制。在政府管理中，个人专制常常是妨碍有效管理的重要因素，在管理行政中由于管理决策和决定由单方面权力行使的结果，权力本身的扩张性和操纵权力的人自身不可克服的缺点容易导致权力行使者我行我素，甚至独断专横。专横的管理靠权力或权威支持，一旦其权力正当性受到质疑，管理便失效。而合同规制强调整个采购过程的实现与活动的履行都需要管理者与相对人相互合作，并将管理者寄予相对人的监督之下，管理者任何侵害相对人权益的行为，相对人都可以获得相应的救济。个人独断专制必然会在救济制度所要求的不能侵害公民的权益和公共权益中逐渐消融。再者，合同规制所体现的政府采购，要求包括政府在内的双方当事人都必须全面履行合同所规定的义务并充分享受合同所规定的权利，任何一方不得强迫另一方服从。这有助于消除在管理行政过程中不论相对方是否认同与服从都必须遵循政府管理而导致的政府与人民之间形成的一种敌对冲突关系，进而建立政府与人们之间的良好合作关系，它构成了主体间的相互尊重和同心协作，进而促使相应的行政目标及时有效地得以执行。最后，合同的规制有助于民主的实现。民主的对话机制之建立是管理有效的根本，“在现实世界中，政治就是妥协，而民主就是政治”。[1]可见民主充分体现了契约特色。而合同的规制是基于双方主体地位平等对话、协商和意见的一致，契约规制的过程又可以说是民主的构成，充分地体现了民主的本质和特性，与民主的本质有一致性。

合同规制有助于从管理方式转变中化解政府管理危机，而政府采购法制中

---

[1] [美] 杰弗里·普费弗:《用权之道——机构中的权利斗争与影响》，新华出版社 1998 年版，第 13 页。

采购主体与具体从事政府采购事务的采购代理机构相分离的制度设计有助于从政府职能缩减所产生的积极效应方面化解管理危机。当今世界各国在政府采购制度设计上大都规定政府是政府采购人，而采购人并不行使具体采购职能，这一职能则以委托方式委托给具有自治性的社会组织去承担。这种制度设计首先将政府从政府采购这一公共职能撤离，将其转移给政府外的社会性公共组织行使，意味着政府虽然还是专门的公共组织，但却不再是唯一的公共管理机构，它可以促使政府部分地甚至完全地从日常公共管理中解脱出来，专心致力于公共政策的制定及监督执行，进而提高政府管理的有效性。同时，公共管理职能的转移就政府本身而言可以达到消肿减肥的目的，消肿减肥不仅有助于提高行政效率，更在于使政府管理者产生一种基于危机而生的责任感，进而以强烈的责任心对待管理，具体管理者责任心无疑是管理效力的核心前提。就政府与社会的关系而言，政府可以对社会自治组织从事的公共管理事务以旁观者的身份审视其质量和效果，并对管理中的不当行为进行纠正。其次，在政府采购人与具体执行主体分离过程中，政府采购人主要是以采购过程中是否贯彻了效率、公平、公开等原则来对具体执行主体进行评判，这实质上是一种市场化管理模式，这种模式着眼于绩效控制和过程控制，不仅要求政府对从事政府采购这一公共职能的社会自治组织，具有协调、监督和管理的权力，而且这些权力的行使也会受到政府采购过程中各种参与人本身独立自主的程度及运行机制的制约，从而影响政府行政组织的价值取向、机构设计、职责、权力和管理方式，甚至在政府行政组织的外围形成强大的压力，以促成政府养成科学、公正的民主管理方式，进而获得管理效力。

二、政府采购：走出信用危机的有效方法

从管理层面来看，政府采购是化解管理危机的现实途径，而从政府形象视角看，政府采购有助于政府走出信用危机。管理则是赋予管理者以充分权力处理公共事务的动态过程，在此过程中作为掌握管理主动权的管理者是否独断专横，管理过程是否公正有序，管理中是否滋生腐败，直接影响社会和民众对政府的信任。在管理行政模式下由于国家是管理公共事务的唯一主体，“只有国家

才有权进行行政活动”，“行政是国家的”。[1]随着管理行政实践的发展，管理职能不断扩大，并日益分化。不断分化和扩张的管理职能必然导致政府的规模膨胀，导致管理中的失调和腐败，进而导致政府形象受损，以致出现普遍存在的对政府的信用危机。政府采购法制通过主体性分化和赋予相对人程序性权益等制度设计，促使政府的公共政策理性化，有助于政府走出管理中的信用危机。

管理过程中，政府信用危机很大程度上由腐败造成。政府腐败从政府权力本身来看是由自由裁量权滥用所致。在现代信息化、民主化、经济全球化社会，为了使行政权对公共事务能及时有效作出反应，必然赋予行政机关与行政官员自由裁量权，他们行使行政权利时拥有一定的权变限度。这种自由裁量如果不受约束而根据个人好恶来行使，其出现腐败也就在预料之中，但如果这种自由度受到严格的程序和客观的标准之制约，腐败产生的可能性就极少。政府采购法制通过规定严格的商业标准和公正、公开的程序规则来为政府采购过程中自由裁量权行使划定界限，不合理使用自由裁量权的可能性就大大缩小了。而从行政权运行方式上看，腐败则是由于信息不对称所造成的“黑箱操作”和“幕后交易”大量存在所生。[2]公共管理中政府对其所提供的公共产品和公共服务在质量、性能等方面享有充分的信息优势，而公众所援用的信息和知识相当有限，处于明显的信息不对称状态。这种不对称，加之政府官员“经济人”的本性，其管理过程中追求个人利益最大化，造成行政权的腐败也就难以避免。而政府采购法制规制了行政权的透明度要求，把行政权放在公众的监督之下，使公共权力不仅在权力制约机制内得到监督，而且必须接受整个社会的普遍监督和普遍制约，从而大大降低权力异化和谋取私利的机会。从政府与相对人的关系来看，腐败则是一种“寻租”现象。众所周知，公共管理过程中的“设租”是指政府官员利用权力对公共产品和公共服务进行全程控制，人为设计需求障碍，进而营造获得非生产性利润的环境与条件；“寻租”则是指政府管理的相对人利用合法和非法手段获得某种特权，进而占有租金的行为。可见，公共管理中的“寻租”过程实质上是一种权钱交易过程。而政府采购法制所规定的具

[1] 许崇德、皮纯协：《新中国行政法学研究综述》，法律出版社 1991 年版，第 30 页。

[2] 张康之：《论“新公共管理”》，《新华文摘》2000 年第 10 期，第 9 页。

体采购方式及其适用条件，则要求每一具体采购过程中政府采购人必须按商业标准依据特定的条件选择适当的采购方式，不能偏离采购条件，以自己的偏好来选择采购方式。这样，采购方式的选择不是一种权力，反而转化为政府采购人应尽的义务，这种义务的不履行则可能成为监督部门行使监督权及制约政府采购人的理由，这就大大降低了政府采购人人为设计障碍的可能，“寻租”也必然在这种降低了的可能中减少甚至消灭。通过从几个不同侧面分析，我们可以看到，政府采购法制有助于减少甚至消灭公共资金使用领域里的腐败，而公共管理过程中，公共资金使用的腐败占腐败的很大一部分，正是政府采购法制对腐败的克制作用，有助于政府走出信用危机。

政府与相对人的关系视角中，政府的信用危机则是由公共管理事务处理过程中存在歧视和不公所致，因为就政府的客体和对象来说，“政府信用是社会组织、民众对政府信誉的一种主观评价或价值判断，它是政府行政行为所产生的信誉和形象在社会组织和民众中所形成的一种心理反映”。[1] 歧视与不公最容易产生不信任感。而政府采购法制中合同授予标准和相对人程序权益的规范有助于促进公平实现。首先，政府采购法制规定合同的授予必须遵循价格、质量等严格的商业标准，地域[2]、人情、权力等非商业因素不得成为合同授予的标准。同时，以地域标准限制合同授予、以人情和权力因素作为合同授予的考量，还必须承担相应的法律责任。[3] 这就使得地方保护主义、权力滥用等一些严重影响政府形象的现象在严格的商业标准中受到抑制。而“公平的实现本身是不够的，公平必须公开地、在毫无疑问地被人能够看见的情况下实现。这一点致关重要”。[4] 可见，公平的有效实现离不开有效的信息公开规则，而政府采购法制就是以其透明度原则为相关规范而显示其应用特征的。同时，整体上看，政府采购制度还赋予了相对人听证权、知情权、回避权、质疑权等足够的程序权益，这些程序权益，对公平的实现具有极其重要的价值，“一个健全的法律，

[1] 王和平：《论政府信用建设》，《政治学研究》2003 年第 1 期，第 81 页。

[2]《政府采购法》第 5 条规定：“任何单位和个不得采用任何方式，阻挠和限制供应商自由进入本地区和本行业的政府采购市场。”

[3]《政府采购法》第 72 条、80 条、83 条规制了上述内容。

[4]〖英〗彼得·斯坦等：《西方社会的法律价值》，中国人民大学出版社 1990 年版，第 97 页。

如果使用武断的专横的程序去执行，不能发生良好的效果。一个不良的法律，如果用一处健全的程序去执行，可以限制和削弱法律的不良效果”。[1]程序权益正是通过影响法律效果而对公平产生影响。政府采购法制中，当事人足够的程序权益可以使行政权受到过程性控制，行使权力的理由通过相对人的介入和行政主体共同证成，进而促进公平实现。政府采购法制促进公平的实现，远未到此结束，更具特色的是，政府采购法制通过对第三人权利救济制度的规定来促进实现。第三人权益救济是指政府采购合同授予中，受到歧视、被不合理地排斥在合同授予之外的所有竞标人权益救济，这种权利救济不仅对社会主体参与采购的预期的实现有意义，而更为重要的还在于实现从另一个很重要的角度对政府权力的控制。[2]从而在权力与权力保障统一中实现公平。

再者，行政机关独断专横和相互扯皮也是影响政府在民众中形象的一个重要因素。独断专横是权力不受制约的逻辑结果，如果管理过程中，一切决策和决定不受制约皆出自某人，管理行为直接体现某一特定管理者的意志，这样在理想状态下管理过程也是被管理者对某一特定管理者意志的迎合，即被管理者对特定管理者的主动合作，而在一般情形下，则可能出现某一特定管理者以权威自居、我行我素，这就必然会滋生腐败。而政府采购法制规范要求政府采购过程，公共权力的行使必须置于管理相对人的监督之中。公众的满意度作为政府采购所追求的目标，这就使得政府采购中权力的行使反过来迎合公众的要求和意志，以公共利益为核心，以公共利益为中心，进而使独断专横失去其存在的合理性。

三、政府采购：摆脱财政危机的强力措施

现代管理不仅要有效，而且是低成本、高效率，政府采购法制中职能分离、前契约阶段程序规则等制度有助于促成管理成本降低，提高行政效率。政府采购法制作为规范公共资金使用的法制，其内容包括政府采购计划编制、政府采购目标的设定、采购程序的构造、采购契约的授予等。这些规范一方面有助于

[1] 王名扬：《美国行政法》，中国法制出版社 1995 年版，第 41 页。

[2] 余凌云：《行政契约论》，中国人民大学出版社 2000 年版，第 234 页。

将公共资金使用置于竞争环境下，防范“寻租”现象的滋生，使政府采购合同的授予建立于投标人履行合同的能力和资格上，价格、产品、质量以外的其他标准，在合同授予中不起决定作用，进而提高公共资金的使用效率，发挥公共资金使用“节流”作用；另一方面，通过产业导向和支持原则促进产业协调发展，进而促进经济增长从而扩展公共资金的总量，发挥“开源”功能。“开源”与“节流”的有机结合，创设了摆脱政府管理过程中财政危机的强力措施。

政府采购作为规范政府采购契约授予程序的法制导源于政府采购计划的编制，政府采购计划是采购程序展开的逻辑前提和重要组成部分。而“战略计划并不是一个单一的概念、步骤或工具；而是包含了一系列的步骤与方法。这些步骤与方法随着公共部门或非盈利部门的不同而变化，它们是各种条件下公共部门或非盈利部门成功用以管治的工具”。[1] 政府采购计划也包括采购项目及资金的预算列出、预算管理权限与程序、政府采购决策与执行主体的分离且相互监督与相互制约、预算的审批、集中采购目录和采购限额标准的确定，这一系列步骤和方法有助于为政府部门的领导者及其公共管理人员在公共资金使用上应该做什么和怎样做给予行为预期，使公共资金使用符合效率原则，从而使公共资金在计划中获得最佳效率。另一方面，政府采购计划中规定政府采购决策主体与执行主体的分离，有助于现代政府走向公共政策透明化，使政府采购这一公共管理职能部分地转移给非政府外公共管理组织（集中采购机构或采购代理机构）。[2] 就政府自身而言，自然而然地可以实现消肿减肥的功能，政府管理人员的减少就节省了管理成本，公共资金的支出自然会下降。同时，就政府与社会的关系而言，公共管理职能的转移给政府提供了以旁观者身份审视政府采购质量和效果的机会，有条件对政府外公共组织的任何官僚主义趋向进行监督和纠正，使不依政府采购人的目标而进行的采购行为得到及时纠正，从而使公共资金效益最大化目标在这种纠正中得以实现。

---

[1] Bryson, J · M · Strategic Planning for Public and Nonprofit Organizations: A guide to Strengthening and Sustaining Organizational Achievement. (Ist ed.).San Francisco: Jossey–Bass,1989.

[2] 依据我国政府采购法，目前行使政府采购这一职能的公共组织被称为集中采购机构或采购代理机构。

政府采购程序是以政府采购计划编制为前提,而程序本身的构造则以公正、透明、竞争为内容。

公开、透明的法制内容涵盖了强制政府采购人提前公开采购信息及其需求,建立定期发布政府采购信息公告、负责提供政府采购信息及向公众提供咨询意见的机构等规范。当前世界各国的政府采购法制都毫不例外地规范了采购信息公开、程序透明、竞标人资格和契约分配标准等内容，这些规范为营造良好的采购环境、为吸引符合条件的供应商都参与到政府采购过程中来提供了制度依据。正是这些准则使供应商在可能的价值空间范围内降低价格来获取采购契约,使同等的公共资金采购到较多的政府组织运行所必要的物资成为可能。同时,公正透明采购方法和程序又为供应商提供科学的行为预测，供应商、承包商、服务商可以据此计算出参加竞争的代价和风险，从而提出最具竞争力的价格,使自己从潜在的供应商转化为现实的中标供应商。这种有序转变可促进正常生产利润的实现，其实现反过来又使供应商意识到价格在竞争中的核心作用，提高供应商进行技术创新以寻求利润的积极性，技术创新的积极性正是经济增长的核心动力。

竞争的法制内容通常体现为强制性、竞争性投标为核心的公开招标程序的设计，这种程序要求政府采购应面向所有的潜在的供应商，并最大限度地保证市场中所有潜在供应商都能参与到竞标中来。这一方面使政府采购决策建立在充分掌握市场信息和价格基础上，进而减少信息不完全性和不对等性及给政府采购经济行为可能带来的潜在风险。另一方面此种程序设计限制了政府采购人自由裁量的边际，有助于消除政府采购过程中采购操作人员的“经济人”的本性，从而使政府采购具体实施人员以实现公共资金效益最大化为行为动机。

公正的内容又以具体的采购方式和相应程序为载体。具体采购方式则规范采购方法的种类，并就每一类方法的适用范围和适用条件都作为明确规定，以指导和要求政府采购主体在采购中根据特定的采购要求和适用条件选择特定的采购方式，这种选择有助于杜绝甚至消灭政府采购中腐败和不正当交易空间和机会，从而遏制政府采购中的“寻租”。众所周知，政府采购中的“寻租”是由于政府采购人利用权力控制采购过程，人为设计需求障碍，营造非生产性利润的环境和条件，进而使供应商不得不通过向政府采购人提供租金，以消除人为设计障碍进而获得采购机会。而具体采购方式及适用条件的规定则要求在每一采购个案中，政府采购人必须根据特定的条件选择适当的采购方式，而不能偏离采购条件，以自己的偏好来选择采购方式，进而将采购方式的选择转化为政府采购人的应尽义务。借助政府采购监督部门对采购方式之适用范围和条件之判断，使得政府采购人人为设计障碍成为不可能，将“寻租”消灭在法制规范中，“寻租”的消减甚至消灭有助于有效利用公共资金，减少政府开支规模。

政府采购中公正法制的另一种内涵则是政府采购应当有助于实现国家的经济和社会发展目标，包括环境保护、扶持不发达地区和少数民族地区、促进中小企业发展等。公正在法律意义上内涵有正当合理和恰当的适用，[1]这一内容规定使得具体的采购过程中无论是预算安排还是采购限额标准和集中采购目录确定，都会适当地包含一些中小企业、不发达地区和少数民族地区企业的产品、服务等，同时在工程项目中也可以给予上述企业及其有利于环境保护的项目以扶持。“政府在环境保护、社会福利等方面所追求的一些特定目标也可纳入政府采购的通盘考虑”。[2]其具体操作是将公共资金投放上述部门，而政府大量公共资金在何时何地投向何种产品或项目，对该经济部门和地区的发展、生存和获利都会产生关键影响，进而对整个国民经济发生重要影响，从而调整完善经济结构。政府采购这一功能也早就为学者们所注意到，珍任劳德（Jeanresnaud）在论述政府采购功能时就曾指出，运用政府采购来增加就业机会，对少数民族或边远地区实现特殊优惠、或者实现其他合法的社会政治目标是政府采购的社会功能。[3]实践上大多数国家的政府采购法制也发挥过这一功能：“就多数国家的现实看，行政机关将政府采购用作干预工具或社会经济政策的手段都已经是不争之事实，不但欧共体是这样，美国和加拿大也是这样。”[4]

---

[1] 米兰·布拉伊奇：《国际发展法原则》，中国对外翻译出版公司 1990 版，第 250—252 页。

[2] 王雷鸣：《政府采购法呼之欲出》，《人民日报》1999 年 5 月 12 日。

[3] 余凌云：《行政契约论》，中国人民大学出版社 2000 版，第 190 页。

[4] McCrudden, Public Procurement and Equal Opportunities in the European Community. A Study of “Contract Compliance” in the Member States of the European Community and under community Law, Brussels, 1994.

以上分三个层次分别从宏观分层并以主要功能为标准对政府采购法制的公共政策功能进行了探析，其实理论的应用逻辑是政府采购各具体制度具有综合性的公共政策功能,也即某一制度可能同时具有以上三个层面的公共政策功能。具体来说，合同的规制不仅是摆脱管理危机的有效途径，也应当有助于政府走出信用危机、财政危机之困境。正是综合功能及其发挥，使得政府采购的公共政策功能具有合力效应和现实价值。

第三节 我国政府采购法所规制的公共政策功能及其实现

政府采购宏观政策功能是指作为整体的政府采购制度所实现的政府采购对经济与社会发展所起的促进作用，而微观领域里的政府采购公共政策功能则是指政府采购法所具体规制的公共政策功能。

一、政府采购法规制的公共政策功能的具体内容

（一）促进环境保护功能

促进环保政策功能是指在政府采购活动中，通过执行有利于环境保护的招标、投标、合同授予等措施实现保护环境等社会目标的政策功能，目前环保政策功能成为政府采购法的一个基本政策功能。当今发达国家普遍实行的所谓“绿色采购”，即是一种典型的以环保、节能为导向的政府采购政策。正是环保政策功能为各国政府采购法所推行，政府采购国际规则也大都肯定这一措施，如《欧盟公共采购白皮书》中指出：政府采购“一方面要考虑环境因素，另一方面要更明确界定实施这些政策的可能性的范围”。[1]WTO 政府采购协定第 4 条也规定缔约方应对环境给予特别的考虑。

我国《政府采购法》第 9 条规定，政府采购应当有助于实现包括保护环境在内的国家的经济和社会发展目标。《政府采购法实施条例》第 6 条更是明确规定：国务院财政部门应当通过制定政府采购政策和具体采购需求标准等促进

[1] European Commission Green Paper of 27 November 1996on “Public Procurement in the E. U.: Exploring the Way Forward”, paragraph 5. 47.

"绿色采购"。有关行政规章和地方性规章对这一政策目标作了具体规定，形成了"绿色采购"规则，具体内容包括：

1. 通过对环保产品的认定，鼓励采购有利于环境保护的终端产品。这种措施主要是针对采购的终端产品设计，其目的是通过购买产品和服务来减轻环境负荷，减少产品消费过程对生态环境的破坏，防止采购的终端产品对环境形成的污染。

2. 通过绿色认证提高企业环保生产的积极性。这种措施主要是通过规定环保技术标准，促进企业提高环境生产技术，进而促进我国环境整体水平的提高，其特点在于不是单纯采购符合国家环境标准的产品，而是一种非常规的鼓励性政策。

3. 确立节能采购清单，鼓励采购节能产品。这种措施主要是通过节能认定在每年的集中采购目录中确立节能产品清单，鼓励采购人采购节能产品，进而促使供应商尽可能提供节能产品。当然，节能采购不应仅仅只对某项产品要求节能，还需要对那些能耗占用涉及各种因素一些系统工程、高端设备进行综合整体评估，鼓励企业生产出长期资源消耗水平低和整体系统效率高的产品。

（二）扶持特定产业和特定地区功能

扶持特定产业与特定地区功能是指在政府采购过程中，通过执行有助于扶持特定产业和特定地区的招标、投标和合同授予措施，实现扶持中小企业、促进少数民族地区和不发达地区发展的经济与社会发展政策目标的功能。这一功能也为世界上大多数国家政府采购法所采纳。美国政府采购法制就有规制政府采购支持技术创新和扶持中小企业的具体做法。《WTO 政府采购协定》也规定缔约方应对发展中国家和最不发达国家的发展、财政、贸易需求给予特别的考虑。

我国《政府采购法》第 9 条规定：政府采购应当有助于实现包括扶持不发达地区和少数民族地区、促进中小企业发展等在内的实现国家的经济和社会发展政策目标。财政部和部分省市也制定了一些具体的实施办法与措施。

1. 支持企业自主创新。扶持企业自主创新是政府采购在科技对经济与社会发展作用日益强化的现代社会之必然要求。我国财政部就政府采购支持企业自主创新出台了《自主创新产品政府采购评审办法》《自主创新产品政府采购预算管理办法》《自主创新产品政府采购合同管理办法》等具体规则，对政府采购支持自主创新的招标、投标和合同授予特殊要求作了详细规定，建立了科学合理的认证体系和评价机制，确立了扶持企业性质和产品标准，规定了多种配套措施。尤其对评标中的商业条件作了客观要求，它要求：在价格评标项中，可以对自主创新产品给予价格评标总分值的4%～8%幅度不等的加分；在技术评标项中，可以对自主创新产品给予技术评标总分值的4%～8%幅度不等的加分。

2. 扶持中小企业。扶持中小企业是政府采购促进社会公平的必然要求，但目前有关法律规定上只有《中小企业促进法》授权国务院有关部门对中小企业进行界定，2011年12月财政部与工业和信息化部联合制定了《政府采购促进中小企业发展暂行办法》，对中小企业的标准、采购份额保留、参与大型企业的招标等制度和价格优惠做了具体规定，但缺乏政府采购扶持中小企业的具体操作程序，这一功能尚未完全到位。不过美国扶持中小企业的一些措施值得借鉴，其具体措施主要包括：在某些需要大量采购商品和劳务的军事和非军事单位派出“采购中心代表”，为中小企业尽量争取更大的总承包合同份额；设立中小企业管理局为中小企业在替总承包商承担分包任务时提供信任和生产技术能力证明，促使中小企业在政府采购中获得应有份额；规定某些大型项目必须为中小企业保留相应份额；设立有关基金促进中小企业政府采购能力的提高。

3. 扶持少数民族地区和不发达地区。政府采购作为财政政策工具，内含有促进社会公共利益和公平正义的价值取向，负有扶持少数民族地区和不发达地区的使命。目前我国政府采购法尚无此方面的具体规则，根据世界各国政府采购法的通行规定，这方面的措施主要有：利用政府采购机制为少数民族地区或不发达地区提供资金帮助；建立政府采购风险机制，确保将政府采购合同授予给少数民族或不发达地区企业的采购人免遭相关风险；准确界定少数民族地区和不发达地区，给予其一定的商业优惠。

（三）购买国货功能

1. 购买国货功能的界定

购买国货功能是指政府采购所促进的采购人采购本国货物、服务与工程的功能。这一政府采购政策为大多数实行政府采购制度的国家所推行，不过随着政府采购国际规制领域的扩大和合作主体的增多，“采购国货”的政策作为歧视性采购政策受到政府采购国际协定和条约的限制。

2. 我国政府采购法所规制的购买国货政策

我国《政府采购法》第 10 条规定了采购国货为一般要求，采购非国货为适应例外的绝对采购国货政策。具体来说，采购人原则上应当采购本国的货物、服务或工程，只有在符合适用例外要求的情形下才能采购非国货。适用例外的具体情形包括以下几个方面：

（1）需要采购的货物、工程或服务在中国境内无法获取，或无法以合理的商业条件获取。通常来说，合理的商业条件是指按照自由竞争规律所形成的市场相似交易条件，具体内容涉及到所采购货物的质量、数量以及价格。目前各国通常以价格为基础来作为确立合理商业条件的标准，如欧盟公用事业采购指定第 36 条规定：采购价格在 3% 的幅度范围都算合理的商业条件。美国的《采购美国国货法》也对合理商业条件作了具体规定，它规定：联邦政府在授予合同时应对国外的投标人的报价加计 6% 的差价，然后同国内的投标人报价进行比较，将合同授予报价最低、符合招标文件要求的投标人。目前我国政府采购法对合理商业条件只有抽象笼统规定，缺乏可操作性标准，应通过制定相应具体准则或相关解释来予以完善。

（2）为境外使用而进行采购的。一般来说，政府驻境外机构的采购通常使用的资金是财政资金或公共资金，应当遵循采购国货要求。但是境外机构的采购项目通常受到当地国条件或采购现实的限制，采购本国货物往往成本更高或采购过程变得更为复杂，因而将其作为适用例外是合理而正当的，也为世界很多国家和地区所采纳。美国《采购美国国货法》（Buy American Act）就规定在美国以外使用的货物、材料或供应品可以不采购美国国货，而我国台湾地区的政府采购法也规定：驻国外机构办理或委托办理之采购，应以驻在地国国情和实地作业限制，所免除适用采购台湾货物之义务。

（3）其他法律、行政法规规定可以不采购本国货物的。这是一个保底条款，目前我国的法律和行政法规尚未有此种例外规定，但法律对行为引导功能使它必须对将来可能出现的情况予以规定。这里要求注意的是只有法律和行政法规定等形式的法源可以规定免除采购国货的义务，地方性法规、部门与地方性规章和其他规范性文件都无权就采购国货政策义务作出免除规定。

二、政府采购公共政策功能实施之基础与途径

我国《政府采购法》第9条和第10条及《政府采购法实施条例》对政府采购的环境保护、扶持不发达地区和少数民族地区、促进中小企业发展、购买国货等公共政策功能进行了原则性规定，法律的粗线条规定只是实现政府采购公共政策功能的前提性条件，"徒法不足以自行"之法谚启示政府采购公共政策功能之发挥离不开一定现实基础和具体途径。

（一）政府采购公共政策功能实施之基础

政府采购公共政策功能是指法律所规定的采购人在采购活动中推行的调整经济结构、促进社会公平和改善环境等所体现的社会公共利益目标的功能。其实质是采购人为实现公共利益和履行法定公共义务而可以偏离政府采购最核心的经济效益目标进行政府采购活动，是对政府采购商业性市场原则的一种背离或扭曲。这种不以客观商业效益和市场自由竞争为准则的政府采购行为需以一定的条件为基础，具体包括技术标准、法律和财政支持等基础。

1. 技术标准基础

采购项目的技术标准是执行政府采购公共政策的基本前提和底线，这是因为公共政策是符合社会发展要求和公共利益的，一定的技术准则是判断社会发展要求和公共利益的可行尺度。技术标准具体包括两方面内容：首先是技术，符合公共政策原则的采购项目必须符合一定技术标准，公共政策的实施必须要以一定的技术要求为基础，为执行公共政策原则放弃起码的技术要求，进而影响政府职能的实现无异于本末倒置，丢失了政府采购本身的存在意义。具体技术要求的确定应以实现政府职能的客观需要和促进技术发展的公共政策两个要素为准绳。其次是标准，公共政策功能的发挥其实质是对某些特定项目的优惠，这种优惠必须要有一定的标准，离开标准就会为采购人按自己的主观意志将采购项目授予给符合自身最大利益的当事人留有余地。不同的采购项目都应有确

定的标准，环保项目应当有绿色清单标准，节能采购应当有统一的节能认定准则，中小企业要有中小企业的界定标准，国货要有国货的准确认定，自主创新技术要有自主创新技术的准则等。

2. 法律基础

现代法治社会，行为与事物的合法性是行为与事物的首要准则，政府采购公共政策功能不仅要一定的技术标准为基本底线和前提，而且这些技术标准还必须赋以法律形式，法律始终是政府采购公共政策功能实现的核心基础。具体来说，法律应确定平衡政府采购的商业性效益原则与公共政策功能之平衡点、准确界定政府采购公共政策功能的范围和条件、规范为实现政府采购公共政策功能而应有的行政自由裁量权、规制实现公共政策功能的程序规范。当然这里的法律具有广义性，包括法律、法规与规章等法源形式的法律。

3. 观念基础和政府财政支撑

公共政策功能作为对商业性效益原则的背离，其作用发挥除有法律支撑外，还必须有观念基础和政府财政支持。首先，采购人的一般采购目标是获取物有所值、价廉物美的货物和服务，采购人自身利益要求他必然追求效益，效率意识是采购人最根本、最本质的意识。这种最本质的意识往往会遮蔽采购人的公共利益和国家利益意识，而公共政策功能所体现的正是国家利益和公共利益，因而其实现必然需要采购人在注重自我利益的同时，还要注重国家利益和公共利益，要有公共利益意识和国货意识。其次，实施公共政策功能必将增加政府财政开支。例如购买节能产品可能会比普通产品价格更高，支持自主知识创新必然要承担一定的风险，这些都必然带来经济利益的损失，这种损失应当由政府财政来负担，政府采购离不开政府财政支持。

（二）政府采购公共政策功能实现之途径

作为法律规定的政府采购公共政策功能之发挥不仅需要一定的的现实基础，更离不开具体实现途径，从法律视角看，这些具体途径主要包括以下几个方面：

1. 尽快完善政府采购政策规范体系，为政府采购功能实现提供具体操作规范。现行《政府采购法》第 22 条、第 30 条、第 50 条为政府采购公共政策功能实现提供了原则规范，《政府采购法实施条例》进一步规范了政府采购政策制定主体。但过于笼统，难以具体操作，应对现实规范进行梳理，完善规范体系，以促进政府采购公共政策功能之实现。

《政府采购法》第22条规定："采购人可以根据采购项目的特殊要求，规定供应商的特定条件，但不得以不合理的条件对供应商实施差别待遇或者歧视待遇。"这里的特殊条件就过于笼统，应通过细则制定或法律解释对特殊条件作出诸如自主创新技术、环境保护、中小企业等符合政府采购公共政策功能的规定，具体可规定在供应商资格审查中。《政府采购法实施条例》第20条从八个方面对不合理条件进行了规范，有助于限制采购人的自由裁量权，为具体操作提供了准则，但缺乏秩序规范。第30条规定：技术复杂或性质特殊，不能确定详尽规格和具体要求的货物和服务采购可以采取竞争性谈判方式，这里的技术复杂和性质特殊同样可以具体化。第50条规定：为了国家利益和社会公共利益需要采购人可以变更、中止或终止采购合同，尽管国家利益和社会公共利益比较难以界定，但近年来行政法学界对其作了广泛的探讨，仍可以采取反向排除法对公共利益进行界定，并将其在实施细则或有关法律解释中具体化。

2. 充分保障采购人采购自由裁量权的合理行使。行政权扩张和易滥用之特性使得其有控制必要，而其促进公民权利和公共利益实现之本质则必须为其留有一定自由裁量空间提供了客观要求，控权与护权相统一是现代行政权有序运作的现实准则。政府采购之公共财政性质与政府采购公共政策功能的"与时俱进"性则需要为行政权留以一定的自由裁量空间。现行《政府采购法》部分条款赋予了政府采购活动中的行政权自由裁量空间，在政府采购活动中应当保证自由裁量权的合理行使，以促进其公共政策功能实现。具体来看，《政府采购法》第7条、第8条所规定的"一个目录两个标准"制定权将集中采购目录制定、公开招标限额和分散采购限额标准确立权赋予了省级以上人民政府及其授权机构。具有此权限的各级人民政府应当在制定目录和确定限额标准时合理行使自由裁量权，结合国家宏观经济政策和宏观调控政策走向，确立符合公共政策目标的采购目录和采购限额标准。《政府采购法》第26条、第27条规定了政府采购监管部门享有采购方式确立与变更的审批权，采购方式确立与变更对公共政策目标实现同样具有重要价值，它体现为对法律规定应当执行公开招标方式的因特殊情况需要可以决定采取公开招标以外采购方式。这样，对符合公共政策目标的采购项目，政府采购监管部门可以在采购方式上进行合理自由裁量。政府采购法中有关供应商与专家库的建立权、集中采购机构考核权、流标与废标的认定权等都有一定的自由裁量空间，也应当对其行使予以合理保障，以促进政府采购公共政策功能的实施。同时，《中小企业促进法》对中小企业的具体标准确立权也赋予了国务院负责企业工作的部门，国务院负责企业工作的部门对中小企业标准确立科学与客观与否同样影响政府采购公共政策功能的发挥，为此也应排除各种部门利益和不当因素的干扰，确保其合理行使自由裁量权。

3. 制定相关法规和规章，为政府采购公共政策功能的实现提供客观科学的标准。财政部自 2004 年确立将政府采购公共政策功能作为政府采购工作的重点工作之一以来，制定了节能清单、扶持自主创新三个管理办法等规章，为政府采购促进企业自主创新和扶持节能产品提供了标准，但目前在节能产品认定上缺乏统一标准，国货认定上仅有《政府采购法》的抽象规定，缺乏可操作性办法。为此财政部应主动作为，依据《政府采购法》就采购国货和节能产品的有关事项制定可操作性办法。就节能采购而言，目前我国的节能标准多元，有国家的强制性标准，也有地方性标准，还有行业标准，具体政府采购活动中究竟采购哪一种标准，缺乏统一的操作准则，需要财政部结合政府采购范围和目录并对现有各种节能标准的技术规范和含量进行分析，确立统一的节能标准。就国货采购而言，现行《政府采购法》规定了“采购国货为一般要求，采购非国货为适用例外”的绝对采购国货制度，并规定本国货物、工程或服务的界定执行国务院有关规定。而国务院及其有关部门颁布的规范性文件中，仅有 1986 年制定的《申请进口机电设备国内招投标管理暂行办法》和《中华人民共和国进出口货物原产地条例》对部分货物的粗略规定，缺乏对包括货物、服务和工程在内的整体国货概念的界定。在我国即将加入《WTO 政府采购协定》，政府采购与国际政府采购市场接轨之际，要符合国际社会贯彻政府采购公共政策功能的通行要求，也应尽快出台国货认定准则。

第四章

政府采购法主体

法律主体是法律权利义务的承担者、法律行为的承载者、法律效力指向对象，属法律规制的原点与基石，政府采购法亦应以对主体的规制为起点。

第一节 政府采购法主体概述

政府采购法主体是指其行为标准、权利义务都由政府采购法设定的国家机关和有关组织。它是由法律依据一定标准对政府采购过程中从事特定行为的组织进行类分进而赋予其政府采购法律人格的结果，是对现实存在的各具特性的采购当事人进行法律拟制的结果。通过拟制使现实的政府采购当事人具备相应的法律人格，在政府采购活动中享有权利、履行义务和承担责任，从而使其能够从事现实的政府采购行为。政府采购法律主体通常包括采购人、供应商、采购代理机构和政府采购监管部门。要全面了解政府采购法律主体还必须把握以下几点。

第一，拟制政府采购主体的人性基础是“性恶”。在现实法律体系中，不同的法律在人性基础上考量的重点和出发点并非完全一致，公法因要防止无赖和反社会者所可能造成的危害，在人性的考量上更多侧重于“恶性”，私法制度设计应要突出人的意志自由和独立决断能力则更多地需要考虑“理性”。[1]对政府采购进行规制的根本动因在于控制公共资金的使用人——政府采购主体滥用权力浪费公共资金，同时也要控制供应商采取不正当手段获取政府采购机会，因而必须防止他们人性恶的方面，由是制度设计就不得不侧重考量人性恶的侧面。

第二，政府采购法主体是对政府采购活动参与者的法律拟制。政府采购作为一种公共资金的使用方式是自国家成立以来就具有的一种行为方式，但在现代国家形成以前主要采取民事购买方式进行。随着现代国家的形成，国家的管理职能和公共职能日益增加，为了实现国家的公共管理职能，政府需要花大笔的资金到市场去购买相应的货物和服务以促进其公共职能的实现。公共资金的使用人因其使用的资金不是自身的资金而是公共资金，违背公共资金所有人的意图花费公共资金的现象在所难免。为了节约公共资金，尤其是促使公共资金使用人按照公共资金所有人之意图来购买产品和服务，就必须对政府采购过程进行法律规制。这样，对现实政府采购过程中各具特性的行为者就需要法律按照统一的标准对其进行类分，进而在类分的基础上进行法律拟制。对政府采购活动参与者进行具体的法律拟制就形成了政府采购法律主体。

第三，政府采购法主体是活跃在政府采购活动中的国家机关和有关组织。政府采购法主体是政府采购活动中现实的行为者，但这些行为者在政府采购法律对其进行规制以前已经具备了某种主体资格，国家行政机关具备了行政法主体资格，而其他有关组织具有了民商事法律主体资格。当社会经济进一步发展需要对政府采购行为进行规制时，它也成了政府采购法主体，但政府采购行为往往不是这些主体在现实生活行为的全部而仅仅是其中一部分。更为主要的是当政府采购法主体从事其他的法律行为时则成了其他类型的法律主体。

第四，政府采购法主体也不同于政府采购主体。政府采购法主体与政府采购主体虽一字之差，但内涵相去甚远。政府采购法主体是在政府采购活动中所有享有权利和应承担义务的行为者之通称，而政府采购主体则仅指在政府采购过程中的产品购买者，是以市场主体身份到政府采购市场上购买货物和服务的

[1] 胡玉鸿：《法律主体概念及其特性》，《法学研究》2008 年第 3 期，第 4 页。

国家机关，可见前者包括后者，后者是前者的一部分。政府采购主体必定是政府采购法主体，但政府采购法主体不一定都是政府采购主体，因为它还包括供应商、采购代理机构和政府采购监督机构。

第五，政府采购法主体不同于政府采购关系主体。政府采购法主体是政府采购法中的权利享有者和义务承担者，其是否成为政府采购主体取决于政府采购法制的相关规定，只要政府采购法对其赋予了权力，规定了义务和责任，就具有相应主体资格，不过它是潜在的行为者。当这种潜在的行为者进入到具体的政府采购法律关系中并与其他政府采购主体发生权利义务关系才成为政府采购法律关系主体，政府采购法律关系主体是现实政府采购过程中的行为者，属现实和动态的主体。同时政府采购法主体的性质和行为标准都是固定的，并不会因为具体的政府采购法律关系不同而发生主体地位变化，而政府采购法律关系主体是现实政府采购过程中的具体主体，其享有的权利和义务都是相对于其他主体而言的，因而会因具体情形而导致的关系变化而变化。

第二节 政府采购主体

政府采购主体是指政府采购过程中货物、服务和工程的采购方，是政府采购法主体中占主导地位的主体。在政府采购法制形成初期往往通过形式标准界定某一采购实体是否具有政府采购主体资格，如德国政府采购法最初就是按照采购实体的法律形式来确定其主体地位的，其法律规定：凡具有公法形式的采购主体都是政府采购主体。[1] 但随着政府采购法的进一步发展，采特定法律形式标准确定采购实体之政府采购主体地位显然难以满足政府采购实践需要，这样政府采购主体确定标准就成了政府采购主体的首要问题。主体地位确立后，政府采购主体的权利和义务以及具体法律样态就成了政府采购主体的基本问题。

[1] 曹富国：《政府采购法主体之比较研究》，《法学》2000年第7期，第47页。

一、政府采购主体之确立标准

政府采购主体同政府采购内涵一样，各国因其政府采购法治的历史传统、经济体制类型及国家职能的差异都有不同的具体样态，但在规制政府采购主体时普遍都考虑到资金性质、政府目的和受政府控制与影响程度等要素。

资金性质是确立政府采购实体的首要标准。形式上看，政府采购与私人采购具有某种目的一致性，“采购之根本目标在于确立所需材料的来源，并在需要的时候以尽可能经济的方式按可接受的质量标准获得这些商品”。[1]但两者具有本质的区别，政府采购的资金具有公共性，私人采购的资金来自当事人，而公共资金的使用者不一定总是会按照资金所有人的意图使用资金，这就需要对其进行特别规制。正是这种规制使使用公共资金采购的主体成了政府采购主体，从这个意义上来说，采购资金来源的公共性是确立政府采购主体的一个首要和根本标准。对于公共资金的具体界定，各个国家用词也不一。社会主义国家通常由财政部门向政府安排资金预算，因而称为财政性资金。当然财政性资金大多数是预算内资金；以财政性资金作为还款来源的借贷资金，视同财政性资金；特定情况下也可以扩充解释到财政性资金提供的各种担保和融资甚至租赁。西方发达国家则将从纳税人中获取的资金用来支付政府采购费用，因而常常用公共资金一词来表示。随着社会组织的发展，公共资金可以通过资助、捐款、募捐等方式而获取，这样西方公共资金的范围就更加宽泛，因而其在政府采购的用词上也由过去的“government procurement”改为现在的“public procurement”。

资金的公共性是确立政府采购的首要标准，但在现代社会随着公共组织的发展和公营企业的出现，这些组织也使用了公共资金。如果简单地用资金的公共性来判断很容易将所有的公营企业都纳入到政府采购主体范畴，其实很多公营企业在采购过程中非常注意竞争性，通常以竞争性来决定产品的购买，不加区别地将所有的公营企业都纳入到政府采购主体范畴，极容易泛化政府采购主体进而将所有市场主体都视为政府采购主体，由是近来的法律规制中又采用了

[1] Harold E.Fearon, Donald W. Dobler and Kenneth H. Killen, The Purchasing Handbook, McGraw-Hill, Inc., New York, 1993, p819—820.

受政府控制和影响标准。这种控制首先是指资本的控制，也就是在股权上和资金投入上对公共实体和公营企业施加影响甚至控制；其次是人员的控制，向公共组织和公营企业指派负责人和其他人员并对他们进行监管。正是受政府的控制和影响，他们在采购过程中很多情况下都要服务于政府目的，故此标准也成了确立政府采购的又一准则。

受政府控制和影响标准，尽管在一定程度上可以弥补公共资金标准之不足，但依旧难以有效区分采购实体的竞争性采购和非竞争性采购，因而当今政府采购立法又采取了政府目的准则。政府目的核心的是指采购是为了政府正常运作和办公，常常没有竞争性采购那种盈利动机，“从事和管理采购职能的人员没有公司雇员需要盈利的动机”。[1]GPA 在政府采购主体认定上就采用了政府目的这一标准。政府目的的优势在于它能够明确区分制造和转售目的，以政府目的采购的产品主要是为政府机关之间所用，“采购和分配的物品是为了几个机关和部门之用，通常他们不是用于制造和转售之目的”。[2]

以上是从一般意义来分析政府采购主体之界定标准的，在具体的政府采购实践中各国因政府采购立法的背景和解决问题的突出点不同，加之不同国家的经济类型和政府职能的差异，具体国家在规制政府采购主体时可能采取上述标准的某一标准，也可能综合性地运用三个标准。我国政府采购立法采用的就是财政性资金标准。

二、政府采购主体的主要权利和义务

政府采购主体的权利是指政府采购主体所享有的在政府采购过程中做出一定行为或者要求他人做出一定行为的资格。政府采购主体的义务则是指政府采购主体在政府采购过程中必须为和不为一定行为的责任，也就是说在政府采购过程中如果政府采购主体有义务做某事则意味着不管他愿意与否都必须做，因为这在政府采购法上具有正当性和合法性。

---

[1] Harry Robert Page: Public Purchasing and Material Management, Mass. D.C. Heath & Copany 1998.

[2] Donald W · Donbler: Purchasing and Supply Managgement, the McGraw–Hill Companies, INC.1986.

政府采购主体的权利主要指采购人的权利，包括以下几个方面：

第一，采购需求提出权。政府采购实体为了保证自己能正常履行法定职能，每一年都需要提出采购要求，因而在编制年度财政预算时有权提出采购要求并列出相应的采购资金，进而将自己的采购要求上报财政行政主管部门，[1]或采购预算资金审批机关。

第二，采购代理机构选择权。采购人是采购产品的直接使用人，他对货物和服务有自己的要求，因而除非采购集中采购目录以内的货物和服务，否则采购人有权自行选择采购代理机构，任何单位和个人不得以任何方式为采购人指定采购代理机构。当采购人选定采购代理机构后应当与采购代理机构签订委托代理协定，依法确立委托的事项，约定双方的权利义务。[2]

第三，供应商资格审查权。政府采购的目的在于以合理的资金取得优质的货物，而供应商的资格和资质是获得优质货物和服务的保障，由是政府采购法制通常规定采购人可以要求供应商提供有关资质证明文件和业绩情况等材料，并依据供应商资格的法定条件和采购项目对供应商的特定要求，审查供应商的资格和资质。

第四，对符合特殊要求的采购项目实行部门集中采购之权力。采购人采购通用的政府采购产品通常应当委托集中采购代理机构办理采购代理事务。但现实生活中政府不同部门职能差异和履责要求的不同，常常需要采购本系统有特殊要求的货物和服务，这种情况下政府采购法制赋予了部门集中采购权，规定属于特定部门、特定系统有特殊要求的政府采购项目可施行部门集中采购。[3]

第五，对供应商采购合同履约验收权。政府采购过程中尽管采购人需委托采购代理机构办理采购业务，不过这种规定主要是为了制约采购人滥用采购权。但毕竟采购人是采购产品的使用者，他需要对采购的货物或者服务进行全面的了解，因而政府采购法制通常规定采购人有权组织对供应商履约情况的验收。如果采购项目属于大型和复杂项目还应当邀请国家认可的质量检测机构参加验收。

---

[1] 参见《中华人民共和国政府采购法》第33条。

[2] 参见《中华人民共和国政府采购法》第18、19、20条。

[3] 参见《中华人民共和国政府采购法》第18条。

政府采购主体在享有权利的同时也必须履行应有的义务，其义务主要包括：

第一，采购信息公布义务。信息对政府采购机会的获取具有重要意义和价值，通常情况下信息掌握充分的供应商比信息相对匮乏的供应商在政府采购机会获取上有明显机率差异。为保障供应商平等竞争，政府采购法制通常规制采购人的信息公开义务，内容涉及到信息内容和公布方式。信息内容通常包括采购标准、采购文件和采购结果。信息公布方式通常为在采购监管部门指定的纸质和电子媒体。如果采购人不按规定的方式公布政府采购项目的采购标准，政府采购监管部门将责令其改正，甚至对直接负责的主管人员给予处分。[1]

第二，委托集中采购代理机构采购义务。政府采购在模式上通常有分散采购和集中采购两种。采购人采购集中目录范围以内的货物、服务或者工程必须委托集中采购代理机构进行采购；采购人对应当实行集中采购的政府采购项目不委托集中采购代理机构，有关监管部门将责令其改正；如不改正的话，则要承担停止向其支付采购资金甚至给予相关人员处分的不利后果.[2]

第三，保障充分竞争义务。政府采购的根本目的在于提高公共资金的使用效率，从市场规律来看只有充分竞争才能使公共资金有效率。为了保证供应商充分竞争，政府采购法制通常规定采购人必须平等对待供应商，赋予每一个供应商有平等的机会参与政府采购项目竞争，不得以不合理的条件影响供应商参与政府采购项目的竞争，否则要承担包括警告、罚款、处分等在内的不利法律后果。[3]

第四，遵守法定采购方式义务。政府采购法制的一个重要价值功能在于规范采购行为，控制采购权滥用，为此政府采购法规定了法定的采购方式。采购人必须遵守法定采购方式，一般应采用公开招标方式采购货物或者服务，不得以化整为零或其他任何方式规避公开招标采购。如果采用非公开招标方式采购货物和服务必须符合法定条件并经法定政府采购监管部门批准，否则将承担政

[1] 参见《中华人民共和国政府采购法》第3、7、8、11、63、75等条文。

[2] 参见《中华人民共和国政府采购法》第18、59、71、74等条文。

[3] 参见《中华人民共和国政府采购法》第22、25、71等条文。

府采购法律责任。[1]

第五，遵守政府采购门槛标准义务。政府采购的目的在于提高公共资金使用效率，通常不将所有的采购项目都纳入到政府采购法制规制领域，而仅将达到一定采购门槛价的货物和服务纳入规制范畴。凡纳入采购门槛价范围的货物和服务必须以政府采购方式进行，因而采购人必须遵守采购门槛标准。如果采购人擅自提高采购限额标准将承担通报和处分等政府采购行政责任。[2]

第六，与中标、成交商签订政府采购合同并公告之义务。政府采购中标、成交商是通过招标、投标、评标、定标等法定环节确定的，只要政府采购过程中不发生导致废标和需要重新确立中标、成交商的违法违纪行为，一旦定标中确立了中标、成交商，政府采购人就必须自己或者委托采购代理机构在法定期限内按照采购文件确立的事项与中标、成交商签订政府采购合同。采购人在签订合同 2 个工作日内应当将政府采购合同在省级以上政府财政部门指定的媒体上公告除涉及国家秘密、商业秘密以外的合同内容。如果中标、成交通知书发出后一定期限内不与中标、成交商签订采购合同或者不按照规定公告政府采购合同的，将承担警告、通报、责令整改或罚款等法律责任。[3]

第七，采购资料保存义务。为了让供应商充分了解自己未中标的原因和中标过程是否合法，政府采购法制通常规定采购人应当对采购文件进行妥善保管。采购文件的内容包括采购合同记录、采购预算、招标文件、投标文件、评标标准、合同文本、质疑答复等有关文件或资料，保存期限则从采购结束之日起不少于十五年。采购人和采购代理机构不履行这一义务，故意隐匿、销毁应当保存的采购文件或者伪造采购文件的将会被处以高额罚款，甚至承担刑事责任。

三、政府采购主体具体样态之例举

规定政府采购主体权利和义务是世界各国政府采购法制通行的做法，但对哪些实体可以成为政府采购主体则不尽一样，国际政府采购法制中的欧盟采购

[1] 参见《中华人民共和国政府采购法》第 26、27、28、71 等条文。

[2] 参见《中华人民共和国政府采购法》第 8、27、71 条。

[3] 参见《中华人民共和国政府采购法》第 46、71 条

法制对采购主体的规定和 GPA 的相关规定则具有启发意义和参考价值。

（一）欧盟公共采购法界定的采购主体

欧盟规制政府采购主体的是《欧洲议会和理事会协调有关公共工程、货物和服务合同授予程序的指令》(the public sector directive 2004/18/EC 以下简称公共部门采购指令）和《欧洲议会和理事会关于协调水、能源、运输和电信部门采购程序的指令》(the special sectors or utilities directive2004/17/EC 以下简称公用事业采购指令)，尽管，2014 年 3 月欧盟又修订了政府采购指令，但有关采购主体的内容并未修改。公共部门采购指令所规定的采购主体被称为采购当局（authorities)，主要包括：（1）国家、地区或地方政府；（2）受公法管辖的机构；（3）政府机关或受公法管辖的机构单独或联合设定的协会、社团；（4）上述机构的代理机构。公用事业采购指令所规定的政府采购主体被称为采购实体（entities)，主要有：（1）公共部门；（2）经营公用事业部门的公共企业；（3)在成员国中政府授予的特殊或排他性权力基础上经营公用事业的其他主体。

依据公共部门采购指令和公用事业采购指令，欧盟政府采购法制所规定的政府采购主体主要包括公共当局、公法管理的机构、公用企业和部分私有企业。

1. 公共当局。公共当局是欧盟政府采购法制规制的主要采购主体，包括国家、区域和地方机关。具体来说中央各国家机关以及地方机关的各个组成部分都系当局的外延。这里欧盟与世界各个国家的规定没有差异，主要是基于这些国家机关从事的是公务活动，其在市场采购使用的资金是公共资金，且不具竞争性等因素而确立的。不过值得注意的是欧盟常常将其解释为它的各级地方政府机构都是政府采购主体，因而才与我国展开 GPA 协定谈判时也要求我国承诺将各级地方国家机关都视为 GPA 协定下的政府采购主体，这在很大程度上偏离了 GPA 规定。

2. 公法管理的机构。公法管理的机构是指为满足一般公众利益需要而设立的，其主要经费来源于公共资金或政府对其进行直接或间接监管的政府采购主体。依据《公共部门采购指令》第 2 条规定，公法管理的机构是具备以下三个条件的机构：“为满足符合公共利益需要的具体目的而建立的，而不具有工业性质和商业性质；具有法人资格；大部分资金由政府机关或其他公共管理团体所提供，或者接受和服从这些机构的监管。”这些机构有点类似于我国的事业单位和团体组织。

3. 公用企业。公用企业是指国家和地方权力机关通过所有权、财物参与和规制监管等方式对其直接或者间接施加支配性影响的企业。这些企业由于政府在所有权、管理权与监管权上对其能够施加一定影响，其采购活动竞争性往往不充分，因而纳入到了政府采购主体范畴。这类主体有点类似于我国国有企业，也正是这样，欧盟在与我国加入GPA谈判时要求我国将国有企业也纳入政府采购主体范畴。

4．私营企业。私营企业作为政府采购主体是指享有政府授予的特许经营权或专有权的任何企业，它是公共企业以外的企业类型。这些企业由于处于垄断地位，并非完全按市场规则进行购买，因而也进入了政府采购主体范畴。不过在欧盟并非所有私营企业都可以作为政府采购主体的，主要范围包括到水、能源、运输和电信等部门

（二）GPA协定所规制的政府采购主体

GPA对政府采购主体未做强制性规定，他要求缔约国在加入GPA协定时以承诺方式确立本国的政府采购主体范围，因而严格意义上说GPA不存在对政府采购主体的规制，他只是对各个国家加入GPA时政府采购适用主体范围作了规定。

GPA第1条第1款规定：本协定适用于有关本协定涵盖实体所从事的任何采购的任何法律、法规、程序或做法，本协定所涵盖实体在附录1中列明。这表明协定所规定的权利和义务只适用于缔约国在附录1中所列明的主体，对附录1没有列明的主体是否产生法律效力需依据该实体是否与承诺表中列出的实体之间存在某种法律隶属关系来判定，如存在法律隶属关系和责任关联则发生法律效力，否则不产生约束力。协定只适用于缔约国加入时所承诺的采购主体。

附录1包括5个附件，其中附件1包含中央实体，附件2包括地方政府实体，附件3包括依照GPA协定规定进行采购的所有其他实体。只有签署国提交的上述采购实体才受GPA协定约束。附件1所列明的采购实体，是WTO政府采购规则中最早达成一致的，不过在就“政府”一词的理解上，各国有着不同的

认识，有的国家主张只指行政机关，有的国家则主张应是包括立法、司法和行政机关在内的所有国家机关。从GPA协定的实践来看，应该是后一种主张得以成立，由此可见，GPA协定对政府一词作了法律视角上的扩充解释。对于附件2所列明的实体，一般来说，对实行单一制的国家没什么问题，只是对实行联邦制的国家存在着中央政府是否有权保障地方政府遵守GPA协定的疑问，实践上通常要求联邦制国家加入GPA协定时对地方政府给予符合法律规定的承诺，以承诺方式释疑。因此，美国在签署GPA协定时，就明确承诺不是所有的州政府都适用GPA协定，只有37个州政府适用该协定。对于附件3所列明的采购主体,签署国在谈判时,往往争论较多,也是谈判的一个核心话题之一,从实践上来看，各国政府在列明这类采购主体时，通常包括机场、码头、港口、电力、能源等从事公益性基础设施项目的机构。

四、我国政府采购主体的具体类型及其完善

我国政府采购主体在法制上称为采购人，是政府采购活动中的货物、服务和工程的需求方，在政府采购法主体中具有主导地位，它包括各级国家机关、事业单位和团体组织。

（一）我国政府采购主体的主要类型

1. 各级国家机关。各级国家机关是指在我国国家权力体系中享有行政权、立法权、司法权等管理权的各级权力机构。从横向看主要包括国家权力机关、行政机关、审判机关、检察机关等不同类型的国家机关；从纵向来看，包括中央国家机关和地方国家机关。

2. 事业单位和团体组织。随着现代社会的发展，国家公权力逐步向社会转移，社会团体、基层自治组织等各种社会团体组织纷纷建立，职能上他们在某些领域中也与国家公权力机关一样，向社会提供公共服务。其向社会提供公共服务的资金多数来自公共资金，因而其采购也要遵守政府采购法。正是对这一社会发展客观情况的考虑，我国将团体组织和事业单位在从事采购行为时视为政府采购主体。这类主体又可细分为:工青妇等社会团体、基层群众自治组织、行业组织和事业单位。

（二）我国政府采购主体之缺陷及完善

前述已知，我国政府采购法不像欧盟政府采购法制采取例举式，而是作出概括式的规定，从政府采购法第2条可以看出，政府采购单位主要包括各级国家机关、事业单位以及团体组织。而对上述主体范围在现实适用过程中，到底哪些属于适用范围还需联系自由裁量权来判断，与政府采购国际立法相比较主要有以下几方面不足：

首先，在立法技术上以概括式并仅从资金使用性质上界定政府采购主体。概括式的立法，一方面只是从宏观上对政府采购主体进行界定，一旦进入实际操作就会遇到现实问题，并且给采购主体规避适用政府采购法留有余地。因为仅从资金使用性质上宏观界定政府采购主体，不对采购单位使用资金数量作出规定，在具体操作中，采购单位部分使用财政性资金是否纳入政府采购法适用范围等问题上给有关国家机关留下裁量空间，如果裁量机构从不同的侧面或不同利益视角考虑问题就会产生分歧，进而导致操作困难。同时在我国除国家机构外，事业单位和社会团体所使用的资金既有财政性资金，又有非财政性资金，这些采购单位如果规避适用政府采购法，它就会在资金使用性质上为自己寻找借口。2015年实施的《政府采购法实施条例》第2条第3款规定："国家机关、事业单位和团体组织的采购项目即使用财政性资金又使用非财政性资金的，使用财政性资金采购的部分，适用政府采购法及本条例；财政性资金与非财政性资金无法分割采购的，统一适用政府采购法及本条例"，为这一问题的消解提供了初步准则，以后的采购实践将不再面临此难题。

其次，我国政府采购法未将国有及国有控股企业纳入政府采购主体范围，这也与政府采购国际立法有一定差距。尽管我国国有企业在国民经济中地位重要，且涉及面广，为了国有企业在采购中享有自主权，以免使其受到加入WTO后的巨大冲击，一般不将国有企业纳入到政府采购主体范畴是可以接受的。但是国有企业本身是有多种类型的，从与公共利益的关联度来看，国有企业通常可以分为公用事业的国有企业和非公用事业的国有企业。公用事业的国有企业通常是经营与社会公众生活密切相关的电力、能源、供水、供气、交通运输、电信等行业，其经营直接影响国计民生，企业利益在很大程度上也就是公共利益。从政府采购法律规制的核心目标在于有利于实现公共利益这个角度来看，将其纳入政府采购调整范围是适当的。正是这样，《欧盟政府采购指令》中的《欧盟关于协调有关水、能源、交通运输和电信部门的采购程序的指令》就规定公共当局通过所有权或财政参与而直接或间接实施主要影响的任何企业的政府采购行为应受指令的约束。并且还规定其主要标准为：(1) 控制公司发行股份的多数表决权；(2) 拥有公司多数认购资本；(3) 可任命一半以上的公司行政、管理或监督机构成员。[1]GPA 协定将公用企业是否纳入政府采购留给成员国谈判商定，多数情况下，成员国都要求加入国将公用企业纳入谈判出价清单中。因此，在对从事公用事业的国有企业普遍被纳入政府采购适用主体范围的背景下，我国也应当借鉴这一做法。

再次，政府采购法作为一个法律体系，我国《政府采购法》在适用主体范围上与《招标投标法》未能形成有效对接。《招标投标法》仅从资金使用性质上来判断招标投标主体，并未明确招标投标主体。[2]这种规定既使得法律体系未反映出相洽性，也过分扩大了招标投标主体范围，应当依据一定标准对其进行完善。

第三节 供应商

政府采购作为一种购买行为，购买者和货物、服务、工程的提供者具有同样重要的地位，作为提供者的供应商是相对于购买者的另一方政府采购当事人。

一、供应商的概念与资格条件

供应商是政府采购活动中向采购人提供货物、服务和工程的政府采购市场供方主体。他通常包括法人、其他组织和自然人，自然人和其他组织只有在特定情况下才能成为政府采购的供应商，在我国主要是科研、民生服务等领域个

[1] 曹富国：《政府采购法主体范围比较研究》，《武汉大学学报（人文科学版）》2000 年第 4 期，第 533—536 页。

[2] 参见《中华人民共和国招标投标法》第 3 条。

人和其他组织可以成为供应商。除特殊领域外，供应商参与政府采购活动必须具有相应的资格条件。

对于供应商的资格条件，发达国家在其长期的政府采购实践中形成了一些基本共识，这些共识多数为联合国贸易法委员会拟定的《货物、工程和服务采购示范法》所吸纳。现在大多数发展中国家在规定供应商资格条件时，都是结合《示范法》规定的具体化。[1]依据《示范法》，供应商的资格条件包括：第一，具有订立合同的法定权能。供应商是向采购人提供货物、服务和工程的供货方，其是否具有订立合同的法定权能，关系到他在政府采购中能否独立承担民事责任。只有具有法定权能才能保证采购合同的有效运行，尤其是供应商出现违约和违法时，采购人才能有效采取相应补救措施，进而使自己的权益不受损害或少受损害。第二，具有良好的商业信誉和健全的财务会计制度。商业信誉和会计制度是评估供应商履约能力的外在表征，只有遵纪守法和有良好的履约业绩的供应商才能有效履行政府采购合同。除正面规定履约业绩和健全财务会计制度外，有些国家政府采购法制还规定企业应当处于无清偿能力、财产被接管、破产和停业等状态的排除情形。第三，有履行政府采购合同所必需的专业技术能力和必备的物质设备等。政府采购项目的履行必须具备必要的物质条件和专业人员基础，没有这些基础，供应商就难以全面承担履约义务与责任。因而，必要的专业和技术资格、专业和技术能力、设备和其他物质设施、管理能力就成了供应商应当有的资格条件。第四，良好的依法纳税和交纳社会保障资金的记录。依法纳税和交纳社会保障资金是现代企业应尽的基本义务，也是最起码的社会公德要求，供应商这些基本义务的履行，是社会责任感的体现。履行政府采购合同也必须要有这些基本的社会责任感，同时，这些基本义务的履行有助于促进供应商的公平竞争。第五，其他的基本义务。如绿色环保义务、符合国家产业要求等基本公共政策义务。

二、供应商资格审查

供应商参加政府采购活动必须具备一定的条件，对这些基本条件大多数国

[1] 参见肖北庚：《政府采购之国际规制》，法律出版社2005年版，第73页。

家政府采购法制都规定了采购人或者政府采购监督机构可以对供应商资格进行审查，并在审查的基础上建立供应商库。这有助于提高具体政府采购行为的效率，政府采购法制通常对供应商资格审查方式、审查程序等进行规定。

供应商资格审查方式主要有两种：第一，集中审查方式。这种审查方式主要由政府采购主管或者监管机构进行统一资格审查，对资格审查合格的供应商列入供应商库，并规定在一定期限内有效。供应商库的有效期一般为三年，三年后重新审查。在有效期内如果供应商违反相关法律规定或出现法定情形，也会被从供应商库中除名。第二，分散审查方式，即由采购人自行进行审查。在我国，尽管政府采购法只规定了分散审查方式[1]，即供应资格审查或确认由采购人负责。但在政府采购实践中形成了两种审查方式，一是在两阶段招标方式中，采购人自行审查的方式，即采购人先对供应商的资格条件进行审查，符合资格条件的供应商才能参加投标。一种是政府采购监管部门对供应商资格进行审查，并以政府采购协会或其他名义建立政府采购供应商库。

政府采购供应商的程序通常包括申请、审查和建立供应商库等几个阶段。申请是供应商向资格审查主管机构提交有关资质证明文件和业绩情况等材料。采取集中审查模式的，供应商可随时向审查机关提出审查申请；而采分散审查模式的，由采购人向供应商提出，提供审查有关材料的供应商不能主动向采购人提出审查申请。审查是指采购人或者采购主管机构对供应商提交的材料进行审核查实的过程，审核的标准为供应商参与政府采购能力，一般包括资质证明文件和业绩状况，特定情况下也包括采购项目对供应商的特殊要求等。供应商库的建立则是指通过审查后，将符合条件的供应商列入供应商库，一旦有采购需求，便向他们发出公开招标文件或招标邀请文件等。

三、供应商的权利和义务

供应商在政府采购活动中，享有法定权利并履行法定义务。

供应商的权利主要包括：第一，平等参与权。政府目的在于获得物美价廉的货物、工程和服务，这离不开有效的竞争，平等参与是有效竞争的前提和基

[1] 参见《中华人民共和国政府采购法》第 23 条。

础，因而采购人不得因任何方式和任何不合理的条件对供应商实行差别待遇或歧视待遇。供应商平等参与权贯穿在整个采购过程：平等获取各种信息、平等参与采购过程、要求供应商按商业标准授予合同等等。[1]任务单位和部门不得向采购人或者采购人工作人员指定供应商。第二，质疑投诉权。在政府采购活动中，供应商由于在信息等方面处于劣势地位，其权益也就容易受到侵害，为此，政府采购法制为政府采购供应商设计特定的质疑投诉制度，赋予其相应的质疑投诉权。[2]第三，要求采购人或代理机构保守其商业秘密的权利。[3]在现代社会，商业秘密是供应商的重要知识产权，对供应商的正常经营和发展壮大极为重要，因而应对其加以特殊保护。

供应商在政府采购活动中享有权利的同时，还必须履行相应义务。这些义务概括起来有：遵守采购法律法规、提供真实材料和信息、接受政府采购监督机构的检查、按照政府采购合同要求履行政府采购合同等。供应商在政府采购活动中不履行法律义务，采取非法手段谋求政府采购合同和其也不正当权益，将承担行政、民事甚至刑事法律责任，其中行政法律责任包括罚款、列入不良采购行为记录名单、禁止在一定期限内参加政府采购活动、没收违法所得和吊销营业执照等。[4]我国《政府采购法实施条例》对供应商不得参与的政府采购活动之特定情形做了规定："单位负责人为同一人或者存在直接控股、管理关系的不同供应商，不得参加同一合同项下的政府采购活动。"这些禁止要求也可视为供应商义务。

第四节 政府采购代理机构

政府采购是一项技术性和政策性都很强的工作，采购人往往不易胜任，世界各国政府采购法制通常都规制另一类主体——采购代理机构来专门从事采购

[1] 参见《中华人民共和国政府采购法》第22、64条等。

[2] 参见《中华人民共和国政府采购法》第六章。

[3] 参见《中华人民共和国政府采购法》第11条。

[4] 参见《中华人民共和国政府采购法》第77条。

事务。理论地看，政府采购前契约阶段是一种行政行为，决策、执行、监督的适度分离在一定程度上是采购权有效运行的前提和基础。实践看，政府采购作为一种行政行为，决策、执行适度分开更体现了十八大“确保决策权、执行权、监督权既相互制约又相互协调，确保国家机关按照法律权限和程序行使权力”[1]的要求。设计政府采购代理机构使政府采购决策主体与具体事项办理主体适度分离，既是正当性又有现实必要。

一、政府采购代理机构的含义和种类

政府采购代理机构是指政府采购活动中接受采购人委托向供应商发布招标公告，组织评标和确立中标、成交商排序的政府采购当事人。政府采购具有一定的强制性和专业技术性，一定程度上，采购人不能甚至无力从事采购事务，采购事务通常由采购代理机构来主导。依据采购事务本身是否具有的强制性，将采购代理机构分为集中采购代理机构和一般采购代理机构。

（一）集中采购代理机构

集中采购代理机构是指专门负责采购集中采购目录范围以内的货物、服务和工程的采购代理机构，其所负责的采购事项具有一定的强制性，这是集中采购代理机构和一般采购代理机构的根本区别所在。集中采购代理机构的设立的模式、性质和管理体制都由法律规定。

集中采购项目由集中采购代理机构组织实施。目前实施政府采购制度的国家和地区对集中采购代理机构的设计模式主要有三种：一是政府独立机构模式。如美国联邦政府设立的总务管理局，该局代表联邦政府向供应商进行采购，同时该局设有60多家采购中心，并雇佣近三万名政府采购“合同官员”负责具体采购事宜。二是政府财政部门模式。韩国和比利时就采取这种模式，韩国财政部门设立国家采购厅负责集中采购。[2]三是独立的经营实体。独立的经营实体本身与一般的采购代理机构没有明显区别，但它是由政府设立的采购代理机构演

[1] 参见党的十八大报告，《坚定不移沿着中国特色社会主义道路前进为全面建成小康社会而奋斗》，《人民日报》2012年11月8日。

[2] 扈纪华等：《中华人民共和国政府采购法释义》，中国法制出版社2002年版，第31页。

变而来。法国和英国在20世纪80年代以前采取的是政府独立机构模式，但在二十世纪九十年代，他们进行了私有化改革，将政府的很多职能改由私营企业承担。而政府承担政府采购事务效率不高，且不能有效及时满足采购单位要求，因而也走了市场化道路，政府将独立的采购机构改成了企业性质的经营实体。

我国设立集中采购机构的法律规范较为原则,《政府采购法》第16条规定："设区的市、自治州以上人民政府根据本级政府采购项目需要，设立集中采购机构。"从一条文看出，我国只规定了市、自治州以上人民政府有权设立集中采购机构。同时，是否需要设立还须依据本级人民政府采购项目需要，实践中则是根据采购规模需要来设计集中采购机构。正是由于这一原则性的规定，现实中我国集中采购机构缺乏统一性，有的设在财政部门；有的设在政府机关事务管理部门；有的是政府独立设置，如深圳就将政府采购中心作为政府直属的副厅级单位。这种缺乏统一性的集中采购机构，其预算体制也存在明显差异，有的实行财政全额拨款；有的则实行部分财政拨款、部分收费；有的则实行自收自支。这些都造成了政府采购管理体制不顺，需要进一步完善。

集中采购代理机构性质上，各个国家政府采购法制规定不一。有的规定为政府机关的组成部分，美国联邦政府采购中心就隶属政府部门；有的则将其定性为企业，自负盈亏；我国则将其定性为不得与行政机关存在隶属关系或其他利益关系的事业单位，[1] 这实际上有点勉强，因为在我国事业单位本身都与相应的行政机关有着千丝万缕的联系。

（二）一般采购代理机构

一般采购代理机构是指从事集中采购目录范围以外货物、服务和工程采购的采购代理机构。在我国，政府采购有集中采购和部分集中采购，这两种采购都需要委托集中采购代理机构进行采购。对采购限额标准以上的未列入集中采购目录的项目的采购，采购人还可以自行委托采购代理机构进行采购。而集中采购机构主要负责集中采购目录范围以内的采购，对集中采购目录范围以外的政府采购项目还应当有其他采购代理机构，各国政府采购法制通常规定一般采购代理机构从事此类采购，我国政府采购法对集中采购代理机构以外的一般采

[1] 参见《中华人民共和国政府采购法》第60条。

购代理机构亦作了相应规定。

一般采购代理机构通常具有私法法人性质，其本质在于自负盈亏，因而各国通常对其设立条件和资格作出规定。在政府采购一般代理机构的设立条件和资格上，各国政府采购法制规范的内容通常包括：具有企业法人资格、与行政机关没有隶属关系或利益关系、内部组织机构和管理制度健全、有良好的商业信誉并不存在严重违法记录、具有从事政府采购代理业务所需的技术、从业人员和设施等等。我国曾制定了政府采购代理机构资格认定的行政规章，对采购代理机构的资质与设立条件做了明确规定，2014 年修订《政府采购法》时，取消了一般采购代理机构资格认定要求，一般采购代理机构再不需要行政机关认定了。

二、采购代理机构的权利和义务

采购代理机构作为采购人的委托代理人在采购活动中享有一定权利和义务。

（一）采购代理机构的权利

采购代理机构的基本职责是通过采购代理行为实现采购人的采购需求，其在政府采购活动中所享有的权利主要有：第一，接受采购代理机构委托的权利。在一般的代理行为中代理本身是一种委托，只有当事人委托并与当事人签订委托协议后，享有协议权利，其接受委托并不是一种权利。不过在政府采购中，由于集中采购和采购限额标准以上的采购不能由采购人自己办理，采购人只有办理上述两种采购以外采购事务的权利，因而这两种采购必须交由采购代理机构来办理。尽管各国采购法制并不规定采购人应当交由哪个具体采购代理机构来办理采购事务，但他必须委托采购代理机构来办理。可见，集中采购机构采购权不因采购人的任意委托而取得，而是基于法律规定之授权而获得。正是从此种意义上看，采购代理机构享有强制性政府采购事项委托代理权。第二，非法干预排除权。采购代理机构与采购人签订采购代理合同后，就有权按照委托代理协定要求组织接标、开标、评标和确立中标成交人顺序的权利，包括采购人在内的任何单位和个人都不得对采购代理机构采购代理行为进行非法干预。第三，有权收取法定代理费用。采购代理行为是由一系列行为组成，每一行为都必须付出相应费用，采购代理机构有权依据代理协议收取法定费用。第四，建议权。“采购代理机构发现采购人的采购需求存在以不合理条件对供应商实行差别待遇、歧视待遇或者其他不符合法律、法规和政府采购政策规定内容，或者发现采购人有其他违法行为的，应当建议其改正。采购人拒不改正的，采购代理机构应当向采购人的本级人民政府财政部门报告，财政部门应当依法处理”。可见采购代理机构依法发现采购人的不当或违法行为时享有建议改正的权利，不过，采购人拒不改正的，采购代理机构只能向财政部门报告，不能采取强制手段。

（二）采购代理机构的义务

采购代理机构作为采购人的代理人，在代理过程中除代理采购人遵守相应法定义务外，还必须对政府采购人负责，自觉履行采购法制的义务，这些义务主要包括：第一，遵守法定采购准则义务。采购代理机构的核心任务是为采购人办理采购事务，因而应当始终把采购人的利益放在首位，及时有效地满足采购人的要求，因而必须按照一定的采购准则开展采购工作。我国政府采购法就对集中采购机构规定了采购价格低于市场平均价格、采购效率更高、采购质量优良和服务良好的四项基本工作要求。[1]第二，健全内部监督管理制度。政府采购代理机构作为采购事务的执行机关，其内部也应该做出明确的事项分工，并建立相互监督、相互制约的内部监管制度，尤其要建立采购经办人、采购合同审核验收人等相互分离制度。同时，应当加强对工作人员的教育培训，提高“确定采购需求，编制招标文件、谈判文件、询价通知书，拟订合同文本和优化采购秩序”的专业水平和业务能力。[2]第三，接受政府采购监督机关监管的义务。政府采购是一个技术性强，过程复杂的行为过程，采购代理人的每一行为都可能影响采购人利益的实现，甚至偏离政府采购法制的价值目标，为此政府采购代理人应当接受政府采购监管部门的监管，接受监管部门的考核、监督和检查。[3]

[1] 参见《中华人民共和国政府采购法》第17条。

[2] 参见《中华人民共和国政府采购法》第61、62条。

[3] 参见《中华人民共和国政府采购法》第59、65、66条等条文。

三、我国采购代理机构制度的缺陷及完善

（一）立法语言逻辑关系不明

有关采购代理机构，我国《政府采购法》主要规定在第14条、第15条、第16条、第17条、第18条、第19条和第21条中。条文之多足见政府采购立法者们希望政府采购与采购单位脱钩，以达到公正、公平等目标。然从条文的内容来看，对采购代理机构使用了“集中采购机构”和“采购代理机构”两个不同概念，而这两个概念到底是包含还是对等关系在法律条文中混乱不清，概念界定不明确，没有体现思维的一致性，从而违反了逻辑规律的同一律。[1]这种立法技术上的混乱，也是在完善政府采购法时必须予以纠正的。再者一些条文自身就隐含矛盾，如《政府采购法》第18条第1款规定：“采购人采购纳入集中采购目录的政府采购项目，必须委托集中采购机构代理采购；采购未纳入集中采购目录的政府采购项目，可以自行采购，也可以委托集中采购机构在委托的范围内代理采购。”可见，凡纳入集中采购目录的政府采购项目，都必须委托集中采购机构代理采购。然接下来第2款则规定：“纳入集中采购目录属于通用的政府采购项目的，应当委托集中采购机构代理采购；属于本部门、本系统有特殊要求的项目，应当实行部门集中采购；属于本单位有特殊要求的项目，经省级以上人民政府批准，可以自行采购。”这里将纳入集中采购目录的政府采购项目又分为通用的政府采购项目、本单位或本系统有特殊要求的项目、本单位有特殊要求的项目等三类。而这三类中又只有属于通用的政府采购项目，应委托集中采购机构代理采购，明显与“凡纳入集中采购目录的政府采购项目都必须委托集中采购代理机构采购”之规定相矛盾。在进一步完善政府采购法时应只规定集中采购，对集中采购以外的都按例外处理，并作严格规制。

（二）集中采购代理机构规定过于原则

我国对集中采购代理机构仅原则规定了设立主体和机构性质，缺乏对集中采购机构的管理体制和预算体制等问题的明确规定，进而造成实践中集中

[1] 蔡春红：《〈政府采购法〉中的立法技术瑕疵》，《法学》2004年第2期，第28—30页。

采购的管理模式和预算体制不统一，集中采购机构相应人员的专业水平和业务能力缺乏应有保障，甚至一些集中采购机构设置不合法。再者我国还将集中采购分为通用项目的集中采购、部门集中采购和单位集中采购，软化了集中采购的强制性，为采购人规避政府采购法制提供了相应的空间。[1]因而，在进一步完善中应首先对政府采购代理机构进行分类，并且按照不同类型规定相应权利和义务。

（三）采购代理机构禁止性义务与法律责任未完全对应

代理机构通常按照委托代理协议从事相应活动，其承担责任的范围是滥用代理权和超越代理权，其责任通常按照民法的委托代理来界定。政府采购中的代理机构则不一样，法制对其集中代理机构赋予了一定的政府采购权，因而通常从控权视角对其在政府采购中的行为禁止作出一定规定。《政府采购法实施条例》第十四条就是这样的条文，它规定了采购代理机构不得以不当手段获取政府采购代理业务，也不得接受采购人或供应商的宴请和收受其礼品等违背职业道德的行为，尽管后一种行为可以依据《公务员法》追究其相关责任，但前一种行为应当在政府采购法制中赋予其相应责任，而《政府采购法实施条例》在采购代理机构责任中并未对此种情形进行具体界定和责任承担规定。

第五节　政府采购监管主体

政府采购代理机构主要从事政府采购具体事务，其与采购人、供应商等主体是否在政府采购法规范下从事采购行为，还离不开相应的监管，监管主体是保障政府采购有效运行的核心主体。

一、政府采购监管主体的内涵与法律样态

政府采购监管主体是指在政府采购过程中对政府采购法律法规和规章执行情况进行监督检查、对政府采购违法行为予以纠正与制止以及对政府采购本身

[1] 参见《中华人民共和国政府采购法》第18条。

进行评估和审计的国家机关。政府采购是一个技术性较强且复杂的过程，一般地看，采购人等政府采购法主体会遵循政府采购法制，但人性的求利性等弱点又使政府采购过程中背离法律或法律精神的行为不可避免。为尽量减少甚至避免政府采购违法行为，有必要从政府采购预算编制到合同履行等过程对政府采购进行监督和控制。政府采购监管部门是政府采购法制不可或缺的主体。

各国政府采购历史演进过程的差异和控权模式设计的不同，决定政府采购监管主体有不同的模式。第一，立法机构与行政机关共同监管的混合监管模式。政府采购作为一种公共财政支出方式，在财政预算由国会审议通过的西方三权分立国家通常将监管权赋予国会，但政府采购更多地是一种行政行为，行政的自我规制更有效率，于是就形成了国会与行政机关对政府采购进行监管的混合监管模式。采取这一模式的国家主要有美国与英国。依据美国的政府采购法制，联邦会计总署（General Accounting Office）和联邦政府采购办公室（the office of Federal Procurement Policy）是美国政府采购的监管部门。联邦会计总署是国会的一个下属机关，其在政府采购监管方面的职责主要有：对政府采购计划进行评估并提出相应建议、对政府采购项目进行审计和审查、受理供应商的质疑投诉等。而联邦政府采购办公室则设在总统行政办公厅内，其主任由总统提名并经国会参议院批准，其职责主要是：发布适用于政府采购的行政规章、协调政府采购法律与政策的实施、监督政府采购合同的授予与执行。第二，由行政机关单独监管模式。政府采购总体上来看是一种行政行为，尤其是政府采购预算编制后的采购行为这一属性更加明显，因而世界上大多数国家都采取这一监管模式。如德国政府采购监管部门就是财政部门，其职责包括提出政府采购预算建议、规划设计政府采购组织实施机构及其职责、监督政府采购法律与政策的执行。韩国的政府采购监管部门是韩国政府设立的供应局。第三，独立的审计机关监督模式。在一些国土面积和政府采购规模不大的国家，其采购行为往往可以由采购人自行实施，这样赋予某一机关更多的监管职责可能会降低相应行政机关的效率。而审计机关专司政府资金使用效率的审计，可对政府采购资金进行有效审计，进而提出有效利用采购资金之建议，因而这一类型国家常常将政府采购监督职责赋予审计机关。

我国政府采购监督采用的是行政机关监督模式。依据我国政府采购法制，各级人民政府财政部门是负责政府采购监管的国家机关。[1] 将政府采购监管职权赋予财政部门符合我国政府体制中事权划分原则，1998 年我国政府机构改革方案中，国务院赋予了“财政部拟定和执行政府财政政策”[2] 的职能。政府采购是一个包括采购预算编制、采购方式选择、采购程序实施、采购资金拨付等在内的完整过程，这个过程的前后两阶段都是由财政行政部门主导，由财政行政部门行使监管权，有利于及时有效制止和纠正政府采购过程中的违法行为；即使不能及时制止，财政部门拒绝支付采购资金的权力对采购人也是巨大的威胁，进而促使采购人在这种威胁下遵循政府采购法律规范。理论地看，政府采购本质上是一种财政支出制度，是政府财政预算分配向财政支出领域里的必然延伸，让主导预算分配的财政行政部门监管作为财政支出的政府采购行为，有助于统一各级财政部门的管理职能。

当然，我国的行政机关管理模式有别于其他国家的财政部门独立监管的监管模式。在我国，由于政府采购实践始于工程建设领域内的招标投标，除财政行政部门作为政府采购的核心监管主体外，历史形成的其也部门也对政府采购进行监管。国家发展与改革委员会负责指导和协调全国工程建设招标投标监管工作，并对国家重大建设项目过程中的工程招标投标进行监督检查；住房与城乡建设行政主管理部门则负责对各类房屋建筑及附属设施的建造、管道设备的安装工程和市政工程的招标投标等方面的执法与监督；商务部负责对进口机电设备采购项目招投标行为的执法与监督；水利、交通、信息产业等行政主管部门则对相应管理领域和产业项目的招投标行为进行执法监督。审计机关负责对政府采购监管部门、政府采购人和代理机构的有关政府采购活动进行审计监督；监察机关则负责对政府采购活动中的国家机关和国家机关任命的人员实施监察。[3] 为使多部监管形成合力，《政府采购法实施条例》确立了财政部门主导的监管模式，要求各不同行政机关发现政府采购活动存在不当行为时，将相

[1] 参见《中华人民共和国政府采购法》第 13 条。

[2] 扈纪华等：《中华人民共和国政府采购法释义》，中国法制出版社 2002 年版，第 71 页。

[3] 参见《中华人民共和国政府采购法》第 13、74、82 条等条文。

应情况向相应财政部门报告，并将政府采购行政责任追究权赋予各级政府财政部门。[1]

二、政府采购监管主体的主要职权

政府采购监管主体的职权是指其在政府采购中所享有的监督政府采购法律法规和规章执行以及纠正政府采购不当行为、违法行为的权力和责任。职权既是一种权力，也是一种责任，是权力与责任的有机统一，离开了职责，职权和相应管理手段也就成为了一种特权。政府采购法所赋予政府采购主体的职权不能任意放弃，必须积极行使，否则将承担不作为的法律责任。监管部门享有以下职权：

第一，政府采购政策制定权。政府采购作为公共财政支出方式之一，其负有根据国家经济发展的实时需要贯彻一定的公共政策目标，政策目标不能由采购人任意理解或类推，应由特定的机关制定并统一实施。《政府采购法实施条例》将政府采购政策制定权授予政府采购监管主体，其中第六条规定："国务院财政部门应当根据国家的经济和社会发展政策，会同国务院有关部门制定政府采购政策，通过制定采购需求标准、预留采购份额、价格评审优惠、优先采购等措施，实现节约能源、保护环境、扶持不发达地区和少数民族地区、促进中小企业发展等目标"。

第二，采购预算编制和采购资金拨付权。政府采购所使用的资金都是公共资金，公共资金来源于财政预算，国家预算对政府采购资金进行统一安排是政府采购活动的起点。要对政府采购资金集中支付力度进行有效监控，进而提高采购资金使用效率，就有必要赋予监管部门采购预算编制权和采购资金拨付权。

第三，采购活动监督检查权。采购活动监督检查权是指对政府采购的法律、法规、规章、政策执行状况以及政府采购人员职业素养和专业技能的情况进行检查考核，并纠正不当行为的权力。"徒有法不足以自行"同样适用政府采购法律和政策实施，因而对有关法律与政策实施情况进行监督检查是促使政府采购法律和政策有效实施之保证。政府采购监管主体在政府采购法制熟悉和熟练

[1] 参见《政府采购法实施条例》第40、44、56、57、61、62、67、69、70、73等条文。

程度方面，常常优于其他国家机关，因而应赋予其这一职权。

第四，采购方式确认和变更权。采购方式确认与变更权是指政府采购监管主体对采购人采取公开招标方式以外的采购方式的审查许可权。政府采购具有预防腐败和提高公共资金使用效率的双重价值追求，这种价值的实现离不开设计科学的采购方式和程序。仅从价值目标的实现来看，公开招标方式是最佳选择，但现实的政府采购既复杂又技术性强，各种特殊情况时有出现，应对特殊情况则需要有相应的灵活性，也即在公开招标方式以外设计其他采购方式。其他采购方式在控权和规范资金使用上可能明显不如公开招标方式，这就必须对采取其他方式进行审查和规范，只有通过监管部门确认许可后才能采用。

第五，采购机构专业人员的业务教育权与监管权。采购是一个技术性较强的活动，其行为是否正当与违法是一般社会组织和公民不能判断的，需要专业机构进行审查监管，同时在取消采购代理机构专业人员的资格认证后，赋予政府采购监管主体事后监管权更有助强化政府采购市场的行政监管。同时，由于监管主体是对政府采购代理机构的监管部门，因而也有责任对从业人员进行业务教育和职业技能培训。

第六，供应商质疑受理权。供应商质疑受理权是指接受供应商对采购人或者采购代理机构不满和侵害其合法权益的控告之职权。从权益救济的本质来看，供应商的不满和权益受损之控告应当向司法机关提出，但政府采购自身的特点尤其是其效率性要求将此种权力赋予监管主体，它有助于将采购过程中的纠纷迅速快捷解决，进而使政府采购活动继续有序开展，因而许多国家的政府采购法制将此项权力赋予政府采购监管部门。美国政府采购监管部门——联邦会计总署就是受理供应商质疑的最权威机构，我国也将质疑投诉受理权赋予了监管机构。当然，世界上也有不少国家将质疑投诉直接交由司法机关受理。

第七，违法行为处理权。违法行为处理权是指对政府采购过程中违法行为的制裁和处罚的职权。这种职权的有效行使能及时制止和纠正政府采购中的违法和不当行为，赋予监管部门这一职权便于其对采购主体、采购方式、采购程序和采购结果等方面进行有效性、合法性审查，进而切实保障政府采购各方当事人的合法权益。

第八，政府采购专家库管理权。政府采购的核心环节是评标和确定中标成交商，而这一环节的主导者是专家，专家的能力与职业道德直接影响政府采购的质量与形象。为此，各国法制通过对专家库实施动态管理，并将专家在评审过程中的不良行为进行记录，纳入统一信用平台管理，我国将此权力赋予给了财政部门。[1]

三、我国政府采购监管主体的自由裁量权及其调控

依据“只要对行政人员的有效限制允许他有自由在行为或不行为的可能进程中作出选择，行政人员就拥有裁量权”[2]之通行准则，政府采购监管自由裁量权是指政府采购监管主体所享有的作出监管行为及行为方式、期限等方面的选择权。我国政府采购立法采用的是经验主义的分散立法模式，政府采购范围的广泛和复杂性以及政府采购的内在特性决定立法者不得不赋予政府采购监管部门大量的自由裁量权。这些自由裁量权的行使，在一定程度上与当前政府采购形式化及政府采购价格虚高密切关联，因而必须对其予以规范。

政府采购监管部门自由裁量权的主要类型有：第一，采购标准确立中的自由裁量权。采购标准确立权是指各级人民政府所享有的制定集中采购目录和确立采购限额标准的权力，这种权力行使直接关系到财政支出的政策水平和本地区的政府采购规模。尽管法律将标准制定权授予给人民政府，但现实政府采购中，主导采购标准制定的却是各级财政部门。然我国政府采购法对这一事关重大的政府采购职权只作了原则性规定，[3]而对这一权力行使要考虑哪些因素以及是否结合国家的宏观政策等问题缺乏具体规定，监管部门在权力行使上具有极大的选择空间和余地，除非监管部门出于业绩考核等需要会自行约束，否则极易滥用。第二，采购方式确立和变更中的自由裁量权。我国政府采购法将公开招标方式以外采购方式的许可权赋予给政府采购监管部门，[4]但对许可的标

[1] 参见《政府采购法实施条例》第62、63条。

[2] 罗豪才：《行政法论丛（第3卷）》，法律出版社2000年版，第53页。

[3] 参见《中华人民共和国政府采购法》第7、8条。

[4] 参见《中华人民共和国政府采购法》第26、27条。

准和条件规定得相对简单，仅用“特殊理由”四个字为准则，对什么是特殊理由以及特殊理由与政府采购客体的关联程度缺乏界定，进而造成实际操作中采购人提出种种特殊理由，监督主体由于缺乏可遵循的严格审查标准，往往在人情和权力因素影响下，统统予以准许，裁量空间过大。同时，在对分散采购和集中采购这一方式的选择上，也同样只用了“特殊要求”，进而在实践中造成很多采购人常常以“特殊要求”为理由，规避集中采购而进行分散的自主采购，造成政府采购领域乱象丛生。第三，采购信息管理中的自由裁量权。采购信息关系到政府采购中供应商参与广泛程度和权益受损后获得救济的有效程度，对采购人和采购代理机构有很大制约作用。现实中政府采购很多问题的出现都与信息不对称相关。为此，我国政府采购法将信息发布媒体的指定权赋予了政府采购监管部门，[1]然对如何指定媒体以及指定媒体的范围缺乏具体要求，进而造成一些地方政府采取在本地媒体上发布公告的方式来排斥外地供应商，为地方保护主义留下了裁量空间。第四，对违法行为处罚中的自由裁量权。在违法行政处罚上，我国政府采购法多个条文直接赋予了监管部门处罚职责，[2]但在处罚程度上从警告、罚款、列入不良记录、停止支付预算资金等程度不一，且罚款也有二万到十万之幅度差异，而如何在这些程度和幅度之间进行甄别也缺乏具体的准则和操作办法，实践上很容易形成酌情处理，自由裁量十分明显。

政府采购监管部门的自由裁量权的广泛存在，从制度设计上来看是有一定的必要性。在实践中，由于现行政府采购法制的制度性缺陷和某些执法人员职业素养和业务素质不高，滥用自由裁量权的现象较为严重，因而对政府采购监管部门的自由裁量权必须进行控制。控制的措施和方式主要有：第一，尽快通过规章方式落实《政府采购法》与《政府采购法实施条例》的相关规定，为监管部门自由裁量权提供具操作性的实体和程序规则。现行政府采购法制对政府采购监管部门的权力规定较为原则和抽象，缺乏明确具体和可操作性，进而为政府采购监管部门在职权行使方式和时限选择上具有较大的灵活性，为监管部门依据自己的意志甚至利益好恶行使监管权留下了一定的空间。要压缩挤兑这

[1] 参见《中华人民共和国政府采购法》第11条。

[2] 参见《中华人民共和国政府采购法》第74、76条等条文。

种空间则必然要对抽象和原则的规范进行具体化，具体和细化的任务通常由相应规章承担。第二，制定裁量基准规范政府采购监管部门裁量权。现代行政控权实践中，行政机关越来越注重自我规制，通过自我规制来约束行政自由裁量权是行政法的一种发展方向。“为了对行政过程中的自由裁量权进行有效限制，应当鼓励行政机关通过连续的行政立法，将行政过程中积累起来的理性和智慧规则化”，[1] 在我国现代行政法制实践中，国务院各部门和地方政府开始自觉制定裁量基准来防止行政权的恣意与专横。政府采购监管部门权力行使中的恣意与专横也可通过制定裁量基准来抑制与限制，进而保证政府采购监督行为的一致性和可预测性。第三，建立说明理由制度，规范约束政府采购监管主体自由裁量权。为了切实保障行政相对人的合法权益，我国行政法制建立了说明理由制度，该制度目前主要适用于行政处罚、涉及到关系广大人民群众重大利益的行政规划和价格听证等领域，政府采购立法未吸收这一制度。其实政府采购中集中采购目录和采购限额标准的制定，以及采购人采购方式的变更都有可能对供应商甚至政府采购本身带来重大影响。政府采购监管主体采取何种标准和准则来行使上述权力，如果没有说明理由制度约束，必然会有很大的随意性。只有建立说明理由制度，要求政府采购监管部门在做出影响监管相对人权益的监管行为时，告知监管决定的内容，并说明事实和法律依据以及行使政府采购监管自由裁量权考虑的相关因素，才能对政府采购监管主体行为构成有效约束。

[1] 王锡锌：《自由裁量权与行政正义——阅读戴维斯〈自由裁量的正义〉》，《中外法学》，2002年第1期。

第五章

政府采购方式

政府采购法主体所确认的是参与政府采购行为的主体范围，规制主体的目的在于为规制其行为提供基础，政府采购法核心内容是规范相关主体的采购行为，政府采购方式是政府采购行为的基本内容。

第一节 构建政府采购方式的理论基础与原则依据

任何法律制度的设计和构建都是以一定的内含法律价值、社会价值和政治立场之理论为路径控制根据，进而在此基础上总结提炼出相应法律原则，通过原则导引型构制度规范。理论是法律制度和规范设计的价值导向，对制度构建具有决定性的指引作用；而原则是制度的灵魂，是型构制度的基础性规范。一定意义上可以说制度的设计与型构不是纯粹的规范构设的结果，更多的是特定价值导向和原则指引的产物。政府采购方式的具体规制必然依一定理论为基础，依一定原则为具体指引。

一、构建政府采购方式的理论基础

从制度型构理论基础上看，政府采购方式作为规范采购人和供应商及其相关主体行为的制度往往涉及到两个基本维度：一是宏观理念层面的基础理论，二是微观层面的制度设计理论。

依据马汀博士对政府采购法制的研究，在采购方式的建构上，宏观层面的理论基础存在着两种考虑："一个是以'自由市场'为本位的'经济理性'论；另一个是包含更多的'干预主义'观念的'工具性或再配置使用论'"。[1]

"经济理性"论是奠定在经典的经济效率原则基础上的一种理论，它认为在经济活动中激烈的竞争能进一步降低成本获得更大的经济效率，进而为国库节约资金，使操作效率得到最大化，进而保证纳税人的金钱得到公平、公正的使用。[2] 而政府采购主要是对公共资金的使用，力求公共资金使用效率最大化，在采购方式的构建中充分体现出"经济理性"论的要求也是很自然的，更是必要的。[3] 其具体制度设计必然要强调采购方式应以强制性的公开竞标为核心内容；要求在采购方式的构建中尽可能地保证市场中所有的潜在供应商都能参与竞标；要增加采购方式的透明度以及严格限制采购机关自由裁量权的边际。因此，政府采购方式大多强调公开招标方式，公开招标成为为基本且主要的政府采购方式。

"干预主义"理念下的"再配置使用论"将政府采购视为利益的再分配。该理论认为：自19世纪以来，伴随社会的转型以及国家职能的结构性变化，国家用于社会管理的手段也出现量和质的变化，利益分配方式成为政府实现其预期目标的重要方式。[4] 而政府采购是公共资金的使用，当然是一种利益再分配，如果把它看作给付行政和福利国家下国家职能重组以后的又一种新的政府职能的话，政府对于同样具有参加采购资格的竞标人来说就存在着公平竞争、机会均等的问题。当事人的权利举张在公法制度设计上又必然转化为国家在采购方式型构上必须履行的义务，因此，采购方式设计也就是对国家义务特别是政府义务的规制，政府只有履行公开、透明义务和遵循严格准则，才能确保竞争公平。这进一步说明为什么政府采购方式型构中要视公开招标为其基本与首

[1] Jose M. Fernandez Martin, The EC Public Procurement Rules: critical Analysis, Oxford: Clarendon Press ,1996, p52.

[2] 樊志成：《重庆市实施政府采购的有益尝试》，《中国行政管理》1998年第8期，第41页。

[3] 余凌云：《行政契约论》，中国人民大学出版社2000年版，第222页。

[4] Daintith, Law as a Policy Instrument, in Daintity(ed.),Law as an Instrument of Economic Policy: Comparative and Critical Approaches, Berlin, 1988,p6.

要的采购方式。

从微观视角看，基于政府采购法众主体中，采购人是其最主要的主体，而采购人本质上是受行政法调控的公法人。控权是行政法的核心内容，政府采购方式设计的微观理论基础是控权理论。

控权理论是一种众所周知的传统理论。为什么政府采购方式的设计也必然受其影响，这主要是政府采购是一种政府主导的行为，政府采购是在供应商参与下，政府与供应商通过一定方式而开展的互动行为。尽管采购活动肯定会涉及相对方竞标行为，必然在相对方的积极参与下才能完成，但整个采购活动必须在采购主体的控制和主导下有目的的进行。因此，采购主体的活动就构成整个采购活动的核心。[1]同时，采购是一种相对复杂的现实活动，采购机关不仅享有一定的采购权限，而且还必然行使一定的裁量权。因此，要使采购活动成功，而且成为“对采购机关富有技艺和合理的管理的结果，而不是像采购那样，是对减缓市场压力的有效反映”[2]，就必须对采购机关的权限，特别是其所享有的自由裁量权进行有效控制和规范，并为其设计合理的边际，采购方式作为采购行为的最核心内容当然要遵循控权理论的一般本质和基本要求。

政府采购法制演进史表明，可行而有效的方式是为自由裁量权设计合理边际的有效方法。现实政府采购立法中，为控制政府采购人肆意甚至滥用采购中的自由裁量权，必然设计有效的采购方式。同时，政府采购作为采购主体与供应商的互动行为，其目的“本来就是在分离的、非人格的商业行为与政府和契约相对方之间寻求一种共生关系之间的一种折衷”。[3]要在采购方与供应商之间形成一种良好的共生关系和行为互动，就必然要规范一定的采购方式，公开透明的采购方式是双方获得信任并能持续有效地展开活动的科学选择。

二、政府采购方式设计的原则依据

理论基础是采购方式构建的价值导向和理念指导，具有宏观性；而微观地

[1] 余凌云：《行政契约论》，中国人民大学出版社 2000 年版，第 217 页。

[2] Turpin Government Procurement and contracts, Longman, Harlow, 1989, p70—71.

[3] Turpin Government Procurement and contracts, Longman, Harlow, 1989, p70.

看，采购方式构建是由原则具体指引。立法的一般理论告诉我们，政府采购方式的设计总是在一定原则的指导下进行的。基本原则在根本上决定政府采购中应当设计什么样的方式，它是采购方式设计的直接指针，与采购方式构建之间是一种具体和抽象的关系。

正如前面所述，政府采购的核心原则主要包括公开公平竞争原则和效率原则，公开公平竞争在一些国家具体的法制中通常内含透明度要求。透明度要求政府采购人提前公开信息、定期发布政府采购信息公告、提供政府采购的各种信息以及向公众公布提供咨询意见的机构。公平原则则要求通过一定方式和程序防止不正当交易、暗箱操作、权力寻租和腐败行为。竞争原则则要求所有符合资格的供应商都能够参与到政府采购程序中来。正是这些原则要求，使得公开招标成为众多国家政府采购法制甚至国际政府采购法制的首要和无条件的采购方式。而效率原则则要求在考虑公开、公平、竞争原则的同时，还须考虑采购方式所具有的灵活性、现实适应性以及采购效率，也即采购方式的设计要有利于降低采购成本，不能片面突出公平而不顾采购效率。在政府采购方式设计时不固化公开公平竞争原则，而是在侧重考虑这一原则基础上注重兼顾效率原则，设计出能平衡上述两原则的各种不同的采购方式。

在我国政府采购法制中，公开公平竞争作为原则而被规制[1]，而将“提高政府采购资金使用效率”之效率原则作为立法目的规制[2]，可见我国政府采购法制将公平与效率这两对范畴上升为立法目的与法律原则的平衡。这就要求政府采购方式设计在考虑公平原则基础上不能忽视效率目标，要注重制度设计中的公平与效率统一，既不能突出公平原则忽视效率目标，也不能强调效率价值而偏离公平原则。具体来看，公平正义是首要考量，“即使具有不同正义观的人也仍然会一致认为，只要在分配基本权利和义务时不在人们之间任意制造差别，只要这些准则能够对社会生活中相互对抗的利益要求确立恰当的平衡，那么体制就是正义的”。[3] 核心的是参与竞争的供应商享有权利公平与机会公平。

[1] 参见《中华人民共和国政府采购法》第3条。

[2] 参见《中华人民共和国政府采购法》第1条。

[3] 约翰·罗尔斯：《正义论》，中国社会科学出版社2001年版，第6页。

权利公平要求采购方式设计不能对供应商实施差别待遇，采购方式的设计不能给任何供应商带来歧视；机会公平则要求采购方式设计有利于供应商平等地参与政府采购一切活动、所有参与政府采购的供应商都能通过公平竞争获取政府采购机会。而效率目标则要求政府采购方式设计时要进行效率评估，综合考虑政府采购公共资金的使用效率与供应商权利公平和机会公平的平衡。这就必然会设计出以公开招标方式为核心的政府采购方式体系。

现实政府采购方式设计中除理论导向和原则指引外，还需考虑采购的复杂性与技术性等要素。如客观上供应商的数量不足以产生市场竞争时、技术规格无法事先确定时、供货具体时间等方面有特殊要求时、供应商具有唯一性时等应如何处理。这些要求使得政府采购法制除规制核心的公开招标方式外，还必然规制其他方式以作为公开招标方式的补充。当然，为了保证公平和透明，公开招标方式以外的其他采购方式必然是有条件的，并受到严格限制。

第二节 政府采购方式的内涵与外延

一、政府采购方式之内涵

政府采购方式是指政府采购主体获取物美价廉的货物、工程和服务所采取的各种方法与形式的统称。它是政府采购的核心环节，是实现政府采购目标的关键途径。

前述所说政府采购方式设计，既要考虑包括控权原则在内的理论基础，又要兼顾公平与效率，还必须考虑到政府采购自身的复杂性和多样性，因而政府采购方式具有多样性，是各种方法和形式构成的有机体系。正是政府采购方式的多样性决定没有那一种方式适用所有的采购情况，任何一种采购方式都不一定能适应所有的具体情况，现实的政府采购中只有根据具体采购所面临的各种复杂情况，判断哪种方式是最有效、最经济并具有适用性的采购方式。

政府采购是包括政府采购预算编制、政府采购计划下达、政府采购代理机构委托、政府采购方式确立、政府采购合同签订、政府采购合同履约验收、政府采购资金支付等环节在内的一系列过程。在这一整体过程中，政府采购方式选择是直接关系到政府采购合同供应商的确立、采购预算的落实和采购资金是否支付等环节的正当与合法，因而是政府采购的核心环节。

政府采购的根本目的在于强化公共资金使用管理，提高公共资金使用效率。由于公共资金的使用者并非公共资金的所有者，仅是公共资金的托管者，所有人与使用人的分离会使公共资金的使用者存在浪费资金甚至以权谋私的趋向，对公共资金的支配者的行为进行监督和约束十分必要。而采购方式的设计和具体适用有助于防止公共资金支配者合谋，进而防止公共资金使用者滥用权力，据此促进政府采购目标的实现。同时，政府采购方式具有多样性，对不同的采购情况可以选择不同的采购方式，这有助于平衡公平与效率，进而节约采购成本、提高采购资金使用效率。

二、政府采购方式之分类

政府采购方式分类是指按照一定标准将采购方式划分和归类为不同类别的行为。将体系化的政府采购方式分成若干独立个体加以认识，进而了解不同采购方式本质特征及其适用条件，是对政府采购方式认识的深化。政府采购的具体类型主要有以下一些。

（一）依据竞争充分程度，分为招标方式和非招标方式

招标和非招标方式的分类是政府采购方式的主要分类。

招标采购是指采购人通过发布招标公告，邀请一定范围内也可能是所有潜在供应商参与投标，进而依据一定的定标标准，确立中标、成交商的采购方式。这一采购方式，根据供应商邀请范围的不同和邀请标准差异可以分为公开招标、限制性招标和选择性招标。公开招标是指邀请所有有兴趣的供应商参与竞标的招标方式，其公开性和竞争性最强。限制性招标是指采购机构只与其选择的一家或数家供应商参与竞标的采购方式；而选择性招标则是指采购实体仅选择满足采购人所确立的参与条件的供应商参与竞标的采购方式。对招标方式进行三分是 GPA 对采购方式的分类；而各国采购法多将招标方式分为公开招标和邀

请招标，如英国、德国和日本都将招标分为公开招标和邀请招标。在具体内涵上，邀请招标有点类似于选择性招标，但限制性招标并不是严格意义上的招标方式，因为限制性招标虽然要选择一家或者数家供应商参与政府采购，而这种参与并不要求以招标方式展开。不过，英国、德国和日本政府采购法制还规定了单向招标，这种单向招标方式有点类似于限制招标中的只邀请一家供应商参与采购的情况。

非招标方式是指除招标方式以外的招标方式，包括单一来源采购、竞争性谈判和询价采购等方式。招标方式考虑的主要是限制采购主体与供应商的合谋，而这些非招标方式并不禁止采购人与供应商之间的磋商，这是招标与非招标方式的根本差异所在。之所以规定公开性和竞争性不强的非招标方式，是因为政府采购情况复杂，有时候招标时间紧急、有时候需要应对紧急情况、有时候则要面对复杂的技术问题等等，再者，政府采购过程中有时候也需要对公平与效率进行权衡，应对这些情形有必要规定多样的采购方式供采购人选择。

（二）依据采购主体不同，分为集中采购、分散采购方式和集中与分散相结合方式

集中采购方式是指由统一负责政府采购执行的主体（在我国主要是指上级主管单位和上级授权单位以及各级人民政府）对权力管辖范围内机构所使用的物品进行统一购买并进行分发的采购方式,具体指“政府采购法所称集中采购,是指采购人将列入集中采购目录的项目委托集中采购机构代理采购或者进行部门集中采购的行为”。这种采购方式主要是利用采购的规模效益,节约采购资金,也是政府采购中的一种主要方式。

分散采购则是由采购人自行决定采购事宜的采购方式，具体指“所称分散采购，是指采购人将采购限额标准以上的未列入集中采购目录的项目自行采购或者委托采购代理机构代理采购的行为”。它主要适用于规模小和本单位有特殊要求的货物、服务和工程的采购，是出于采购效率考虑而设置的采购方式。

分散和集中采购相结合的采购方式是指由统一负责政府采购执行的主体以招标方式确立中标成交供应商并与中标成交供应商就产品的规格、型号、最高限价、有效期等一般性内容签订协议，然后由采购人根据这一协议具体向供应商进行采购的一种采购方式。这种采购方式体现了原则和灵活性的统一，越来越为各个国家政府采购法制所规范。我国协议供货采购方式和欧盟的框架协议采购方式属于这种采购方式。《政府采购法实施条例》更是将其视为未来发展的政府采购形式，其第10条规定："国家实行统一的政府采购电子交易平台建设标准，推动利用信息网络进行电子化政府采购活动"。

（三）依据对供应商出价评审方式不同，分为一般采购方式和电子逆向拍卖方式

随着电子商务的发展，电子采购越来越被各国政府采购法制所规制。当电子方式运用于供应商出价的评审，一般认为电子采购有了巨大的发展，它不再是作为一种手段而用于政府采购中，而是作为独立的采购方式被政府采购法所规制，于是产生了电子逆向拍卖采购方式，采购方式也就有了一般采购方式和电子逆向拍卖方式的区别。美国和欧盟等国家都对电子逆向拍卖方式进行了规范，《示范法》也对电子逆向拍卖提供了准则。2013年，我国国家与发展改革委员会联合多部委制定的《电子招标投标办法》对电子采购作了专门规定，电子逆向拍卖采购方式有了制度雏形。《政府采购法实施条例》更是将其视为未来发展的政府采购方式，其第十条规定："国家实行统一的政府采购电子交易平台建设标准，推动利用信息网络进行电子化政府采购活动。"

依据《示范法》电子逆向拍卖可作为独立的采购方式，也可作为授予采购合同前的一种合同授予手段。其基本含义是指供应商或者承包商在招标公告规定期限内相继提出更低出价，出价由电子系统自动评审，采购实体依据自动评审结果选取中标、成交商而所使用的在线实时采购方式。

三、国际组织政府采购法制对政府采购方式的规制

政府采购方式是一个内含相互关联、相互补充的多种方式在内的有机体系，各国政府采购法制通常依据本国政府采购法制所确立的原则，结合本国政府采购实践，规制适合本国国情的政府采购方式。国际组织则出于平衡不同国家政府采购方式或者出于为不同国家制定政府采购法制提供范本，也规制政府采购方式。国际政府采购法制无论对政府采购立法还是对供应商参与国际政府采购

市场竞争都有一定的现实意义。基于此，以下对 GPA、《欧盟采购法》及《示范法》的规定分而述之。

（一）GPA 对采购方式的规定

作为世贸组织法律框架一部分的 GPA 协定，旨在通过消除政府采购壁垒，实现国际贸易更大程度的自由化和扩大化。因而其核心的是消除政府采购中对国内供应商、货物、服务的不当保护，以免对国外供应商、货物、服务造成歧视。它要求各国政府采购主体超越国界选择供应商，以价格与质量而非其他商业性标准作为设计政府采购方式的核心标准，[1] 最终实现经济资源在全球范围内的自由流动和自由配置。为此，GPA 协定对政府采购方式作了完整的规定。

通观 GPA 协定全文，其中第 6 条至 18 条是关于采购方式的规定，其所设计的采购方式主要有三种：公开招标（Open）、选择性招标（Selective）、限制性招标（Limited）。此外，GPA 协定第 14 条亦规定了电子拍卖，为采购方式的创新给予肯定。几种采购方式的内涵，GPA 协定在第 1 条（概念说明）中均已作了准确界定。通观 GPA 对采购方式的规制可知，GPA 在政府采购方式上突出公平原则，以实现其非歧视原则的具体化。

（二）《欧盟采购指令》对采购方式的规定

《欧盟采购指令》是包括四个实体指令在内的整体，他所确定的采购方式主要包括公开招标、限制性招标、谈判（含竞争性谈判和非竞争性谈判）、框架协议，[2] 它在规制技术和具体内容上都体现自己的特色。

首先，各实体指令均在第 1 条中以定义方式对各种采购方式进行内涵概括。国际政府采购法制一般都是在总则后规定采购方式，而《欧盟采购指令》则独树一帜，在第一条规定采购方式。各实体指令之所以均在第 1 条即总则中规定采购方式，一方面与指令均含有“程序”二字有关。“程序”二字之使用表明

[1] 盛杰民、吴韬：《多边化趋势——WTO〈政府采购协议〉与我国政府采购立法》，《国际贸易》2001 年第 4 期，第 46—48 页。

[2] 框架协议是政府采购实体按照与供应商事先达成的采购条件，待采购实体产生采购需求时，根据此条件进行采购的一种合同签订方式。表面上看，并不一定促成现实的采购，难能成为一种独立的采购方式，但框架协议有助于政府与供应商建立良好关系，只要其不妨碍限制和扭曲竞争，也可视为一种采购。

各指令的侧重点在于规定采购程序，而采购方式的确定是确认采购程序的前提，不同的采购方式有不同的程序，可见要突出程序就必须先确定采购方式。另一方面，可能与指令本身在欧盟法律体系中地位有关，指令的作用在于使各国相关法律趋于一致，而不是统一。在政府采购法制中采购方式和程序可以一致，政府采购的价值目标却难以趋同，完全统一采购方式没有十分必要。

其次，《公共事业指令》对采购实体在采购过程中具体采用何种采购方式没有作出条件限制，采购实体在这方面有权自由选择。而其他三个实体采购指令则规定公开招标是无条件的，限制性招标和谈判方式则是有条件的。这种规制技术主要是考虑公共事业指令是对涉及水利、电力、能源和电信部门经营领域里采购程序的规定，而这些部门在很大程度上属于企业范畴。在市场经济条件下，竞争是企业的固有理念，有必要相信这些部门在采购过程会贯彻这种理念。

（三）《示范法》对采购方式的规定

《示范法》是联合国国际贸易法委员会为国际社会不同国家制定政府采购法提供的一个范本，它具有指南性质，因而在对采购方式的规定上除将公开招标方式作为政府采购首选方式外，还规定了一系列政府采购方式。具体包括：“公开招标、限制性招标、询价、不通过谈判征求建议书、两阶段招标、通过对话征求建议书、通过顺序谈判征求建议书、竞争性谈判、电子逆向拍卖和单一来源采购。”[1]

《示范法》对采购方式规定特色在于：第一，全面详尽。《示范法》的根本价值在于为各国政府采购立法提供范文，在采购方式上提供的方式越多，就越能为各国的具体立法在确定政府采购方式时寻找到符合本国国情和法制要求的采购方式创设更大的选择空间。第二，全面系统地对电子逆向拍卖方式作了规定。电子逆向拍卖方式并非《示范法》首先规制，在《欧盟采购指令》和美国政府采购立法中早有对电子逆向拍卖的规范，但这些法制都将电子逆向拍卖视为政府采购合同授予前的一个采购程序，而非独立的采购方式。《示范法》则将电子逆向拍卖既作为一种独立的采购方式，也作为合同授予前的一个程序予以分别规定，并分别规定了他们的具体内容、适用条件和具体程序等内容。《示

[1] 参见2011年《联合国国际贸易法委员会公共采购示范法》第27条。

范法》还专设第六章全面详尽规定了电子逆向拍卖采购程序。

第三节 我国政府采购方式的法律样态与适用条件

一、《政府采购法》对政府采购方式的总体规定

我国《政府采购法》制定于我国政府采购实践有一定发展和入世背景下，它在一定程度上吸收了国际组织的先进规范和考虑了加入 GPA 应履行义务等客观现实，对政府采购方式作了全面系统的规定。其第 26 条规定 ："政府采购采用以下方式 :（一）公开招标 ;（二）邀请招标 ;（三）竞争性谈判 ;（四）单一来源采购 ;（五）询价 ;（六）国务院政府采购监督管理部门认定的其他采购方式。公开招标应作为政府采购的主要采购方式。"

透过《政府采购法》对采购方式的规定，结合政府采购法的体系可以窥见到，我国法制对政府采购方式的规定呈现了以下特点 ：第一，《政府采购法》规定的采购方式不适用于以招标方式采购工程及与工程建设有关的货物、服务。整体看，政府采购客体包括货物、服务和工程，在我国的立法实践中，《招标投标法》先于《政府采购法》出台，前法对工程采购适用公开招标和邀请招标两种方式进行了具体规定。后法第 4 条则规定 ："政府采购工程进行招投标的，适用招标投标法。" 为防止歧义，《政府采购法实施条例》进一步规定 ："政府采购工程以及与工程建设有关的货物、服务，采用招标方式采购的，适用《中华人民共和国招标投标法》及其实施条例 ；采用其他方式采购的，适用政府采购法及本条例"。由此可见，工程采购采用公开招标和邀请招标两种采购方式时适用《招标投标法》，但需执行政府采购政策。[1] 为进一步明确两法的适用范围，《政府采购法实施条例》第 25 条还规定 ："政府采购工程依法不进行招标的，应当依照政府采购法和本条例规定的竞争性谈判或者单一来源采购方式采购。" 第二，公开招标是主要的政府采购方式，这体现了我国政府采购法制

[1] 参见《政府采购法实施条例》第 7 条第 3 款。

与国际的接轨。公开招标体现公平原则和一般正义，不同国家的政府采购法制和国际政府采购法制都将其作为主要和首要采购方式，我国政府采购法制的这一规定保持了与国际社会政府采购法制的一致。第三，规制了保底条款。保底条款是一种立法技术，通常应用在对某一立法事项进行了诸多列举之后，其目的在于克服法律滞后和保守性缺陷，使法律适应社会实践发展的需要。我国政府采购法制在规制五种政府采购方式后，规制了保底条款，体现了政府采购法制的与时俱进性。同时，多数情况下保底条款也是授权条款，即授权某一国家机关可以根据社会发展现实需要和客观情况进一步发展完善列举条款的内容。政府采购法制将保底条款的具体制定权赋予给了国务院政府采购监督管理部门——财政部。财政部积极行使了这一权利，于《政府采购法》颁行两年后的2004年8月11日颁布了《政府采购货物和服务招标投标管理办法》，规定了协议供货采购和定点采购两种新的采购方式。

二、无适用条件的公开招标

公开招标是采购人严格依据招投标程序，通过发布招标公告方式邀请所有潜在供应商参与竞标的一种采购方式。具有信息发布广、邀请供应商范围全面、公开程度高等特点，最能充分实现采购资金的经济和效益要求，是我国政府采购中的主要采购方式。

竞争性强的公开招标方式充分体现了我国政府采购法的公开透明、公平竞争等原则，因而是无条件优先适用。正是无条件优先适用，选择这一采购方式时还应注意以下几点：第一，适用公开招标方式需要达到一定采购限额。政府采购方式的确立准则是公平与效率，除了考虑公平原则外，还必须考虑采购市场竞争的现实状况、采购时间要求、采购项目技术的复杂程度等要素。尽管公开招标体现了竞争的充分性，但如果对采购市场本身竞争性就不强，同时采购时间紧迫或者采购技术复杂的情况也一味要求采取公开招标，可能达不到政府采购节约资金、提高效率的目的，这时一味采取公开招标方式就不是最经济的采购方式。因而，对公开招标还要赋予一定的限额标准，只有达到一定采购门槛价的采购才采取公开招标方式。我国现行政府采购法制规定公开招标采购方式限额标准为:单项采购金额达到120万元以上的，必须采用公开招标方式。[1]第二，规制规避情形。公开招标是无条件优先适用，而其也采购方式则是有适用条件规定，因此，现实采购中采购人为了不采取公开招标方式，往往在采购限额标准等方面进行规避，进而使本应采取的公开招标方式的规模采购转化为符合采用其他采购方式的采购数额，从而采用其他采购方式而规避公开招标。现实中，规避招标方式的主要做法将采购项目化整为零，将达到法定公开招标数额的政府采购项目分割为几个小项目，每个小项目的数量均低于法定的公开招标限额标准，从而规避公开招标方式。除化整为零，有些供应商还采购故意拖延时间和与供应商合谋等方式来规避公开招标方式。为此《政府采购法》规定:“采购人不得将应当以公开招标方式采购的货物或者服务化整为零或者以其他方式规避公开招标采购。”[2]《政府采购法实施条例》进一步厘定了“化整为零”之标准，其第28条规定:“在一个财政年度内，采购人将一个预算项目下的同一品目或者类别的货物、服务采用公开招标以外的方式多次采购，累计资金数额超过公开招标数额标准的，属于以化整为零方式规避公开招标，但项目预算调整或者经批准采用公开招标以外方式采购除外。”第三，公开招标与其采购方式不是并行关系。公开招标是无条件适用的采购方式，其他采购方式则是有条件适用的采购方式，只有达到法定条件后才能适用。因而公开招标方式是最主要和首选的采购方式，只有出现了特定情况，采购人才能选择公开招标以外的采购方式。

三、邀请招标及适用条件

邀请招标是指采购人向三家以上通过预审资格的供应商发出投标邀请书进而通过开标、评标等程序选定中标、成交供应商并与其签订政府采购合同的招标采购方式。

邀请招标是招标方式的一类，但它与公开招标有明显区别。首先，它存在着资格预审程序。邀请招标是从一定数量的供应商中选择三个以上特定供应商

[1] 参见《中央预算单位2013—2014年政府集中采购目录及标准》。

[2] 参见《中华人民共和国政府采购法》第28条。

参与投标的招标方式，其供应商的选择是采购人通过发布资格预审公告并依据供应商或承包商的资信和业绩来确定参与竞标供应商，只有通过资格预审的供应商才能参与正式招标。其次，供应商的数量是有限的。邀请招标中采购人只需邀请三家以上供应商参与投标即可，它限制了参与投标的主体的数量，这一点有别于公开招标中所有符合条件的供应商都可以参与投标。再次，邀请招标发布信息的方式是投标邀请书而非招标公告，[1]这一点也有别于公开招标需发布招标公告。招标公告有具体内容规定且适用范围广泛，而投标邀请书法律对它应有的内容缺乏明确要求，这样公开邀请招标方式下的竞争范围显然没有公开招标宽。还次，招标时间可能缩短。邀请招标增加了一个资格预审程序，资格预审需在省级以上人民政府财政部门指定的采购信息媒体发布资格预审公告且资格预审公告期限不得少于七天。一般地看，程序的增加必然会拉长采购时间，但由于通过资格预审淘汰了不合格的供应商并限制了供应商的数量，接下来的开标评标时间将会大大节省，因而招标时间可能会缩短。当然也有数据显示欧盟的诸如意大利等国的公开招标周期还相对较短，一般为 87—97 天；而邀请招标周期则为 112—122 天。不过欧盟这一现象出现是因为其邀请招标程序较为复杂，通常需要两阶段，因而时间相对较长。不过，现在大多数国家都规定建立供应商资格库，以缩短供应商资格审查时间，实践中这一做法也收到了良好效果，大大缩短了邀请招标期限。

邀请招标与公开招标最本质的区别在于参与竞标的供应商范围缩小，进而在参与主体上限制了充分竞争，可能有悖于政府采购法竞争原则。为了防止邀请招标可能妨碍充分竞争，我国政府采购法对邀请招标规定了适用条件，《政府采购法》第二十九条规定："符合下列情形之一的货物或者服务，可以依据本法采用邀请招标方式采购：（一）具有特殊性，只能从有限范围的供应商处采购的；（二）采用公开招标方式的费用占政府采购项目总价值的比例过大的。"这表明邀请招标只适用于采购项目特殊和采购成本过高两种情形。采购项目特殊是指受保密需要、任务急需或高度专业性等因素影响潜在供应商较少，进而只能从有限范围选择的；采购成本过高是指若采取公开招标方式所需时间和费

[1] 参见《政府采购货物和服务招标投标管理办法》第 15 条。

用与拟采购项目金额不成正比，也即用公开招标方式的费用占采购项目总价值比例过大，致使采购的商品或服务价格超过市场平均价。这样，为了践行政府采购经济和效益目标可采用邀请招标方式。但无论如何邀请招标方式不能作为采购人主观任意授予某一供应商政府采购合同的借口、不能妨碍有效竞争、不能造成对潜在供应商不正当的歧视。也正是这样西方发达国家对邀请招标的适用条件比我国规定要详尽。

特别要注意的是，这里的适用条件有两层具体含义，一是当采购项目标的数额未达到公开招标限额标准时，采购人自身可根据适用条件从公开招标以外的招标方式上选择具体招标方式。二是当采购标的数额超过公开招标限额标准时，采购人需向设区的市、自治州以上人民政府采购监督管理部门提出采取公开招标以外采购方式之申请，监管部门依据适用条件确立采购人是否可以采取公开招标以外的具体采购方式。这种适用条件准则同样也适合于以下的竞争性谈判、单一来源采购和询价采购等。

四、竞争性谈判及其适用条件

竞争性谈判是指采购人通过谈判方式确立中标成交供应商并与之签订政府采购合同的采购方式。其最大的特点在于采购无需发布招标公告，不通过招标投标等程序确立供应商，而是采购人或者采购代理机构就采购的具体条件成立谈判小组，谈判小组可以选择不少于三家供应商参与谈判，并与供应商进行具体磋商进而选择合格的成交商的过程。竞争性谈判一定程度上具有主观性，现实操作中需要防止谈判过程中采购人与供应商合谋，进而造成不公正交易。

竞争性谈判既具有主观性又可能造成不公正交易，因而我国政府采购法制对其适用条件作了严格规定。《政府采购法》第 30 条规定 ：“符合下列情形之一的货物或者服务，可以依照本法采用竞争性谈判方式采购 ：(一）招标后没有供应商投标或者没有合格标的或者重新招标未能成立的 ；(二）技术复杂或者性质特殊，不能确定详细规格或者其具体要求的 ；(三）采用招标所需时间不能满足用户紧急需要的 ；(四）不能事先计算出价格总额的。”从招标过程中采取的特殊情况、复杂性、采购时间要求以及价格尺度等方面规定了竞争性谈判适用条件。

在招标中经常出现的特殊情况主要有招标后没有供应商投标、有供应商投标但是对招标文件作出实际响应的供应商不足三家，同时有时废标后重新招标也因供应商投标数额达不到要求而难以重新组织投标，这都是招标方式在采购项目运用中的失败，如果继续采取可能同样失败，进而影响效率，故可改为竞争性谈判方式采购。

技术复杂和性质特殊主要是指由于采购客体的技术含量和性质较为复杂或者特殊，采购人不能像采购一般货物和服务那样对采购客体提出详细规格或者具体要求，而不详细规定采购项目商务条件，招标文件和招标公告的发布就可能存在残缺，进而影响投标人投标，这时采取竞争性谈判就比较合适。例如特定情况下的电子软件开发与设计采购。

采购时间紧迫则主要是指出现采购人不可预测的因素需要紧急采购时，由于公开招标采购周期时间长，如果采取公开招标则无法满足采购人的紧急需要，这时采取时间周期短、货物供应时间快的竞争性谈判采购方式也是必要的。特别需要注意的是一定要出现不可预测的因素才能构成对时间紧迫的特殊要求，如果采购人可以预见而未预见到则不能采用这一方式。当然，非因采购人拖延而导致的时间紧迫，也可适用此规定。

采购客体的价格难以确定则是从价值尺度判断竞争性谈判方式之适用。在政府采购过程中，由于某些产品和服务在技术和成本上不易确立，尤其是一些知识产权含量高和新开发的产品和服务。对于这一类采购客体，由于事先难以计算出价格总额，不好设计采购标底，而招标方式中采购标底是招标文件的重要内容，没有标底就难以形成完整的招标文件，故可采取招标方式以外的采购方式。《政府采购法实施条例》对“不能事先计算出价格金额”做了进一步限定，“政府采购法第三十条第三项规定的情形，应当是采购人不可预见的或者非因采购人拖延导致的”。

竞争性谈判公开性和竞争性都明显不如招标方式，因而国际社会政府采购法制对其适用条件做较为全面的规定。我国政府采购法制尽管对其规定了四种适用情况，但与GPA的强行规定相比，显然有较大差距，这是以后有待完善之处。

五、询价采购及其适用条件

询价采购是指采购人向相关供应商发出询价通知书，让其报价进而在报价的基础上依据满足采购人需要的最低报价确立中标、成交商的采购方式。这一采购方式为大多数国家政府采购法制所确认，美国的小额采购项目就可采取询价方式进行。政府采购国际法制中，《示范法》明确规定了询价采购方式并对其相应程序作了规定；欧盟的采购指令和 GPA 尽管没有对询价方式作出明确规定，但 GPA 中的限制性招标方式在特定情况下可以解释为询价采购方式，《示范法》就将限制性招标和询价采购之采购程序规定在同一章中。正因为询价采购方式并不是一种获得普遍认同的采购方式，我国在政府采购立法时就有人主张将其与竞争性谈判采购方式合并，仅规定竞争性谈判采购方式[1]。不过立法者考虑到询价采购方式有特定的适用情形因而作为一种独立的方式予以规定。

询价采购方式是采购人向三家以上供应商发出询价通知书，邀请符合条件的供应商参与政府采购的方式，不需要发布招标公告和招标文件，公开性和竞争性都不是很强，因而，需要对其适用情形进行严格限制以防采购人滥用采购权造成政府采购的不公甚至腐败。价格条件在采购中具有决定性作用的询价采购具体适用条件包括：产品无需按采购人特定要求而制造、货物规格标准具有统一性且市场上货源充足、产品自身价格变化幅度不大。询价采购适用条件是一种综合性的适用条件，不是只符合其中一项即可适用的选择性条件；只有在规格标准统一、现货货源充足、产品自身价格变化幅度不大三项条件都必须具备时才能采取询价采购方式。

六、单一来源采购及其适用条件

单一来源采购方式是指采购人直接向某一供应商采购货物和服务的采购方式。世界各国政府采购法制基于采购效率与采购客体自身复杂性等因素的考虑大都规定在特定情形下可以采取单一来源采购方式。美国政府采购法制就规定政府采购合同官员可以就小额采购直接授予供应商采购合同。国际组织政府采

[1] 参见扈纪华等，《中华人民共和国政府采购法释义》，中国法制出版社 2002 年版，第 39 页。

购法制对单一来源采购规定不一，GPA 和《欧盟采购指令》就未规定单一来源采购，而《示范法》则将单一来源采购作为一种独立的采购方式加以规定，并对其适用条件做出了较为全面的限制。单一来源采购方式的效率性价值也为我国政府采购立法者所认同，《政府采购法》将其作为一种独立的采购方式加以规定。

单一来源采购方式允许采购人直接与供应商进行谈判并不要求编制采购文件，因而不具公开性和竞争性，极容易造成政府采购过程中寻租现象，必须对其适用条件作出严格限制。单一来源采购的限制性条件主要是从采购客体本身的专业化程度和市场竞争性等方面来考虑。从竞争性来看，基于技术、公益和专利保护、首次制造等原因，采购市场中只有唯一的供应商能提供特定的货物或者服务，这时竞争性本身就缺失，可以采取单一来源采购方式。现代政府采购法制为了防止采购人与供应商合谋滥用这一采购方式，对这种非竞争性采购方式作了进一步限制，规定：这种特定的单一的货物或服务不存在任何其他合理的替代等情形，也即如果某一种产品尽管是首次制造等，但相应的替代品或者服务可以达到首次制造产品相同的效果，就不能适用单一来源采购方式。对此，《政府采购法实施条例》作了明确限定，只能从唯一供应商采购的“是指因货物或者服务使用不可替代的专利、专有技术，或者公共服务项目具有特殊要求，导致只能从某一特定供应商处采购”，从专业技术程度来看，某种产品具有特定的技术条件，如果先前采购了这种产品，为了与其服务配套和技术条件的一致性，添加少量原货物或服务可采取单一来源采购方式。为防止这种情形的滥用，政府采购法制都规定这种添加的采购与先前的采购规模相比数量有限，即采购规模不大。当然政府采购的时间紧迫性也适用于单一来源采购方式，不过单一来源采购方式与竞争性谈判所不同的是时间紧迫、是由于发生了不可预见的紧急情况而不是一般性的用户紧急需要。我国政府采购法制也主要是基于上述几种情形来规定单一来源采购方式适用条件的。[1]

各国政府采购法制在单一来源采购方式适用条件上主要是考虑上述情形。但政府采购不仅只是为了获得优质廉价的货物、服务和工程，它还担负着调节

[1] 参见《中华人民共和国政府采购法》第 31 条。

经济和促进社会发展的公共政策功能。因而《示范法》将实施本国社会经济政策所必须和保护国家基本安全利益需要作为单一来源采购方式适用条件。[1] 其实这是从公共政策视角考虑政府采购市场的竞争性，可以说是对单一来源采购方式适用条件更完整更系统的考虑，我国在完善政府采购法时可以对这些先进条款予以吸收。

七、其他采购方式

其他采购方式是指除公开招标方式等为政府采购法制明确规定的采购方式以外的政府采购方式。具体的政府采购法制都制定于特定的时期和针对特定时期政府采购实践而规制政府采购方式，因而通常只对主要采购方式予以规范。但"社会变化，从典型意义上讲要比法律变化快"[2]，对特定时期政府采购法制未予规定的政府采购方式应以保底条款——其他采购方式予以规定，以使政府采购法制能够适应变化的政府采购市场之需要。

法理上将"其他采购方式"视为保底条款，是针对法律的滞后性而设计的。法律都是在一定社会实践基础上制定，是对特定时期社会现实之实际情况规制的。由于立法者的知识和立法技术的局限，往往只能对认识到的各种情况加以规定，对未来社会发展很难作全面预测，因而通常由保底条款来为社会发展所带来的情况变化预留空间。政府采购法制在规定采购方式上也要为未来采购实践发展所产生的新的采购方式留下空间，这样必然以"其他采购方式"作为保底条款。事实上世界各国的政府采购方式都在不断地创新，各国对创新了的采购方式亦可以修改法律的方式而予以完善。国际组织也通过完善自身规范的方式来肯定新的政府采购方式，2001 年《示范法》就是在修改原有法律范本基础上规定了电子商务拍卖采购方式的，我国则对政府采购方式发展采取授权条款为之预留空间，规定国务院政府采购监管部门可认定实践中形成的新的政府

[1] 参见《示范法》第 30 条第 5 款第 4、5 项。

[2] Harry W. Jones, "The Creative Power and Function of Law in Historical Perspective", Vanderbilt Law Review 17(1963), p139.

采购方式[1]。

我国国务院政府采购监管部门——财政部在《政府采购法》颁布两年后以规章的方式对政府采购实践中新产生的采购方式予以了规定。依据财政部《政府采购货物和服务招标投标管理办法》第85条规定，财政部认定了协议供货和定点采购两种采购方式，丰富和完善了政府采购方式。协议供货是指通过公开招标方式确立长期供货框架协议，在协议有效期内采购人可直接或通过谈判等方式与协议供货商签订采购合同的一种采购方式，这种采购方式主要适用于大规模标准化商品的采购人和供应商在长期商业交往实践中形成了比较可靠的商业信用基础上的采购。目前，我国很多地方对民用空调、计算机和通用办公设备都采取协议供货方式采购。定点采购则是指采购人通过公开招标方式择优确立一家或几家供应商签订协议，由签订协议的定点供应商在定点期限内向采购人提供货物或服务的采购。这种采购方式与其他采购方式的根本区别在于一次性采购、分批分次长期接受服务或供货。目前，我国很多地方在会议服务等方面都采取了定点采购方式。

第四节 电子政府采购

随着信息化技术的发展和信息产品的普遍应用，电子采购被广泛应用于政府采购领域，电子政府采购成了一种新型的具有普适性的政府采购方式。《政府采购法实施条例》第十条明确规定："国家实行统一的政府采购电子交易平台建设标准，推动利用信息网络进行电子化政府采购活动。"

一、电子政府采购的内涵

（一）电子政府采购的概念

电子政府采购（Electronic Government Procurement）是政府采购运用现代通讯技术而生成的一种新的采购形式，它是指政府采购主体运用现代通讯技术，

[1] 参见《中华人民共和国政府采购法》第26条。

尤其是互联网技术获取货物、服务或工程等的政府采购方式。

对电子政府采购进行界定缘起于 MDB（多边发展银行）等有关金融机构于 1993 年成立的电子政府采购工作组的相关分析。该工作组从一般视角、系统视角、过程视角等三个层面对电子政府采购进行定义。从一般视角看，电子政府采购可界定为：它是指政府采购主体在采购过程中通过现代通讯技术，特别是互联网技术等从供应商中购买商品、劳务、咨询服务等的政府采购行为。从系统视角看，电子政府采购可区分为电子招标系统和电子购买系统两个不同的采购实体，这两个不同的系统所适用的采购客体是不一样的，电子招标系统主要是通过电子化公开招标过程，为公共部门采购价值高、数量小、有特殊要求的货物、服务或工程；而电子购买系统则是为了方便公共部门采购价值低、数量大的标准货物和服务。从过程视角看，应通过对电子招标或电子购买过程的每一个环节之分析来界定电子政府采购，由此，电子政府采购可以界定为：它是指政府采购过程的各个环节都运用现代通讯技术的政府采购形式。[1] 该工作组的定义为电子政府采购概念的研究奠定了理论基础，现在理论界基本上从以上视角界定电子政府采购。

（二）电子政府采购的特征

电子政府采购的特征是指电子政府采购区别于传统的政府采购的内在特点，具体包括以下几个方面：

第一，电子政府采购采用的技术手段是现代信息技术。电子政府采购是在政府采购领域运用现代信息技术的结果，从供应商的注册到电子合同的管理等采购全过程都运用现代信息技术，这与传统政府采购有很大区别。众所周知，以往传统政府采购的信息交流以纸质媒体为主，政府采购信息的发布、招投标文件、政府采购合同等都使用纸质媒体。而电子政府采购已在很大程度抛开了纸质媒体，使用了现代信息交流平台。

第二，电子政府采购使采购过程更加客观化。传统政府采购过程中，由于使用的是纸质媒介，供应商和采购主体之间经常要进行面对面的交流与接触，在交流与接触过程中，难免会将一些人为因素带到采购过程中，进而导致政府

[1] 朱琳静：《电子政府采购概览》，《中国政府采购》2007 年第 9 期，第 62—63 页。

采购中的人为把控和暗箱操作，主观人情因素对政府采购的影响难以完全消除。电子政府采购使用的是现代信息技术，政府采购主体之间分工明确，采购当事人无须面对面；同时采购信息能为公众知晓，使采购过程置于公众监督之下，进而大大减少了采购过程中的人为干扰，能在很大程度上消除人为因素造成的诸如效率低下和不当交易等行为，进而使采购过程更加客观化。

第三，电子政府采购需要更加完备的法律支撑。电子政府采购由于采购用的是现代信息技术，采购过程中技术因素对采购的影响更加突出，这就需要对其进行更为全面的法律规范，否则会产生交易安全、规避法律等问题。

（三）电子政府采购的系统构成

电子政府采购作为一个采购过程主要由供应商注册系统、政府采购信息发布系统、电子招标系统、电子支付系统、电子合同管理系统等构成。

供应商注册系统是电子政府采购体系的基础系统。供应商作为政府采购法主体之一，在电子政府采购中，要求其首次登陆有关政府采购网站时必须在网站上注册成为会员，注册是确定供应商身份保障政府采购顺利进行的客观必要。一般来说，对供应商的身份须进行审查，对符合条件的供应商才准许其注册。供应商注册系统就是为供应商提供注册服务和将其信息保存在网站的数据库中的基础系统。

政府采购信息发布系统是电子政府采购体系的关键系统。透明度原则是政府采购法的基本原则，它要求涉及有关政府采购的信息都应予以公开，而电子政府采购优于传统政府采购的主要方面，即是能够通过网络将信息及时、客观予以公开，信息公开系统是电子政府采购的关键部分。该系统发布的信息包括有关政府采购的法律、法规、规章和相关规范性文件；其采购主体按照规定格式填写和发布的年度采购预告、招标公告和中标公告等。

电子招标系统是电子政府采购体系的核心构成系统。招标投标是政府采购法规范的核心内容，电子政府采购必须建立相应系统对其进行规范，就目前的电子政府采购实践来看，该系统又包括三个方面的内容：电子招标、电子订货和电子反向拍卖（Electronic Reverse Auction）。前两种电子采购方式相对来说比较成熟，而电子反向拍卖则是近年新兴起的一种采购方式，因而对其做一分析。反向拍卖是指采购主体和供应商之间的网上实时动态拍卖，供应商通过在规定的时限内不断提交价格更低的投标而相互展开竞争以获取政府采购合同的采购方式。这种采购方式肇始于西方发达国家，近年来为我国所借鉴，如《上海市政府采购网上竞价采购暂行办法》就规定了此种采购方式。

电子支付系统是电子政府采购体系支持系统。电子支付系统是实现政府采购过程货币支付功能的系统，它主要通过政府银行信用卡来实现，对政府采购起着支持作用，同时它对预防腐败和增强采购主体与供应商之间相互信任有一定积极作用。

电子合同管理系统是电子政府采购体系的保障系统。政府采购合同的授予通过招投标方式来进行，而供应商与采购人的权利和义务通过合同方式予以规定。在电子政府采购中，采购合同通过电子方式而签订，这就需要采购人按照网上统一格式和条款签订，因而电子合同管理系统对电子政府采购起着保障作用。

二、电子政府采购的价值与实施基础

（一）电子政府采购之价值

电子政府采购之价值是指电子政府采购的社会作用和内在功能。与传统政府采购相比，电子政府采购有如下价值。

1. 有效促进政府采购原则的实现。众所周知，公开透明、公平竞争、公正和促进廉政建设是政府采购的基本原则。电子政府采购可以通过网络及时向更多的受众提供大量的信息，其公开的范围和广度比纸质媒体要宽泛且时效快，进而使政府采购的相关信息能够为公众知晓，有利于促进透明度原则实现。同时，电子政府采购可以实现地理与时间的中性，减少采购主体与供应商之间的接触，并且电子化的操作有利于简化程序，减少技术上的差异和地理与时间上的歧视，进而促进公平竞争。再者，电子政府采购中的信息和结果的公开有利于利害关系人了解政府采购的过程和信息，使政府采购寄予公众的监督之下，促进采购人依法办事不偏私、合理考虑相关因素不专断、利用网络媒体不单方面接触，进而促进公平和廉政建设。

2. 提高政府采购效率。政府采购的根本目的在于提高公共资金的使用效率，当今世界各国政府采购法，大多将公共资金使用的效率作为政府采购法的首要目标。我国《政府采购法》第1条就规定："为了规范政府采购行为，提高政府采购资金使用效益，……制定本法。"电子政府采购可以促进竞争、降低价格，强化政府采购管理、减少交易成本，缩短投标期限、减少错误，提供管理信息、促进决策等，这一些都能促进公共资金的使用效率。

3. 促进政府管理模式的创新。电子政府采购对现代信息技术的采用，有助于突破封闭保守的传统观念和改造落后的基础设施，进而促使行政机关改进管理水平，提高行政效率，降低行政成本。这些有助于拓展行政主体的创新能力，进而促使管理模式的更新。

（二）电子政府采购的实施基础

电子政府采购作为对传统政府采购变革的现代采购模式，其实施离不开一定环境和基础，主要包括技术基础、信用基础和法律基础。

电子政府采购是现代信息技术发展的结果，它依赖于现代信息技术和标准化技术，这两者构成它的技术基础。具体来说，电子政府采购既需要以信息技术基础设施、网络工程、互联网等信息技术为基础；也需要一定的标准技术，因为现代信息是通过数字化而传输和表达，数字化的基础是标准化。离开标准化，数字化信息的传达就会出现混乱和阻隔，就电子政府采购来说，应当有统一的产品目录标准、产品认定标准和产品质量标准。

技术只是为电子政府采购提供最基本的标准，而技术行为及其相关活动都需要一定的法律规定才能有序进行。因此，电子政府采购还离不开相关的法律基础，只有获得相应法律规范支撑的电子政府采购才能有效运作。具体来说，当前应对电子政府采购中的招标文件准备、邀请招标、资格审查、合同授予、合同监管、保护机制、处罚条款、电子签章及效力等问题予以全面细致规范，电子政府采购才能有序进行。

电子政府采购是对传统政府采购的变革，这种变革还离不开观念的支撑，需要一定的价值观念基础。具体来说，需要采购主体观念的更新、采购操作人具有适应电子政府采购的新观念和供应商观念的转换等。

三、我国电子政府采购的现实基础与完善途径

（一）我国电子政府采购的现实基础

电子政府采购在我国起步较晚，目前政府采购活动主要依靠人工操作，并以纸质记录为主。不过，我国政府采购管理机构在政府采购中强化了电子技术的运用，现已具备了实施电子政府采购的初步基础。

1. 政府采购网站已较为发达，能为电子政府采购提供一定技术支撑。为了适应电子政务需要，我国早在2000年就建立了由财政部管理的中国政府采购网站。在财政部的推动下，目前我国地级以上人民政府都建立了相应的政府采购网站，甚至部分县级人民政府都建立了自己的政府采购网站，这些网站构成了政府采购网络体系。这些网站可以发布政府采购的法律、政策和规定，为公众了解招标、投标、供应商和产品等信息提供了网络平台。同时，网上还能为采购单位挑选评标专家提供网络支撑，为供应商网上查询、下载部分采购项目招标文件和合同提供技术支持。为了加强对网站的管理，财政部还制定了《关于政府采购网有关管理问题的通知》，部分省市也制定了相应的管理规定，如北京市政府颁布了《北京市政府采购网站管理规定》。

2. 电子政府采购的立法已见端倪。尽管我国2003年颁布政府采购法时，没有对电子政府采购有任何提及，但在其他法律和地方性立法中已能见到电子政府采购法律规范。2004年颁布并于2005年4月1日起实施的《电子签名法》中有关电子签名与认证、数据电文等的规定同样可以适用电子政府采购，尽管这些规定过于粗线条和笼统，但亦能为电子政府采购提供宏观规范支持。同时，部分个别省市也有了电子政府采购的低层次法律规定，上海市政府制定的《上海市政府采购网上竞价采购暂行办法》就对电子政府采购有了初步规定。更为主要的是，2015年实施的《政府采购法实施条例》从行政法规层面规制了电子政府采购。

3. 国际社会可借鉴的经验。电子政府采购在西方发达国家起步较早，他们对电子政府采购有较为成熟的做法和法律规定，能为我们提供相应的经验借鉴。如美国、法国、奥地利、巴西、波兰等国的电子政府采购的操作规程和相关法

律规定都较为完善，我国电子政府采购完全可以借鉴其有益经验。同时，国际组织的有关政府采购协定和条约对电子政府采购也提出了相应要求。如我国正申请加入的《WTO 政府采购协定》就对电子政府采购作了原则要求，可以为我国相关立法借鉴。

（二）完善我国电子政府采购的途径

尽管我国电子政府采购有了起步，但电子政府采购尚处于初级阶段，法制环境尚不成熟，信息技术的基础设施不够先进和完善，要推进电子政府采购还必须做好以下几个方面工作。

1. 完善相关法律法规。电子政府采购立法已有开端，但对网上采购程序的合法性之界定、电子采购合同效力之确立、电子采购安全性之保障、电子支付的规范等基础性问题缺乏高位阶和详尽的法律规定。因此，要推进我国电子政府采购首先就必须完善相应法律法规，具体来说，就对《政府采购法》《合同法》《招标投标法》等有关政府采购的法律进行修订，以增加保障电子政府采购有序运行的基本法律规范。同时，在地方立法中，在总结现有立法经验基础上细化电子政府采购的有关规定，建立一套完整的、协调的和科学的电子政府采购操作程序。

2. 加强电子政府采购基础设施和基础技术建设。在基础设施方面，应当加强政府网络工程和互联网技术建设，提高网络采购人员的素质和强化对网络的管理。在基础技术方面，我国目前缺乏统一的电子采购产品目录标准、电子采购产品认定标准和产品质量标准，这些标准的缺乏阻碍电子政府采购的发展和规模拓展，必须予以完善。

3. 强化电子政府采购安全措施。电子政府采购通过互联网进行，交易行为不是面对面接触，很难核实是谁在进行交易，以及交易是否发生，进而导致电子政府采购存在安全隐患和漏洞。起步较晚的我国电子政府采购在信息传递的安全性、可靠性和保密性等方面都存在不尽人意之处。因而应强化安全措施，建立政府采购安全保障体系。

第六章

政府采购程序

政府采购方式是政府采购所采用的方法和形式，它离不开一定的步骤、顺序和时限，即采购程序的支撑，更为主要的是从广义上看，采购方式也是采购程序的重要内容。可见，采购程序是政府采购法制的核心内容。

第一节 采购权之程序规制

本体意义上的程序是指一定的行为过程及其构成行为的要素之间的内在关联，是一定行为的连续过程，行政法上经常将程序定义为行政行为之方式、步骤、时限和顺序所构成的连续过程。[1] 依此思路，采购程序可以界定为政府采购所遵循的方式、步骤、时限和顺序之总称。政府采购程序有广义与狭义之分，广义的采购程序是包括采购预算、资金审核、招标投标、采购合同授予与履行、采购项目验收、采购资金支付等在内的一系列程序，它为《政府采购法》《预算法》《会计法》等法律所规制；狭义的政府采购程序则仅指确立中标、成交商并授予政府采购合同之程序，本章主要是从狭义上探讨政府采购程序。

一、程序控权是控权方式的现代趋势

控权方式一直是行政法规制的重要内容，当今，控权方式已由实体控权走

[1] 姜明安：《行政法与行政诉讼法》，北京大学出版社、高等教育出版社 2011 年版，第 333 页。

向了程序控权，程序控权成为现代的核心控权方式，“就控权的方式而言，传统法治注重的是组织法控权，现代法治则更注重程序法控权；就控权的手段而言，传统法治强调的是以权力控制权力，现代法治则更强调以权利控制权力；就控权的时机而言，传统法治重视的是事前、事后控权，现代法治则更重视事中控权”，[1]程序控权成为了核心的控权方式。政府采购权本质上是一种行政权，对其进行程序控制符合现代控权趋势。

二、程序调控决定于采购权自身特性

采购权的程序控制不仅决定于现代控权方式的发展，更是采购权自身的客观要求。

（一）采购权作为公共财政支出权，其经常性与复杂性决定应采程序调控

政府采购是政府到市场上购买维持自身运转所必须的产品和服务之行为，其资金来源于财政性资金，采购权本身是一种公共财政支出权，它作为财政支出权由组织法和预算法宏观规定。由于政府维持自身运转所需要的产品和服务的复杂性与经常性，法律在对采购权规制时，不可能对采购权在现实中要处理的各种事务，以及处理过程中可能发生的各种情况事前都能涉及到。因而，在采购权被组织法宏观规制后，与其将对其具体约束的重心放在采购权的范围和限度上，不如放在采购权行使本身上。也就是说与其具体规制采购权本身，不如规制采购权行使的方式和顺序。政府采购法制不仅要赋予采购主体处理采购事务的权限范围和限度，更主要的要规制其权利行使的方式和程序，只有要求采购权遵守公开、公正和公平竞争的程序，才能对政府采购权行使的限度进行有效控制，进而充分限制政府采购过程中的不当行为，尤其是腐败行为。可见，在规制政府采购权时仅有实体规制，采购权是无法规范行使的，采购实体权的规范行使，离不开严格的程序调控。

（二）采购权之契约订立权性质决定程序调控之必然

现代政府不仅具有对国家和社会政治事务进行管理的政治职责，而且在实现其管理权时还须行使一定经济职能，即到外部市场寻找保障其自身有效运作

[1] 姜明安：《行政程序：对传统控权机制的超越》，《行政法学研究》2005年第4期，第16页。

所必需的劳务与服务，政府在寻求劳务和服务供应商过程中所行使的采购权本质上是一种契约订立权。政府与供应商订立契约不同于完全取决于双方当事人意思自治的一般民事契约订立，它需要考虑公共利益，不能让公共利益受到供应商或政府自身的侵害。这不仅需要对契约订立权进行限定，更主要的需要对契约的订立过程进行严格控制。控制的有效性在很大程度上取决于是否引入了与采购人利益无关的第三方参与，中立一方参与到政府采购中也需要对参与程序与参与效果进行规范，这在一定程度上通过程序条款实现。

（三）程序调控更有助于实现采购权的效率价值追求

当今世界各国政府采购法制通常都规定了节约采购资金之价值目标，采购权本身的行使具有节约资金即效率的价值追求。如何节约采购资金方式多样，具体情形也不一定相同。对效率价值进行严格的范围和限度规定不一定能够有效实施，而对如何节约资金以及节约资金的方式和应当遵循的程序进行调控能达到理想效果。

（四）采购权本身的过程性决定应予程序调控

采购权作为一种宏观的权力，其本身的实现也不是一蹴即就，而是通过一系列的连续行为才能实现，其对供应商的选择和选择供应商后的合同履行都是一系列的连续行为。对本身具有连续过程的权力必须采取与其自身相适应的程序调控方式，否则的话法律规制就不能与采购权自身的性质相协调，任何法律倘若与事物本身不能保持内在协调，不能反映事物本身的内在要求，不可能是现实和可行的。

第二节　招标方式采购程序

招标采购程序是指采取包括公开招标和邀请招标在内的采购程序，它是指招标方式所遵循的时限、步骤、顺序所构成的连续过程。由于招标有广义和狭义之分，招标程序也有广义和狭义之分，广义的招标是指邀请投标、邀请递交报价书和邀请参加征求意见书在内的所有情形，狭义的招标则是指通过公告或投标邀请书方式邀请供应商参与政府采购的行为。本书在招标方式上仅从狭义角度对其定义，因而这里的招标方式采购程序也是狭义的招标采购程序，并不包括邀请递交报价书等方式所采取的的程序。招标方式应当遵循的程序包括招标、投标和评标与确立中标、成交商等过程。

一、招标

招标是指采购人向潜在供应商发出参与政府采购邀请的行为，包括采购项目的立项、采购执行主体的确定、编制招标文件、发布招标公告、等标期和招标文件的修改等内容和程序。

（一）采购项目的立项

采购项目的立项是指采购人采购项目获得相关部门的准许，它是招标程序的前期程序，并非招标程序的内在构成部分。政府采购的资金来自公共资金，因而政府采购项目需通过预算立项。确立政府采购项目与资金的预算主要有两种模式：一种是政府采购预算项目包含在预算中。美国就采取这一模式，其预算本身包括政府采购资金的预算，政府采购预算不要在预算中单独列出。二是政府采购项目和预算在预算中单独列出模式。我国就采取这一模式，政府采购法规定负有预算编制职责的部门在编制年度部门预算时应当将政府采购项目及其资金在预算中单独列出并报同级财政部门汇总，同级财政部门将包括政府采购预算在内的预算汇总后交同级人民代表大会审议通过。各级财政部门按照通过后的预算将政府采购具体预算批复到各具体政府采购单位，采购人依据预算批复进行政府采购，这是我国政府采购立项的通常情形。当出现特殊或紧急情况时，需要专门采购的，采购人应当就专门采购事项报主管财政部门批准，待批准后再展开具体政府采购活动，这是特定情形。

（二）采购执行主体的确定

采购项目立项后往往并不是采购人自己执行采购而是要确立采购执行主体。采购执行主体通常有四种类型，即集中采购代理机构、部门集中采购机构、一般采购代理机构和采购人本人。属于集中采购项目的采购，采购人应当委托集中采购代理机构进行采购。纳入集中采购目录属于通用的政府采购项目需委托集中采购代理机构采购，属于本部门或本系统有特殊要求的目的则需委托部门集中采购机构采购。属于非集中采购项目又必须进行政府采购的项目，采购人可以委托一般采购代理机构进行具体采购。在特定情况下采购人也可以自行组织招标采购，不同国家政府采购法对自行采购通常规定了具体的条件，我国政府采购法制规定采购人自行组织招标采购必须符合的条件则包括："具有独立承担民事责任的能力；具有编制招标文件和组织招标能力，由于采购招标项目规模和复杂程度相适应的技术、经济等方面的采购与管理人员；采购人员经过省级以上人民政府财政部门组织的政府采购培训"[1]等。

（三）编制招标文件

编制招标文件是指采购人或采购代理机构依据采购项目要求制作有关文件的行为。"采购人或者采购代理机构应当按照国务院财政部门制定的招标文件标准文本编制招标文件"。招标文件应根据采购项目的要求规定以下具体内容：采购项目的商务条件、采购需求、投标人的资格条件、投标报价要求、评标方法、评标标准以及拟签订的合同文本等。其中商务条件与采购需求的具体内容涵盖：货物名称，要准确地使用专业术语规定货物名称；数量说明，要准确使用量词界定货物数量的多少；交货地点，交货地点与价格术语和投标报价有密切关系，因而应当对交货地点作出准确界定；详细的技术规格、标准和性能等。技术规格、性能是判断货物在技术上是否符合采购要求的重要依据，对其作出明确规定有利于供应商事先判断自己是否能够参与招标，因此为不排斥潜在的供应商，政府采购法制通常规定技术标准应当符合国家强制性标准或行业标准并规定招标文件不得要求或者表明特定的投标人或产品以及含有倾向性或排斥潜在投标人的内容。[2]《政府采购法实施条例》更是明确规定："除因技术复杂或者性质特殊，不能确定详细规格或者具体要求外，采购需求应当完整、明确。必要时，应当就确定采购需求征求相关供应商、专家的意见。"并反向规定："采购需求中的技术、服务等要求指向特定供应商、特定产品"，则构成："以不合理的条件对供应商实行差别待遇或者歧视待遇"。GPA 对招标文件中的技术规格则规

[1] 参见《政府采购货物与服务招标投标管理办法》第 12 条。

[2] 参见《政府采购货物与服务招标投标管理办法》第 21 条。

定更为详细，他要求只能从性能和功能方面而不能从设计或描述性特征上规定技术规格，同时也不能根据某个商标、专利、版权、设计、特定来源、生产者或供应商规定技术规格；即使没有准确的方法来确立采购条件，采购机构也应该在招标文件中采用“或对等品”之类的文字；采购机构更不得寻求和接受在采购中有商业利益的人在特定采购中设立或采取任何技术规格的建议[1]。同时，政府采购法制通常对特定的评标方法进行特别规定：采取综合评标的，应当明确规定价格、商务和技术的分值，这些是确立中标、成交商的核心准则，招标文件应对其有详细规定。

对于有特定要求的政府采购项目还应当规定特定要求的具体内容。如为了实现政府采购公共政策功能就需要对政府采购过程中优先采用环保节能产品的条件、支持中小企业的具体标准等作出规定。

（四）发布招标公告

采购项目立项后，采取招标方式的还应当发布招标公告，招标公告应当在政府采购监管部门指定的政府采购信息发布媒体上发布。我国政府采购信息发布媒体通常包括《中国政府采购》《中国财经报》等媒体以及中国政府采购网和中国国际招标网等网站。公开招标公告的内容应当包括：招标采购单位的名称、地址和联系方法；招标项目的名称、数量或者招标项目的性质；投标人的资格要求；获取招标文件的时间、地点、方式及招标文件售价；投标截止时间、开标时间和地点等，招标内容应当完整。《政府采购法实施条例》对采购人或代理机构提供招标文件的期限做出明确规定，“除因技术复杂或者性质特殊，不能确定详细规格或者具体要求外，采购需求应当完整、明确。必要时，应当就确定采购需求征求相关供应商、专家的意见”，以保障供应商有获取招标文件的必要时间。

对于邀请招标，采购人则应当在规定的政府采购信息媒体上发布资格预审公告，公布资格预审条件。资格预审条件不同于一般意义上的供应商资格条件，它是指参与特定政府采购项目所必须具备的特别条件，如大型网络系统的开发与维护需要供应商具备开发专业人才和维护能力等条件。资格预审公告发布后，

[1] 参见《WTO政府采购协定》第10条。

有意参与竞标的供应商应该按公告要求提供资格证明文件，采购人从符合条件的供应商中随机选出三家以上的供应商向其发出投标邀请书。当符合条件的供应商超过三家时，采购人只能以随机方式选出三家供应商，不得人为指定。现实操作中通常采取电子化直选方式择选供应商，这样可以避免人为挑选和指定供应商行为。

（五）等标期

招标是在具有广泛性的采购市场中选择供应商的行为，一方面，供应商比较分散，他们获取招标信息需要一定时间。另一方面，招标文件通常要求投标供应商从技术、价格、商务等方面对招标评价作出实质响应，商务因素则包括投标人的资质信誉、业绩、交货期、财务状况等因素；技术因素则包括功能要求、性能指标、项目管理、方案设计等要素；价格要素也较为具体，投标人要有一定的时间才能编制完投标文件。正因为信息获取和编制投标文件都需要一定时间，为不因信息获取和合理制作投标文件而影响供应商商业机会，国际上通行的做法都规定从招标文件发出之日至投标人提交投标文件截止之日一个合理的时间限度，即等标期。国际政府采购法制则通常依据客体性质差异、投标方式类型的不同、提交投标文件所采用方式的不一样等规定了一个较为弹性的期限，如《欧盟政府采购指令》根据不同情况规定等标期为36—52天，紧急情况则可缩短至15天。我国政府采购法和招标投标法对货物和服务及工程的等标期规定都是20天，尽管保持了法制的统一，但不依据客体特性的差异而统一等标期，显然也存在不合理之处。

（六）招标文件的修改

招标文件对于政府采购来说是一个非常严肃的规范性文件，但有时候可能出于疏忽导致错误和遗漏，这种错误和遗漏本不是采购人故意所为。因而，无论出于何种原因招标文件发出后，采购人发现招标文件有错误和遗漏，应允许其主动在规定时间内修正错误、澄清问题以避免不必要的损失。当然，澄清问题有时限规定，不能在招标后而必须在投标文件提交截止日前一个合理的时间内，为此大多数国家政府采购法制都规定：招标文件必须进行澄清和修改的，应当在提交投标文件截止日前十天或十五天内。同时，招标文件的修改和澄清必须在指定的媒体上发布并成为招标文件的组成部分。

我国《招标投标法》规定招标文件的澄清和修改应当在提交投标文件截止时间十五日前通知所有购买招标文件的潜在投标人。政府采购法虽然对这一问题未做明确规定，但财政部《政府采购货物与服务招标投标管理办法》对此做出了与《招标投标法》基本相同的时限规定，且具体内容更加明确，要求澄清和修改的内容必须在财政部制定的政府采购信息发布媒体上发布更正公告，且更正内容为招标文件的组成部分。《政府采购法实施条例》在总结过往政府采购实践经验基础上，吸收 GPA 有益规则，进一步全面规定为："采购人或者采购代理机构可以对已发出的招标文件进行必要的澄清或者修改。澄清或者修改的内容可能影响投标文件编制的，采购人或者采购代理机构应当在投标截止时间至少 15 日前，以书面形式通知所有获取招标文件的潜在投标人；不足 15 日的，采购人或者采购代理机构应当顺延提交投标文件的截止时间。"

二、投标

投标是指供应商依据招标文件规定要求编制投标书并在规定期限内将其提交给采购人的行为。其程序通常包括投标主体资格确立、编制投标文件、投标禁止、投标保证金的交纳、投标文件的修改等内容和程序。

（一）投标主体资格确立

政府采购项目有大有小，有的政府采购项目可能一个供应商就可以承担，而对于复杂的项目可能需要两个或者两个以上的供应商联合投标，为此投标主体可能是单个供应商或者多个供应商组成的一个联合体。在投标前供应商必须对采取独立投标还是采取联合体形式投标作出选择。联合体投标能适应复合型采购项目需要、能照顾中小企业、有助于分散市场压力，各国政府采购法则通常对联合体方式投标条件、联合体的关系以及联合方式予以明确规定。

在联合体投标的条件下，联合体的各方都应具备法定的条件。[1] 这有助于防止政府采购过程中，投标联合体由优等级资格供应商获取项目，而将项目交由低等级资格供应商履行的影响政府采购质量的情形之发生。在联合体的关系

[1] 参见《中华人民共和国政府采购法》第 24 条。

上，联合体各方应当签订共同投标协议，明确联合体各方承担的工作和相应义务并将共同投标协议作为投标文件一部分提交给采购人。明确政府采购联合体各方的权利和义务，有助于当获取政府采购合同后内部发生纠纷时，依据协议予以解决。在责任方面联合体应当就联合协定约定的事项对政府采购人承担连带责任。也就是说当联合体一方违反政府采购合同约定时，采购人有权要求任何一方承担全部责任。正是这种责任要求，联合体各方签订联合投标协定后，就不得再以自己的名义单独在同一个项目中投标，也不得组建新的联合体参加同一个项目的投标。

供应商是否组成联合体参与投标完全属于供应商的自我意愿，采购人不得强制供应商组成联合体投标，更不得以联合体形式限制供应商之间的竞争。

（二）现场考察

采购项目因采购客体的不同技术复杂性程度不一样，而需要采取不同的掌握相关信息之方式。对技术复杂的工程采购项目可能需要组织投标人到现场考察或者召开答疑会。一般来说工程所涉及的项目较为复杂，投标文件的编制需要了解工程所涉及的相关问题，因而对大型工程采购往往规定现场考察。我国《招标投标法》对工程的现场考察作出明确规定：招标人可以组织潜在投标人踏勘项目现场，[1] 此规定有助于投标人更有针对性地投标。我国《政府采购法》没有对现场考察作出规定，但有关政府采购的规章则对现场考察和答疑会作了明确规定，并要求采购人不得单独和分别组织只有一个供应商参加的现场考察，[2] 以免对供应商造成不公正或不公平。现场考察不是必经的投标程序只是采购人根据采购项目的具体情况而定。

（三）编制投标文件

供应商在确立单独投标还是联合投标后，当编制投标文件。投标文件应当按照商务、技术、价格等内容对招标文件提出的要求作出实质响应。如果供应商对招标文件不作出实质响应，在后面的投标文件初步审查中将被视为不合格供应商。投标文件编写好后应当及时地以密封方式送达到投标地点，如果投标

[1] 参见《招标投标法》第 21 条。
[2] 参见《政府采购货物与服务招标投标管理办法》第 25 条。

人在投标截止时间后送达投标文件的，将视为无效投标文件，采购人可以拒收该文件。当然，因为采购人处理不当造成投标人在投标截止日才将投标文件送达的，采购人不应当拒绝递交该投标文件的供应商，要受理其投标文件。

（四）投标禁止

投标人参与政府采购竞争的目的是为了获取政府采购项目，但不得以不当手段获取政府采购项目，因而规定投标过程中必要的禁止行为也是政府采购法制的不可缺少内容。投标禁止性行为具体包括：不得相互串通投标报价，因为这影响采购人以合理的价格获得货物与服务；不得妨碍其他投标人的公平竞争，因为这会降低采购的竞争性；不得损害采购人或者其他投标人的合法权益；更不得向采购单位评标委员会成员行贿或者采取不当手段谋取中标，因为这不仅造成不公平而且滋生腐败。

（五）投标保证金的交纳

政府采购是一个过程，在这个过程中无论是采购人还是供应商都需要投入一定的财力、物力，因而一旦参与投标，投标人就应当认真对待整个政府采购过程，遵守采购法制的具体规定。为了使投标人认真对待投标并履行相应的义务，规定投标人交纳一定的投标保证金是必要的，但也应当规范。投标保证金的规范内容通常包括：采购人要求投标人在投标时交纳投标保证金的，应当在招标文件中予以明确规定；投标保证金的交纳形式包括现金、支票、银行汇票和银行保函等；供应商未按招标文件交纳保证金的，采购人应当拒收投标文件；对联合体投标的，可由联合体一方或者共同交纳投标保证金，一方交纳投标保证金的，对联合体各方均具有约束力。政府采购过程结束后应当按照规定返还或处理投标保证金。投标保证金的数额对招投标的信誉带来直接影响，为此，《政府采购法实施条例》明确规定：“招标文件要求投标人提交投标保证金的，投标保证金不得超过采购项目预算金额的2%。”

（六）投标文件的修改或者撤回

投标文件尽管应当准确规范，但也可能因为供应商的非故意而造成了投标文件的误写等情况。为了供应商的平等参与竞争的机会不因非故意而受到影响，应当允许供应商修改补充非故意造成的错误。在投标日期截止前，投标人可以对所提交的投标文件进行补充和修改，同时补充和修改的内容在形式上要符合招标文件要求并成为投标文件的组成部分。投标从合同法意义上可看做一种承诺，只要在承诺未生效前应当允许供应商撤回，这对供应商来说也是允许其慎重考虑投标内容，因此投标人在投标截止日前撤回投标也是允许的。

三、评标与中标成交商的确立

评标与中标成交商的确立是指采购人或者采购代理机构依据一定的评价标准对投标文件进行比较和评价，进而排列出中标候选人顺序交由采购人确立中标、成交商的行为过程。其程序包括评标专家委员会的成立、开标、采购文件的初步审查、中标候选人名单确立、编写评标报告、确立中标、成交商等。

（一）评标专家委员会的成立

评标委员会对投标文件进行评定的专家机构，其人员素质及其组成决定政府采购活动的有效与公正。评标委员会由评标专家组成，评标专家必须具备相应资格，具体包括：具备熟悉市场行情、了解政府采购与招标投标的相关政策法规、有良好的职业道德并从事相关领域工作满八年，且具高级职称或具有同等专业水平。评标委员会成员由采购人或采购代理机构从同级或者上级财政部门依据动态管理方式设立的政府采购评审专家库中随机抽取。对技术复杂、专业性极强的采购项目通过随机方式难以确立合适的评标专家时，采购人在经得监管部门批准后，可以采取选择性方式确立评标专家。评标委员会的组成人数通常为五人以上单数，经济技术专家不得少于总人数的三分之二；采购数额大、技术复杂的采购项目，评标委员会专家必须为五人以上单数。同时，评标专家采取回避制度，与采购有利益关联的相关人员不得作为评标专家委员会成员，如采购单位就招标文件征求过意见的专家不能成为评标委员会成员。

评标委员会承担具体评标工作并独立履行相应职责，具体包括：对投标文件进行初步和实质审查并作出评价；要求投标供应商对投标文件有关事项作出解释或者澄清；推荐中标候选供应商名单，或者受采购人委托按照事先确立的办法直接确立中标、成交商；向采购人或有关部门报告非法干预投标工作的行为。

（二）开标

开标是开启投标人提交的文件并宣读相关内容的行为，它既是投标行为的延续又是评标委员会审查评价投标文件的前期阶段，是招标投标的关键环节。开标主持人、时间地点和监督等问题由法律规定。开标的主持人通常为采购人或采购代理机构，有关投标供应商和相关监管方面的代表也参加开标。开标的地点为招标文件预先确立的地点，开标时间通常为递交投标书的截止时间，有时采购人和采购代理机构也可以根据具体情况延展开标时间，延展开标时间的应当在招标文件规定的投标截止日前一段时间以书面方式告知所有投标文件收受人，且要在规定的媒体上发布变更开标时间公告。有的国际组织政府采购法制则规定延展开标时间及等标期的应当征求供应商的意见，如果不同意则不能对其投标担保的有效期构成影响。[1]

经投标人或者其推选的代表检验投标文件的密封情况或经采购人委托的公证机构检验并公证后由招标工作人员当场拆封。投标文件被开启后，文件的投标人其名称、地址、投标报价、价格结构和招标文件允许提供的备选投标方案等实质性内容应当众向出席开标会的所有成员宣读，未宣读的投标价格等实质内容，评标时则不被承认。为保证开标评标的公正性，采购人或采购代理机构在开标前应当通知有关监管部门参与开标，政府采购监管部门可视情况派员到现场监督开标、评标活动。

（三）对投标文件的初步审查

开标后由评标委员会对投标文件进行初步审查，初步审查主要包括资格性审查和符合性审查。资格审查主要是依据法律法规和招标文件对投标书中的资格证明、投标保证金进行审查；符合性审查则是依据招标文件的规定对投标文件的有效性、完整性和对投标文件的实质响应程度进行审查，进而确立投标书是否对招标文件做出了实质性响应。经审查投标人或投标文件有下列情况的按照无效投标处理：应交而未交投标保证金的；未按投标文件规定要求密封、签署和盖章的；不具备投标文件规定资格要求的；不符合法律法规和招标文件中规定的实质性要求的。

[1] 参见《示范法》第41条。

在初步审查中，对招标文件的含义不明、同类问题表述不一致的或者有明显文字和计算错误等问题的，评标委员会可以以书面形式要求投标人作出必要的澄清、说明和纠正，但不得超出投标文件的范围或改变投标文件的实质内容，且形式上仍要符合投标文件的一般要求。对互相矛盾的问题依据一定标准进行处理：投标文件中开标一览表内容与投标文件中明细表内容不一致的以前者为准；投标文件的大写和小写金额不一致的以大写金额为准；总价金额与单价汇总金额不一致的以后者为准等等。

（四）中标候选人名单确立

中标候选名单的确立是评标委员会按照招标文件规定的评标准则进行综合比较与评价后对供应商排序的行为。它是政府采购最关键的环节，直接影响供应商的权益，评标委员会必须严格遵循评标方法确定中标候选人顺序。政府采购的评标方法在《政府采购法实施条例》颁行前主要有综合评分法、性价比法和最低评标价法。最低评标价法是指在投标文件全部满足招标文件实质要求下依据统一的价格因素评定最低报价并以提出最低报价的投标人作为中标候选供应商或中标供应商的评标方法；技术、服务等标准统一的货物和服务项目，应当采用最低评价标准。综合评价法是指在投标文件中对招标文件作出最大限度响应前提下，按照投标文件所涉及的商务、技术、价格等要素的比值进行综合评审后，以总分得分最高的供应商作为中标候选供应商或者中标供应商的评价方法；采用综合评分法的，评审标准中的分值数量应当与评审因素的量化指标相对应。性价比方法则是指依据一定准则对投标文件审查后，计算出每个对招标文件作出实质响应的投标供应商依据一定准则对除价格以外的其他各项评分因素的汇总得分并以之除以该投标人的投标报价，以商数（评标总得分）最高的供应商作为中标供应商或者中标候选供应商的评标方法。这三个方法相对来说后两个方法比较复杂也比较公正，但无论采取哪种评价方法，对供应商投标文件进行评价的方法与准则都必须在招标文件中予以明确规定。性价比法在过往政府采购实践中被认为容易导致“质高价高”甚至“天价采购”问题，不符合采购需求标准要求，《政府采购法实施条例》废除了此评价方法，同时规定：“招标文件中没有规定的评标标准不得作为评审的依据。”在评标过程中即使评标专家对评标方法的选择和评标方法所涉及的分值认为不合理或不恰当，都不得任意更改，评标委员会只能依据招标文件中规定的评标标准和方法确立中标、成交候选供应商或中标、成交供应商。同时，采购人或采购代理机构不得对评审作倾向性等解释，"采购人、采购代理机构不得向评标委员会、竞争性谈判小组或者询价小组的评审专家作倾向性、误导性的解释或者说明"。

采取一定的评标标准计算出所有供应商的分值后，评标专家委员会应该针对不同的评标方法确立供应商的排序并向采购人推荐中标供应商名单。具体排序准则为：采取最低评标价法的按报价由低到高排序，报价相同的按技术标优劣排序；采取综合评分法的按评审后得分由高到低排序，得分相同的按投标报价由低到高排序，得分且投标报价相同的按技术指标优劣排序。

（五）废标及其处理

废标是指采购人没有成功确立符合需求的供应商，预期的采购目标没有实现的情形，是由于招标失败的结果。政府采购的整个过程中都可能发生招标失败，在投标截止日如果投标的供应商不足三家，则招标失败；在开标过程中经初步的资格审查和符合性审查，如果投标供应商及其投标文件不符合要求也可能导致招标失败；在反复比较供应商提供的投标文件后可能出现特定情况也会招致招标失败。招致招标失败的情况主要包括：第一，有效投标人不足三家。具体来说符合专业条件的供应商和对招标文件作出实质响应的供应商不足三家，这表明竞争性不强难以达到招标采购方式所规定的目标，因而只能废标。第二，出现影响公正的违法违规行为。政府采购主要是通过竞争，公正地选择供应商，因而对公正性受到影响的情形应视为违法违规，如供应商之间相互串通、哄抬价格或者排斥其他供应商，招标文件有明显歧视性条款，招标活动受到外界的强烈干扰等等。这些因素都影响采购的公正性，如果招标继续下去将严重损害有关当事人权益，因而应予废标。第三，投标人的报价均超过采购预算的。政府采购必须严格按照批准的预算执行，其中包括采购项目预算资金不得超过批准的预算额度。如果所有的投标人报价均超过预算，则意味着采购资金难以完全支付，这同样有必要终止采购行为。第四，因重大变故采购任务取消的。政府采购常常是根据采购资金和采购任务需要来展开的，国家政策发生重大变化或者采购资金来源发生重大变化则都会导致采购任务的取消，如国家经济政策调整等因素可能会取消相关的采购项目。如果采购项目需要配套资金，涉及到部分融资的，当融资不到位时也只能取消采购项目。采购项目取消后只能终止采购行为。

废标后处理的情况通常包括三种：终止采购、重新招标、经有关政府采购监管部门批准采取其他采购方式重新采购。终止采购通常适用于采购任务取消。对于其他情况废标的可能是因为招标文件的原因所致也可能是由于违法行为所致，由于采购文件原因所致的如果采购文件存在不合理条款则可在废标后责令采购单位重新招标。如果是违法行为所致，采购时间也不紧迫的亦可以重新招标。当然，如果招标文件没有不合理条款，招标公告时限和发布方式符合规定要求，经监管部门批准后可以采取招标方式以外的采购方式。[1] 因采购过程中的违法原因所造成的废标，如果继续进行采购时间紧迫的，也可在获得政府采购监管部门批准后采取招标方式以外的采购方式。

（六）编写评标报告

评标委员会在评标过程结束后，应当根据全体评标成员签字的原始评标记录和评标结果编写评标报告，具体内容包括：招标公告刊登的媒体名称、开标日期和地点；购买招标文件的投标人名单和评标委员会成员名单；评标方法和标准；开标记录和评标情况说明；评标结果和中标候选供应商排序表；评标委员会的授标建议等。评标报告内容应当完整，同时，评标委员会成员在评审报告上签字，对自己的评审意见承担法律责任。评审报告作为招标文件一起保管，随时供有关人员查询。评标报告应当提交给采购人或者采购代理机构。如果是采购代理机构组织采购的，“采购代理机构应当自评审结束之日起 2 个工作日内将评审报告送交采购人。采购人应当自收到评审报告之日起 5 个工作日内在评审报告推荐的中标或者成交候选人中按顺序确定中标或者成交供应商”。

（七）确立中标、成交商

中标、成交商由采购人或者采购代理机构按照评标委员会确立的供应商得分排序确立，采购人在收到评标报告后五日内确定排在第一位的供应商为中标、

[1] 参见《政府采购货物与服务招标投标管理办法》第 43 条。

成交供应商。中标、成交供应商因不可抗力和自身原因不能履行政府采购合同的，采购人可以确立排位在中标、成交商之后第一位的中标候选人为中标、成交供应商，以此类推。

中标、成交商确立后，采购人应当在省级政府采购监管部门指定的媒体上发布采购公告。公告内容应当包括：采购项目名称、招标单位名称与电话、评标委员会成员名单、中标、成交供应商名单等。发布采购公告的同时，采购人应当向中标、成交商发出中标成交通知书。中标通知书发出后，采购人不得改变中标结果，中标、成交供应商不得放弃中标，否则都要承担相应法律责任。同时，中标成交通知书发出后五个工作日内应该退还未中标供应商的投标保证金，在采购合同签订后五个工作日内退还中标、成交商的投标保证金。

为了确保政府采购公正公平与合法，在确立中标、成交商以前，采购人和采购代理机构不得与投标供应商就投标价格、投标方案等实质性内容进行谈判；"采购文件内容违反国家有关强制性规定的，评标委员会、竞争性谈判小组或者询价小组应当停止评审并向采购人或者采购代理机构说明情况"，"采购人或者采购代理机构不得通过对样品进行检测、对供应商进行考察等方式改变评审结果"等等。

第三节 非招标方式采购程序

非招标方式采购程序是指狭义招标程序外的政府采购程序，主要包括单一来源采购、竞争性谈判和询价采购所遵循的程序。单一来源采购由于允许采购人与供应商直接谈判因而程序要求并不严格，只要求其遵循政府采购的公平公正原则并在保障采购项目质量基础上以合理价格采购即可。竞争性谈判和询价尽管不必采取招标程序，但还是需要一定程序保障。

一、竞争性谈判程序

竞争性谈判在公开性与竞争性上都不如招标方式，因而，为了保证竞争性谈判在遵循公开公平原则下规范进行必须遵循一定程序。有一些国家的法律甚至规定竞争性谈判方式也需要在指定媒体上公告采取竞争性谈判方式的原因和执行结果，如美国和欧盟的政府采购法律或指令。总体来看，竞争性谈判程序的内容和过程主要包括成立谈判小组、制定谈判文件、确立邀请参加谈判的供应商名单、谈判、确立成交供应商等。

（一）成立谈判小组

竞争性谈判通常是针对技术复杂或性质特殊等情况而采取的采购方式，其对产品与服务的技术与性能要求较高，因而首先必须成立谈判小组。谈判小组人数应当为三人以上单数，其中专家的人数不得少于成员总数的三分之二。专家成员应当包括经济、技术、法律等方面的专家，以便能对采购项目中的详细技术规格作出准确的判断。考虑到竞争性谈判赋予了采购人一定的自主权，谈判小组成员还可以包括采购人代表。为确保采购的公正，专家应当从监管部门实施动态管理的专家库中随机抽取，并在谈判结束前严格保密。谈判小组成员如果与供应商有利害关系还应当实行回避，不过回避范围与招标方式有所不同。招标方式实行回避的范围比较宽泛，其中包括采购人不得以专家身份参与本部门或者本单位采购项目的评标专家委员会，而竞争性谈判只要求与供应商有利害关系的人回避，采购人反而可以作为谈判小组成员。

（二）制定谈判文件

尽管竞争性谈判不像招标采购那样要制作和发布招标文件，但为了保证谈判有标准可遵循，还是需要制作谈判文件。谈判文件的主要内容应当与招标文件相同，具体包括：谈判的具体程序、谈判轮次与谈判过程及每一谈判轮次的重点；技术规格与价格；涉及到当事人的权利与义务、履约期限与方式、验收标准的合同草案；评定成交的标准等核心内容。其中成交评定标准是谈判中的核心依据，需规定谈判小组应当考虑的相关因素，及其每一个因素对确立成交商的权重等。谈判文件内容必需全面客观，这样才能避免谈判过程中的主观性和随意性进而确保政府采购过程公平与公正。

（三）确立邀请参加谈判的供应商名单

制定谈判文件后，谈判小组应当依据谈判文件规定的标准和内容，从政府采购监管部门实施动态管理的供应商库中确立并邀请不少于三家的供应商参与谈判。确立供应商时，应该严格遵守谈判文件规定的标准和采购法律规定的供应商条件，不得对供应商实施歧视和差别待遇，《政府采购法实施条例》将歧视和差别待遇的具体情形进一步规定为："（一）就同一采购项目向供应商提供有差别的项目信息；（二）设定的资格、技术、商务条件与采购项目的具体特点和实际需要不相适应或者与合同履行无关；（三）采购需求中的技术、服务等要求指向特定供应商、特定产品；（四）以特定行政区域或者特定行业的业绩、奖项作为加分条件或者中标、成交条件；（五）对供应商采取不同的资格审查或者评审标准;（六）限定或者指定特定的专利、商标、品牌或者供应商;（七）非法限定供应商的所有制形式、组织形式或者所在地；（八）以其他不合理条件限制或者排斥潜在供应商。"如符合条件的供应商较多，还应当采取一定的方式选取不少于三家的供应商参与谈判。参与谈判的供应商确立后，采购人应当向其发出书面邀请并提供谈判文件以便供应商依据谈判文件决定是否参与谈判。

（四）谈判

谈判是竞争性谈判的核心环节。为维护谈判的公正与公平，谈判小组要作为一个整体分别与单个供应商进行谈判。谈判应当在全封闭的谈判室中进行，谈判小组成员不得私下与采购人和供应商单独接触，谈判完全结束前谈判小组成员应当断绝与外界的一切联系。对于技术复杂和性质特殊不能确定详尽谈判规格的政府采购项目，谈判小组应当按照技术谈判和商务谈判分别与供应商进行谈判。就技术谈判而言，谈判小组应当就相关技术问题与供应商进行谈判；商务谈判主要是就价格、交货地点、售后服务等一系列问题进行一对一的谈判。在整个谈判过程中可以依据谈判文件的规定展开多轮技术谈判和商务谈判，但应保证每个参与谈判的供应商都能得到同样多的谈判机会。谈判过程中，采购人可以对有关技术要求等谈判文件的实质性内容进行调整，并将调整内容及时以书面形式告知每一个参与谈判的供应商。谈判并不要求供应商当场作出报价，供应商可以根据自己参与整个谈判过程并估计其他供应商情况在作出最后报价的期限内作出报价。"谈判文件不能完整、明确列明采购需求，需要由供应商提供最终设计方案或者解决方案的，在谈判结束后，谈判小组应当按照少数服从多数的原则投票推荐 3 家以上供应商的设计方案或者解决方案，并要求其在规定时间内提交最后报价”。在谈判过程中谈判小组成员和参与谈判的供应商应当保守相关的谈判秘密，任何一方都不得透露与谈判有关的其他供应商的技术资料、价格、信息等内容，否则要承担相应的法律责任。

（五）确立成交供应商

确立成交供应商是竞争性谈判的最后一个程序，它是在参加谈判供应商最后报价基础上，依据谈判文件确立的评价标准和方法，由谈判小组根据符合采购需求、质量和服务相等且报价最低的原则对参与谈判供应商进行排序；采购人依据排序，确立排序第一的供应商为成交供应商的过程。如果排序第一的退出政府采购项目，则确立排序第二的供应商为成交供应商，以此类推。成交供应商确立后，采购人应当以书面方式将结果通知所有参加谈判的供应商。

竞争性谈判除遵守上述程序外，其在确立采取竞争性谈判方式前还应当对采购项目进行全面分析，分析内容包括项目的技术要求、项目的资金来源、满足采购要求的供应商数量情况及其市场竞争情况等。通过分析决定采取竞争性谈判后还应当报有关政府采购监管部门批准，待批准后方可采取竞争性谈判程序，这些属于竞争性谈判的前期性程序。

二、询价采购程序

询价采购程序与竞争性谈判程序基本上是一致的，包括成立询价小组、确立被询价的供应商名单、询价、确立成交供应商等步骤。这些步骤所涵盖的主体内容与竞争性谈判基本一致，但由于询价的适用条件与竞争性谈判的适用条件不一致，因此他在具体要求上还有不同于竞争性谈判程序之处。

首先，竞争性谈判适用于货物和服务规格标准统一、现货货源充足且价格幅度变化小的政府采购项目，其对供应商的技术条件要求相对容易确立，不需要制定询价文件程序。采购项目的价格标准是确立成交供应商的主要标准，询价小组只需要对采购项目价格构成和评定标准作出明确规定即可，不过对价格是否涵盖运费、安装调试费、售后服务费需作出明确规定。

其次，对供应商的资格条件考察重点不一样。询价针对规格标准统一的货物和服务项目，在选择参与询价的供应商时，并不需要对技术条件进行全面考察，重点考察的则是供货品种、供应商的商业信誉以及售后服务网点等情况。

再次，询价采购要求供应商一次性报价。询价采购中的核心内容是价格问题，因此要求供应商事先对报价进行全面考虑，待考虑成熟后再报价，报价后就不得更改。如果允许报价后更改的话其实质就允许供应商与采购人可以单独进行谈判，这是影响政府采购公正公平的，因而应当拒绝。在竞争性谈判中，只要是在最后报价前，供应商是可以多次修改报价的，可见，询价采购在报价次数上明显与竞争性谈判不同。

第四节 招标与非招标采购程序之后续程序

政府采购的根本目的在于获取政府日常运转所需要的货物与服务，招标和非招标方式程序是保障通过公正、公开竞争程序确立供应商的环节，只是实现政府采购目的的核心环节。政府采购目的要充分实现，还必须要对供应商履行合同的情况及其采购信息对采购人制约作用进行一定的规范，这样，包括合同授予与履行、履约验收和采购文件保存在内的后续程序是必要的。合同授予与履行将在后一章中全面分析，这里主要探讨履约验收与采购文件保存两个环节。

一、履约验收

履约验收是对供应商履行合同情况的检查和核对，是保障政府采购合同全面履行的关键环节。采购人只有对供应商履行合同情况严格把关，才能有效促使供应商全面履行合同，如果验收把关不好就会容易造成供应商提供的产品和履约结果不符合合同要求的情况发生，从而给采购人带来损失。政府采购货物与服务的使用人是采购人，采购人对履约情况最为了解，因而采购人是履约验收的核心主体。采购人在委托采购代理机构办理采购事务时，将履约验收交给采购代理机构承办的，采购代理机构应当组织验收。验收各方应该将验收情况在验收书上如实说明并亲笔签字，以示对验收合同的负责。验收意见与客观事实不符，损害了采购人或者供应商的合法权益时，相关责任人应当承担相应法律责任。

履约验收一般由采购人或者采购代理机构直接组织，但对大型且复杂的政府采购项目应当邀请专业机构参加验收。对于大型和复杂的采购项目，对验收人员的技术和相关能力要求较高。采购人通常不具备这种能力，在法治和市场发达的国家，专业检测机构通常较多。邀请专业机构参加，更能够提高验收的质量。社会专业验收机构较多，但水平也参差不齐，必须邀请具有相应资质的检测机构参加验收。我国政府采购法规定：应当邀请的专业机构为国家认可的质量检测机构。

在验收的具体内容上，“采购人或者采购代理机构应当按照政府采购合同规定的技术、服务、安全标准组织对供应商履约情况进行验收，并出具验收书。验收书应当包括每一项技术、服务、安全标准的履约情况；政府向社会公众提供的公共服务项目，验收时应当邀请服务对象参与并出具意见，验收结果应当向社会公告”。

二、采购文件保存

采购文件是反映采购活动及其过程中的相关行为的记录，是供应商、采购人和采购代理机构在采购过程中所留下的一系列证明其参与采购活动的依据，对其进行妥善保管，既可以为政府采购的监督检查和处理政府采购纠纷等事项提供客观依据，也能为政府采购统计分析提供一手材料，对采购文件妥善保存十分必要。保存采购文件也是国际社会的通行做法，GPA 要求各成员国采购机构应当对采购文件保存三年，国际社会大多数国家的政府采购法也规定采购文件的保管时限。

政府采购由采购人和采购代理机构主导，因而有义务保存采购文件的主体应当是采购人或者采购代理机构。采购人或采购代理机构应当对已经形成的采购文件进行妥善保存，不得隐匿、变造、伪造或自行销毁。政府采购文件保存的目的在于为监督检查和处理纠纷提供一手材料，而纠纷解决需要一个过程，政府采购问题也不是一时就会暴露出来，加之供应商履约情况有待实践检验，因而政府采购文件应当保存一定时间，通常为三至十五年。而规模大、价值高、性能复杂的采购项目，采购文件的保存期限应当更长一些。我国《政府采购法》规定采购文件的保存期限从采购结束之日起至少十五年。采购文件内容应当客观、准确、完整，具体包括采购合同记录、采购预算、招标文件、投标文件、评标标准、评估报告、定标文件、合同文本、验收证明、投诉处理等有关文件和资料。在保存方式上，采购文件既可以用纸质版保存，也可以用电子档案方式保存。

第五节 我国《政府采购法》对采购程序规定之缺陷及完善

一、招标程序规定过于简单

《政府采购法》对招标程序只用了区区三条（第 35、36、37）规定，内容仅涉及等标期、废标和邀请招标方式及供应商的选择，过于简单，存在立法技术问题。招标方式作为政府采购首选的最主要方式，其相应程序应当是《政府采购法》规定的核心部分。国际上大多数国家的政府采购法都对招标程序进行全面规范；对缔约国具有约束力的政府采购国际规则 GPA，其规定招标程序多达十条[1]，占到全部 22 条的近半；对成员国相应立法起指引作用的《示范法》也用了 19 条规范公开招标程序[2]。《政府采购法》对本应重点规范的招标程序做如此简单的规定，不能不说立法技术欠缺。

立法者做如此规定的可能理由在于在《政府采购法》制定前，已有《招标投标法》对招标投标程序做了详细规定，为使两法有效对接，政府采购招标投标可适用《招标投标法》有关程序规定。这表面上看似乎体现了立法技巧，但《政府采购法》第 4 条："政府采购工程进行招标投标的，适应招标投标法"之规定却明显排除了货物与服务的招标适用《招标投标法》，这样就使

[1] 参见 GPA 第 6—15 条。

[2] 参见《示范法》第 36—44 条。

货物与服务招标投标程序处于无法可依状态。当然，依据我国的立法体制，法律颁行后将有实施细则及其地方制定的具体执行办法和标准来使货物与服务采购有依据可循。然依据《立法法》的相关规定，法律实施细则必须是对法律应有规定明确化、具体化，如果法律本身缺乏应有规定，则不存在具体化的实施细则。事实上也是基于各种困难和原因,2015 年颁行的《政府采购法实施条例》也只是对上述三个条文的具体细化，致使政府采购实践中，货物与服务招标程序上不得不仍然适用财政部制定的《政府采购货物与服务招标投标管理办法》，这偏离了法律授权的要求。从立法授权规定来看，《政府采购法》授权国务院，而不是财政部制定《政府采购法》的实施细则，财政部作为政府采购最高层级的监管主体只能够制定有关政策和依据授权制定规章，而不能将法律授予国务院的职权由自己来行使。更为主要的是，在具体的法律适用过程中，作为规章性质的《政府采购货物与服务招标投标管理办法》也不能够对抗《招标投标法》，因为法理的一般原理告诉我们规章的效力明显低于法律。

《政府采购法》对招标程序规定过于简单，既偏离了应有的立法技术也容易造成实践困难，在政府采购法制的未来发展中，应当吸收国际政府采购法制的有益经验和国际组织政府采购法制的可行规范，对其进行必要规定，进而为具体细则的制定供给法律规范，促使公开招标程序成为一个不越权、不与其他规范矛盾的整体。

二、等标期缺乏弹性

《政府采购法》对投标人提交投标书的期限规定为二十日[1]，其目的在于保持与《招标投标法》相关规定的一致。但明显缺乏弹性，实践操作中易增加推行公开招标的难度，应予修改完善。我国《政府采购法》对货物、服务与工程的公开招标程序作了区别规定，工程招标适用《招标投标法》，但在等标期上却对货物与服务公开招标的等标期与工程公开招标的等标期未作区分。一般来说工程招标由于其本身技术的复杂性和工程的规范性，规定等标期为 20 天有其合理性，但货物与服务采购项目与工程相比比较简单，其完成相应投标文件

[1] 参见《中华人民共和国政府采购法》第 35 条。

工作量也不大，所需时间不长。仅仅为了与《招标投标法》一致，《政府采购法》规定货物与服务的投标截止日期为20天，显然不合理。实践中也造成了很多采购人规避公开招标，影响了政府采购制度的信誉。同时，《政府采购法》对等标期统一规定为20天，也缺乏对公开招标的各种特殊情况的考虑，如招标文件是以电子方式发布还是以纸质版发布、采购是否紧急等情况。GPA对这些特殊情况作了不同的规定，其规定一般的等标期为40天，而紧急情况可以缩短为10天；同时采取纸质版发布招标文件的等标期最短为13天，这种弹性等标期考虑了各种特殊情况，趋于合理。我国《政府采购法》进一步修改完善时，应当对货物服务与工程规定不同的等标期，并赋予相应弹性。再者，在对等标期可否进行延展上，我国《政府采购法》只规定采购人可以视情况延长投标截止日，这给采购人较大的自由权造成对供应商的不公。在进一步完善政府采购法制时，应当对采购人延展等标期做一定约束，即规定采购人延展等标期的应当征求参与竞标的供应商意见，如果供应商不同意则不能构成对其担保条款的约束力。

三、非招标程序原则抽象

非招标方式在竞争性和公开性上都明显不如招标方式，只有通过严格的程序才能确保其不偏离政府采购中应有的竞争性，但我国《政府采购法》对非招标程序的规定却停留于原则，规定过于抽象，许多问题需要进一步明确。在专家选择方式上，非招标程序仅规定谈判小组和询价小组应由有关专家组成，缺乏具体的选择专家的方式，给采购人留下了很大的自由选择空间，实践中容易为政府采购腐败留下机会。在邀请供应商参与谈判或询价方式上，也只抽象规定从符合资格的供应商确定不少于3家供应商参与谈判或询价，对选择的方式缺乏应有的具体规定。同时，随着询价和谈判的进一步展开，符合实际条件的供应商可能数量会减少，当不足3家时，谈判或者询价是否继续进行缺乏明确规定，这同样为采购人依自己的主观意志选择供应商和处理特定情况留下自由裁量权，增强了政府采购的主观性和随意性，难以保障政府采购质量。在中标成交结果的公布上，仅规定将结果通知所有参加谈判或被询价的未成交的供应商，既缺乏对通知形式的规定也对通知范围缺乏规定，与招标程序需在政府采购监管部门指定媒体上发布招标结果公告相比其公开程度和范围过窄，进而使外部对采取非招标程序的政府采购项目难以有效监督，公正性和公开性都有待提高。2015 年颁行的《政府采购法实施条例》尽管对谈判小组或询价小组专家的工作纪律和保密纪律作了规定，对评审中发现采购文件内容违反国家强制性规定的情形作了规制，对评审报告的形式要求作了规范，但整体上对上述内容未修改，以后应当予以完善。

第七章

政府采购合同

采购程序是确立中标、成交商的程序保障，而中标、成交商确立后，采购人必须与中标、成交商签订政府采购合同。政府采购合同是采购程序的自然延伸，是采购人与供应商之间约定权利义务的法律凭证，是中标、成交结果得以有效执行的前提。政府采购合同是政府采购法必不可少的组成部分。

第一节 政府采购合同的法律性质

《政府采购法》第 43 条规定 ："政府采购合同适用合同法"，从权威与立法层面对政府采购合同进行了定性。[1] 以解释论和立法论立场，应据此对政府采购合同进行解释与法律适用，探讨其法律性质似属画蛇添足。然从系统论和法理视角看，这一规定既未与《政府采购法》本身保持一致，[2] 也未能反映合同类型化的法制演进逻辑，更与政府采购法国际发展趋势欠契通。这样，厘清政府采购合同的法律性质就成了阐析政府采购合同之基石。

[1] 《合同法》所规范的是民商事合同，《政府采购法》第 43 实质上将政府采购合同定位于民商事合同。

[2] 政府采购合同作为民商事合同就难以解释《政府采购法》第 46 所规定的 ："……按照采购文件确定的事项签订政府采购合同。"

一、合同的类型化及其识别标准

政府采购合同性质判定以合同类型化为逻辑前提，只有合同由单一类型走向类型化才有判别政府采购合同性质的理论必要。

合同本质上作为体现商品交易要求的法权形式，作为体现市民社会及民法本质的社会存在和法律制度，[1]其最初是作为规范平等主体的民商事行为而存在，也即其最初形态是民商事合同。随着社会的发展，尤其是经济的发展及其这种发展所导致的政府职能的转变，使得契约引入了行政管理领域，进而产生了不同类型的合同，使合同得以类型化。

从经济的视角来看，“混合经济”取代自由经济是合同类型化的经济动因。自由经济是完全依靠市场的自然运作，政府只为市场创造有序环境，并不直接参与经济生活，因而经济运作方式与政府管理方式存在着重大的区别，经济运作方式难以融入政府管理中。而“混合经济”与自由经济不同，其运作离不开政府对经济的干预，[2]而干预又必须符合经济运行的自身要求和规律。于是经济的一些运作方式也自然地被引入到政府管理中，具体来说，契约理念被引入政府管理中。20世纪30年代，自由经济开始向“混合经济”转化，这种转化使得契约被广泛地引介到政府管理中，“第二次世界大战后，行政合同广泛应用于经济发展和资源开发方面。政府在执行经济计划的时候，避免采取行政命令方式，而是和企业界签订合同，向后者提供一定的援助，由后者承担计划中的某些任务”。[3]进而出现不同于民商事合同的行政合同。

其次，从政治视角来看，社会契约论为合同类型化提供了理论基础。从发生学视角看，合同起初是人类社会生活中一种交易各方为获得更大利益而进行的基于平等地位的自由交易，它是人们日常经济生活联系的基本方式，并通过日常经济生活渗透到普通人的心中，进而成为“理所当然”和“不证自明”的规范私法主体权利义务关系的准则。可见，起初它所规范的是私主体的交易行

[1] 史际春、邓锋:《经济（政府商事）合同研究——以政府采购合同为中心》,《河南大学学报》(社科版）2000年第4期，第12页。

[2] 张泽想：《论行政法的契约理论》，武汉大学2002年博士论文，第61页。

[3] 王名扬：《法国行政法》，中国政法大学出版社1988年版，第186页。

为，具有民商事性质。到了18世纪前后，西方的社会契约论学者们将作为人们日常生活基本范畴的合同由一种经济合同原则和方式升华到一种社会权力组织方式，并在理论上加以补充、修改和完善，使之成为社会契约论。[1] 社会契约论用社会契约说明国家发生，认为国家是人民之间订立契约的结果。既然国家起源于契约，同样也可以用契约进行管理，进而将契约引入到政府管理活动中。同时，它将契约理念引入政治生活，并强调政府与人民之间要有合作互动，而良性互动"切忌不可单方操纵或过度消极，真正的解决之道在于建立民主的对话机制，并使各自既分享权利又履行义务"。[2] 这必然增强行政相对人的独立性和参与性，要求在社会生活包括社会管理中，要与政府既分享权利又履行义务，进而必然促使政府借助契约方式进行管理。更为重要的是社会契约论丰富了契约观念，"契约就是一个人转让自己权利的一种法律方式，人们为了大家的共同利益而在一切具体的个人之上建立起一个共同的权力，一个政治实体或一个市民社会也就建立起来了"。[3] 将契约观念由过去的单纯为个人利益让渡权利发展到为公共利益而让渡权利，这样合同也就有了为私利益与为公利益而订立之别。

再者，经济和社会的发展，必然造成政府职能的转换和社会角色的分化，这种转换和分化使得政府的作用不再局限于19世纪秩序国家所确立的保护国家安全和独立、维持社会公共秩序以及确保财政收入的消极秩序作用；而向积极整备环境、经济、地域空间等秩序行政方面，以及社会保障、公共事务的供给、资金补助行政等给付行政方面扩展。"随着政府的角色转变为规制者、利益分配者和大雇主，它将过去分散于私人公司、贸易与劳动协会以及慈善机构的权利吸纳到其功能与职责中。"[4] 伴随着社会转型和国家职能的变化，国家用于社会管理的手段也出现了质和量的变化，使得行政不再以命令与服从为重要标志，行政手段多样化，行政契约成为这种多样化手段之一。[5] 这样，合同不

[1] 苏力：《从契约理论到社会契约理论》，《中国社会科学》1996年第3期，第81—84页。

[2] 张成福：《公共行政的管理主义：反思与批判》，《中国人民大学学报》2001年第1期，第20页。

[3] ［意］萨尔沃·马斯泰罗内：《欧洲政治思想史》，社会科学文献出版社2001年版，第115页。

[4] Harry W. Jones, Administrative Law, Dartmouth Publishing Company Limited, (1992) p6.

[5] ［日］石井昇：《行政契约的理论和程序》，弘文堂1988年版，第5页。

仅作为私法上的合同存在，还可以作为行政手段用来进行社会管理，它已经大大超出了私法的范畴和领域，扩大到法的各个部门和法学各领域，乃至邻近学科。[1] 行政合同即是以上公法私法化现象的典型体现。

合同类型化使合同有行政合同与民商事合同之分，学者们也就开始探讨识别两类不同合同的标准。著名学者王名扬先生是较早探讨合同识别标准的法学家，他从研究法国行政法的视角出发，提出了法国法院在此方面所坚持的标准：合同的当事人中必须有一方是行政主体，直接执行公务（或者是当事人直接公务的执行，或者合同本身是执行公务的一种方式），合同超越私法规则。甚至那些只与执行公务有关但并未直接执行公务的合同，如供应合同、运输合同等，乃至私产管理合同等与公务无关的合同，只要其中含有私法以外的规则也成为行政合同。[2] 这一标准为我国学者识别行政合同和民商事合同提供了有益理论参考。

不过我国不像西方社会那样社会契约观念深入人心，加之长期计划经济体制下公共组织通过行政命令和计划调拨、无偿和平价等方式获取行使其职能所需要的物资和劳务的方式还未完全转变，尤其是相应的观念仍惯性存在，否认行政合同与民商事合同区别标准，甚至根本否认行政合同客观存在的观点依然存在。崔建远教授就从否认行政合同与民商事合同区分标准视角否认行政合同。首先他从方法论视角进行了分析，认为上述标准是站在解释论立场的结果，而从立法论立场上来看，上述标准无法区别行政合同与民商合同。[3] 接着针对上述判别标准逐一进行了辩驳，认为“合同当事人中必须有一方是行政主体”，存在着政府部门参加到合同中来就一定具有行政主体身份之存疑，对主体身份的确定必须视其所处的具体法律关系而定，只有落实到具体法律关系中，才能确定出该主体的具体身份。万不可将他们混淆，误把其在甲法律关系中的身份作为乙法律关系中的身份。[4] 针对“直接执行公务”这一标准，他提出了如何

[1] 史际春、邓锋：《经济（政府商事）合同研究——以政府采购合同为中心》，《河南大学学报》（社科版）2000 年第 4 期，第 15 页。

[2] 王名扬：《法国行政法》，中国政法大学出版社 1988 年版，第 185—189 页。

[3] 崔建远：《行政合同之我见》，《河南政法管理干部学院学报》2004 年第 1 期，第 100 页。

[4] 崔建远等：《中国房地产法研究》，中国法制出版社 1995 年版，第 21 页。

认定的问题，认为只有直接执行公务是按隶属服从关系原则行事时，才可成为判断准则，而执行公务仅作为合同的标的是不能作为判断准则的。就“行政主体保有某些特有权力”这一准则，也要看他在整个合同中所占的比例而定，而不能一概而论，如其在整个活动中所占比例较低，不能改变合同的基本属性，那也不能够成为区别行政合同与民商合同的准则。[1]通过上述分析，崔建远教授认为在我国现实生活中很难有行政合同。而我国有些民法学者更是直接否认行政合同，“本质上属于市场交易的行为，即使一方当事人为行政机关（如政府采购合同），即使法律规定强制签约（如粮食定购），也仍然属于民事合同，而与所谓行政合同有本质区别……国家通过行政机关对某些市场交易行为进行适度干预，并不改变这些市场交易行为的性质，当然不可能使这些市场交易关系变成所谓行政合同”。[2]直接从市场交易角度否认行政合同。还有学者从规范对象角度否认行政合同，“行政合同究竟如何定义，其规范的对象是什么。恐怕又是一个值得研究的问题”。[3]其实上述各种否认行政合同存在的观点都是从合同属性的宏观视角分析问题，没有深入到微观视角，只要从微观上进行探讨，行政合同之存在已是不争事实。

二、政府采购合同性质的主要观点及其评析

合同类型化使政府采购合同性质判定成为必要，然理论界对合同类型化理论及其差别标准的理解和具体运用不同，对政府采购合同定位也有较大的分歧。主要观点有三种：一种观点认为，政府采购是行政合同的一种，具有行政合同的多方面特性，不适用于民事合同的一般规定；另一种观点认为政府采购合同是民事合同，适用于合同法关于民事合同的一般规定；[4]还有一种观点认为，政府采购合同应该是一种“混合契约”，它代表游离在民事契约和行政行为之间的行政契约的一个典型形态，而且是一种更接近民事契约的一种形态。[5]

[1] 崔建远：《行政合同之我见》，《河南政法管理干部学院学报》2004年第1期，第100页。
[2] 梁慧星：《民法学说判例与立法研究》（第2辑），国家行政学院出版社1999年版，第190—191页。
[3] 王利民：《合同的概念与合法规范对象》，《法学前沿》第2辑，法律出版社1998年版，第6页。
[4] 梁慧星：《中国统一合同法的起草》，《民商法论丛1》，第9页。
[5] 余凌云：《行政契约论》，中国人民大学出版社2000年版，第192—193页。

认为政府采购合同是行政合同一种的学者们常常抽象运用合同识别标准，并从行政方式性质视角予以论证。他们认为，首先政府采购合同有别于普通的民事采购合同：（1）政府采购合同的条款基本上由采购实体一方拟定，而供应商一方的意思表示受到了一定程度上的限制；（2）合同主体一方定然是政府机关或其他使用财政性资金的单位，而普通民事采购合同的主体具有不确定性；（3）合同体现的是公益，而非当事人之间的个人得失；（4）在政府采购合同中，当事人之间的地位并不平等，采购实体一方占据主导地位，这种主导地位体现为采购实体一方享有一定程度上的主动权，例如解约权、合同修改权、对供应商的资格限制等。正因为以上区别，所以政府采购当事人之间并不完全遵守民事合同的基本原则，而体现出一定的特殊性。同时，政府采购合同虽然本质上体现行政机关的公法意志，而具有一定的行政性质，但是这种经济行政已经严格地区别于一般意义上的单向的行政方式：（1）政府意志实现方式上的根本区别。传统的行政方式，政府的意志一般通过命令的形式为相对人所接受；而政府采购合同这种新的行政方式，是通过合同的方式，通过双方合意的方式来实现行政机关意志。应该说这种实现政府意志的方式更为民主。这与有些学者提出的应通过培养公民的法律意识来达到法律适用的目的，而不应仅通过法律的强制效力来达到法律适用的目的，又何其相似！（2）行政合同的行政方式一般用于经济行政领域，而非其他行政领域。随着政府职能的转换，保护国家安全、抵抗侵略在政府职能领域已经无法一枝独秀，而政府的经济调节职能已经渐渐浮出水面，为世人所承认。抽象运用合同识别标准判别政府采购合同性质，尽管反映了政府采购合同属行政合同的本质特性，但停留于理论的一般层面，缺乏信服力。

持政府采购合同是民事合同观点的学者在我国也不少，他们主要是从立法论立场阐释政府采购合同性质，如杨汉平在其著作《政府采购法律制度理论与实务》一书中就从解释论立场出发，明确表述政府采购合同是民事合同。认为“政府采购合同虽然其一方总是国家机关或行使国家权力的事业机构，但并不属于行政合同，其民事合同的特点鲜明。首先，政府采购合同追求的主要是效率。虽然政府采购合同一方当事人为行政机关等公共部门，但是，在政府采购合同关系中，双方当事人的权利、义务平等，即使由于预算削减等不可抗力而导致的合同无法履行，政府一方也会给另一方一定补偿。其次，合同的订立是基于社会市场竞争机制，合同的内容以等价有偿和平等互利为基础”。[1] 显然，上述两个简单论据是支撑不了政府采购合同是民事合同这一论点的，因为：首先，政府采购合同追求效率，本身是无疑问的，但这不是政府采购合同最初的、最主要的目的。政府采购合同有着商业目的，力图通过降低采购成本获得更大的经济效益，但这不是最终目的，最终目的是节约公共资金，使采购效率最大化，进而保证纳税人的金钱得到公平使用。可见，经济效率的实现是蕴含国家利益的，最终结果是使公共福祉得到提高。以维护公正、公平为义不容辞责任的政府采购合同，完全有别于天经地义地追求效率与利润的民商事合同。其次，政府采购合同的订立尽管是基于市场竞争，肯定涉及到相对方的竞标行为，但这种竞标不是纯粹地缓减市场压力，而是在采购机关控制和主导下有目的的行为，它不仅减少了公共财政的负担，而且推进市场主体的重组与调整，促进宏观经济发展，因此与公共利益密切相关。同时，要判明一个合同的性质，还需要就合同订立主体的法律地位是否平等、意思表示是否体现契约自由精神、双方权利义务是否对等、救济措施性质等视角进行分析。

持政府采购合同是混合契约的学者主要是余凌云博士，他在《行政契约论》一书中对自己的观点提出了详细论证，他认为：采购行为乍一看好像是一般的商业行为，采购契约也就是一般的民事行为。然而这种分析虽然大体不错，然失之笼统，在特定情况下，采购契约却有可能与一般商业契约有着实质性的区别，这种区别根源于政府采购所具有的经济重要性及本身所蕴含的公益性。这种将行政机关缔结契约的行为纳入整个契约中来分析，并将契约形成阶段和契约本身区分开来，表面上看，似乎科学地引介了西方的“可分割行为理论”，具有一定的合理性，能较好解决法律适用问题，但实质上很难适应我国将民商事纠纷与行政诉讼分离的司法实践。

---

[1] 杨汉平：《政府采购法律制度理论和实务》，西苑出版社 2002 年版，第 153 页。

三、政府采购合同性质的法律定位

学者们从不同视角抽象运用合同性质识别标准，使得对政府采购合同性质定位存在分歧，“根本原因在于对契约性质的识别和研究，过分集中契约本身，侧重于契约的内容和性质，以及解决契约纠纷的管辖与手续”[1]等问题的研究停留于理论的一般，如果我们将分析问题的视角触及至微观领域，政府采购合同的行政合同性质就会彰显。

首先，一般民商事合同是建立在相互意见一致的合意基础上，自由合意是民商事合同的核心精神。抽象地看，政府采购合同也体现了双方当事人的自由合意，但仔细分析政府采购合同却明显不完全具有民商事合同的选择缔约方的自由、决定缔约内容的自由、选择缔约方式的自由之属性。从缔约方式上看，政府采购合同授予常常采用诸如招标、竞争性谈判等方式授予，这里合同授予方式明显受到法律法规的限制，其自由是受到限制的自由，有别于民商事合同的选择缔约方式的自由。而且在这些合同授予方式中，作为采购人的行政机关处于主导地位，享有一定的选择权，也正是因为采购实体自由选择权的广泛存在，政府采购法制对这种选择权在程序和选择方式上都进行了严格规制，这种法律规制所体现的原则主要是公开、公正、公平，而这些原则正是行政法的一般原则。从缔约内容决定来看，我国《政府采购法》第 45 条规定：“国务院政府采购监督管理部门应当会同国务院有关部门，规定政府采购合同必须具备的条款。”这表明，政府采购合同在内容上是由作为采购主体的行政机关决定的，缺乏合同双方当事人的合意，这是宏观分析。微观上看，《政府采购法》第 46 条规定，采购人与中标、成交商应按照采购文件所确认的事项签订政府采购合同，合同内容的确定在很大程度取决于采购实体所拟订的采购文件和招标文书，其自由协商性质掩没在采购文件中。同时，采购合同中选择缔约方的自由也主要掌握在采购实体中，即使享有选择缔约自由的采购实体，其自由权也受到法律的严格规制，采购实体依据政府采购法和相关行政法规所确定的程序和条件选择供应商。这与民商事合同中缔约双方根据契约的特定目的自主地选择缔约

[1] 梁慧星:《民法学说判例与立法研究》(第2辑),国家行政学院出版社1999年版,第190—191页。

另一方也有实质差异，很难将其视为“由个人行使有限的立法权”的民商事合同。[1] 更为本质的是由于上述各种自由的有限性，政府采购合同采购人对于是否缔约实质上并没有自我选择的可能，[2] 他只能依据立法规制的程序、条件及实时政策选择供应商。

其次，民商事合同还内含着与缔约自由相辅相成的交易各方地位平等之内在要求，缔约主体地位平等是民商事合同的根本表征。政府采购合同从形式上来看也具有合同双方权利义务对等的基本特征，但这种特性是隐含了采购人特权的形式平等，是采购人享有的广泛行政决定权条件下的形式平等。透过政府采购合同签订和履行过程就可以窥见到形式平等条件下的实质，在整个合同过程中，采购人都享有一些明显优于供应商的权利。就合同订立过程来看，政府采购人享有选择谁作为合同一方以及依据什么样的标准作出单方面决定的权利。政府采购人有权制定授予合同的一般条件和标准及规定在作选择时应当遵循的诸如按最低投标还是综合平衡相关因素后按经济自由原则选择相对一方的准则。就合同内容来看，采购实体也有要求契约方遵循预先规定的条款和相关政策的权利，并且可建立一定的机制监督供应商守约。更为本质的是政府采购合同中，作为合同一方的采购实体享有根据公共利益和国家利益需要，单方面变更、中止、终止合同，以及监督合同履行的权利。[3] 这与通过缔约双方当事人之合意实现他们自身一定限度范围内的自我约束和自我规制的民商事合同也是不同的。

再次，从制度和功能的角度看，政府采购合同也不同于一般民商事合同。一般民商事合同的根本功能在于满足合同双方当事人的赢利动机和需要，而政府采购合同的核心功能在于实现公共组织“为了开展日常职能活动或为公众提供服务的需要”。这正如美国学者裴季在其《公共采购与物料管理》(Public Purchasing And Material Management) 一书中指出 :“采购和分配的物品是为了

[1] H.L.A.Hart, The Concept of Law, Oxford, Clarendon Press, 1994, p96.

[2] 余凌云 :《行政契约论》，中国人大学出版社 2000 年版，第 203 页。

[3] 参见《中华人民共和国政府采购法》第 50 条。

几个机关或部门之用，通常它们不是用于制造或转售之目的。”[1]同时，政府采购合同的履行还可以作为经济政策工具发挥作用，通过履行政府采购合同可增加就业机会，对少数民族或边远地区实现特殊优惠、或者实现其他合法的社会政治目标。[2]这一功能已为各个国家的法制实践所证明：“就多数国家的现实看，行政机关将政府采购用作干预工具或社会经济政策的手段都已经是不争之事实，不但欧共体是这样，美国和加拿大也是这样。”[3]这也是民商事合同不可能具有的。

政府采购合同与民商事合同的实质区别杂糅于本身所蕴含的公益性。首先，大量的公共资金通过采购合同分配给供应商，这种行为本身会对经济结构的调整和产业运行起到规范和导向作用，进而使政府在经济结构调整方面的意图得到实现，对国民经济发展产生举足轻重的影响，从而促进经济发展，提高人民生活水平。其次，采购合同所蕴含的购买政府机关运行所必须要的物资，其目的也在于维护国家机器的正常运作，维护社会稳定与发展。同时，政府采购的提高公共资金使用效率、遏制腐败和提高政府机关工作效力等方面的作用也显示其保障政府高效有序运行的公益性。正是政府采购合同的公益性，政府采购合同要受到预算和政治上的约束；负责进行政府采购的官员和普通管理人员的采购行为要受公众和新闻媒体的监督，对采购合同履行要施加严格的约束。这种监督和约束也是民商事合同中的信守承诺所不能做到的。

以上是对政府采购合同性质的理论分析。从实践视角看，我国《政府采购法》没有区别政府采购合同和民商事合同的法律适用，没有为公共工程承包等政府采购合同设计有效的符合其内在特性的救济机制，进而造成政府采购的劣质工程屡见不鲜，以及贪污、受贿等腐败现象在公共工程领域中比其他领域要广泛得多，这种教训必须引起我们从法律上重视区别一般民事合同和政府采购合同。同时，《政府采购法》自2002年颁布实施以来，从未有可资借鉴的典型

[1] 曹富国、何景成：《政府采购管理国际规范与实务》，企业管理出版社1998年版，第6页。

[2] 余凌云：《行政契约论》，中国人民大学出版社2000年版，第190页。

[3] Mc Crudden, Public Procurement and Equal Opportunities in the European Community. A Study of “Contract Compliance” in the Member States of the European Community and under Community Law, Brussels, 1994.

的政府采购合同纠纷案例，不能不说与政府采购法所规制的政府采购合同性质及救济措施先天不足有关。因为“一个制度的失败，往往归咎于制度先天不足或创制者的道德缺陷”。[1]

最后，从西方发达国家政府采购法制及政府采购法制国际发展趋势来看，政府采购合同也被视为行政合同。行政法制发达的法国已明确将行政机关订立的合同分为私法上的合同和公法上的合同，而公共工程承包等政府采购合同已纳入公法上的合同范畴。[2] 公法上的合同受公法调整，由行政法院管辖。政府采购法制发达的美国，通过为政府采购合同设计行政救济措施来体现政府采购合同的行政合同法性质。在美国，各联邦行政机构都设有政府采购合同申诉委员会，政府采购合同纠纷解决往往由合同申诉委员会受理，当事人对合同申诉委员会的决定还可以请求司法审查，[3] 明显带有行政诉讼性质。同时，世贸组织 GPA 协定要求成员国法制建立司法审查制度，对政府采购及其政府采购合同纠纷进行司法审查，也是对一国行政法制的要求，要求成员国视政府采购合同为行政合同。

第二节 规制政府采购合同特殊问题是政府采购立法的内在规律

政府采购合同性质是对政府采购合同的理论定位，是制度设计的根本指针。对政府采购合同性质的不同定位，决定政府采购合同适用的原则与准则，决定政府采购合同争端解决机制等制度的设计。但无论对政府采购合同如何定位，都必须厘定政府采购合同在订立、效力、履行、变更、终止及违约责任等方面的特殊问题，进而以此为基础对政府采购合同进行法律规制。

[1] 朱苏力：《制度是如何形成的》，《比较法研究》1998 年第 1 期。

[2] 胡建淼：《行政法学》，法律出版社 2003 年版，第 281 页。

[3] John Cibinc,Jr and ralph C.Nash, Jr, Administration of Government Conctracts. The George Washington University, 1995,3rd Edition,p1313—1316.

一、规制政府采购合同特殊问题决定于政府采购自身的内在本质

政府采购就其本质来说是满足公务活动的物质需要和维护公共利益，这明显有别于通过市场追逐利益和满足自我目的和需要的民事购买。尽管它在形式上与一般的民事购买一样都要通过缔结契约的方式予以实现，但政府采购契约不能忽视公务活动本身的需要并要彰显公共利益，无论合同的订立还是履行都必须对这些因素进行全面考量，进而使政府采购合同成为维护公共利益和满足公务需要的手段和方式。这样，对政府采购合同特殊性的认识就不能简单地停留于契约形成阶段，还必须延伸到契约履行阶段。契约履行在很大程度上更多地决定着公务活动需要的满足和公共利益的彰显。

政府采购合同与一般民事合同的根本差异在于合同一方当事人恒定为国家机关，采购过程中采购人选择服务或货物提供方时所考量的因素远远不同于甚至多于一般民事采购中的货物、服务购买者，考量因素的差异决定合同本身的固有特殊性，这些特殊问题是一般合同制度难以规范的。我国台湾学者罗昌发在分析政府采购与一般民事购买的差异时也早就认识到这一点，他指出："由于政府采购的一方是政府机关，所以一般买卖行为所适用的法则，有些可以适用，有些则不宜适用。例如，一般契约的缔约自由原则中选择缔约对象的自由，对采购机关而言，原则上不宜加以适用。"[1] 这里的"例如"是一般的例举，虽然未涉及到政府采购合同的履行问题，但其理念应当可以延伸到政府采购合同的履行阶段。

二、规制政府采购合同特殊问题决定于政府采购法的固有原则

政府采购本质有别于一般民事购买，从而在立法原则上与一般民事买卖有根本差异。缔约自由原则是一般民事购买的核心原则。"自愿原则体现了民事活动的基本特征，是民事法律关系区别于行政法律关系、刑事法律关系特有的原则"。[2] 这决定在民事合同中，合同订立的方式、合同内容和合同履行中的

[1] 罗昌发：《政府采购法与政府采购协定论析》，元照出版公司 2000 年版，第 6 页。

[2] 顾昂然：《关于中华人民共和国合同法草案的说明》，《全国人民代表大会常务委员会公报》1999 年第 3 期，第 7 页。

变更甚至合同的解除主要是当事人在合法基础上自主选择或决定。而政府采购的核心原则是公平竞争原则，公平竞争原则要求采购人在与供应商订立合同时，要充分利用商业市场上的竞争机制来实现政府采购节约资金之目的。竞争机制在此仅是手段，目的则在于实现政府采购节约资金、满足公共服务之需要，这要求政府采购在合同订立上必须遵循公开竞争采购方式，当事人不得自由选择合同订立方式。在合同履行中，采购当事人也必须尊重通过公开竞争程序而确立的政府采购合同，以维护政府采购的公正性和达到资金节约目的。如果政府采购合同允许像一般民事合同那样，当事人可以自由协商变更甚至自由解除合同的话，那么公开竞争的严肃性和平等对待供应商的公平性就必然降低甚至丧失。正因维护公平性和严肃性之需要，政府采购合同履行中必须存在有别于一般民事合同的特殊规则。

三、西方发达国家政府采购法制通常规定政府采购合同特殊问题

理论地看，规制政府采购特殊问题决定于政府采购自身性质与固有原则，体现了法律规制的内在规律和客观必然，而这种内在规律早已成为了政府采购法制发达国家的立法实践。无论公法与私法不分的普通法国家还是公法与私法有清晰划分的大陆法国家，他们都对政府采购合同的一些特殊性做了不同于普通私法合同的具体规定。

英国和美国是典型的普通法国家，且政府采购制度很早就在他们国家形成，他们的政府采购法制早就对政府采购合同规制了一些有别于普通合同的特殊规则。

在英国，无论对 BOT 合同还是政府采购合同都强调其合同特性，否认政府采购合同当事人的特殊地位，主张适用普通合同法。“普通合同法和使其具体化的传统观念的无限威力，使得政府作为合同当事人的特殊地位和对那些适用于政府与供应商关系的规则微不足道。”[1] 不过，随着政府采购实践的发展，人们也开始认识到对于政府采购出现的一些问题，在普通合同法中找不到适当的解决办法。研究政府采购合同问题的理论家 Colin Turpin 一针见血地指出：“总

[1]［英］Colin Turpin: Government Contract ,Penguin Books,p99.

而言之，在规范政府合同当事人行为的因素中，普通合同法只是因素之一，而且很难说是最重要的因素。”[1] 理论认识的深化使得规制政府采购合同特殊问题的新规则变得紧迫而必要，1998 年英国制定了《地方政府法》，这样，对政府合同授予方面的特殊问题有了全国性立法规制，促使传统的由审计机构执行的政府实际做法规范的政府采购合同领域有了特定的法律规制 [2]。

在美国，尽管公法合同和私法合同在很大程度上都适用于普通私法合同，但其政府采购法律体系和联邦法院都规制或适用政府采购合同的一些特殊规则。由《联邦政府采购条例》《联邦财产和行政服务法》及《军事服务采购法》等构成的政府采购法律体系规范了政府采购合同的一些特例条款。“实际上，这一巨大的制定法体系影响着采购的所有方面，规范了采购合同的授予，确定了挑选供应商的一些政策（例如，将一部分合同给予小企业的政策），要求使用或者避免使用一些特定的合同类型，并且规定了政府合同特定条款的采用。” [3] 不仅联邦政府采购法制规定了政府采购合同的特殊问题，而且联邦法院也发展了规范政府采购合同的判例法。“在将普通法适用于政府合同中，联邦法院已经将法的原理适用于政府采购的特殊情形，并且已经使用这个办法发展了政府合同的单独判例法。大多数产生于政府采购的争议，由合同上诉委员会解决，这个委员会由政府主要的缔约机构设立。该委员会的裁决对政府合同法的成长也做出了贡献。” [4]

公法合同和私法合同不分的普通法国家对政府采购合同的特殊规制超越了其普通合同本身，而存在着公法合同与私法合同区分的大陆法系国家，其公法与私法之区分本身就意味着行政合同特殊问题之存在，这些特殊规制同样适用政府采购合同。在大陆法系的法国，政府采购合同属于行政合同的主要种类。“法国律师在一系列的行政合同中进行了清晰的划分。存在着两种主要的合同类型：公务特许和公共采购。” [5] 因而法国对政府采购合同有特殊的规则，这些规则体

[1] ［英］Colin Turpin: Government Contract ,Penguin Books,p100.

[2] ［英］L. Neville Brown：French Administrative Law, Claredon Press,p201—206.

[3] ［英］Colin Turpin: Government Contract ,Penguin Books,p71.

[4] 同上。

[5] ［英］L. Neville Brown：French Administrative Law, Claredon Press,p204.

现在其与欧盟政府采购指令和公务特殊法律中。[1]

政府采购法制发达国家的立法实践表明，政府采购合同存在着不同于普通合同的特殊规则，而这些特殊规则因不同国家的法治实践与传统的不同而存在着一定的差异，因而，无论是GPA还是《示范法》等政府采购国际法制对这些合同履行中的特殊问题不予规范，以留给缔约国国内法制一定的选择空间。

第三节 政府采购合同的订立

政府采购合同是包含订立、履行、终止等系列过程，订立是政府采购合同的基础和首要环节，因而政府采购合同的特殊性首要表现在合同的订立方面。各国政府采购法制对合同订立的特殊规定主要包括合同订立主体、合同形式、合同的主要条款、合同成立与效力等方面。

一、合同订立主体

合同订立主体是指有权签订合同的当事人。一般来说，合同签订主体就是合同订立过程中要约承诺的双方当事人，但政府采购合同中承诺主体较为复杂，因而，明确合同主体十分必要。

首先，采购人是最主要且恒定的合同签订主体。合同订立的一方当事人恒定为国家机关——采购人，是政府采购合同成其为政府采购合同之根本，不过采购人要成为合同签订主体必须在预算中具有相应的预算安排，否则有可能违背政府采购法制，不能成为有效政府采购合同主体。同时，采购人也可以委托采购代理机构代签政府采购合同，形式上看，采购代理机构在办理具体采购事务，但不能以自己的名义签订政府采购合同，且采购代理机构在代理签订政府采购合同时，还应当提交采购人的授权书作为合同副本，因而采购代理机构不是合同订立主体。其次，中标、成交供应商是订立合同的另一主体。采购人在政府采购过程中只能与中标、成交供应商签订合同。具体政府采购合同中也并

[1] 于安：《我国政府采购法的合同问题》，《法学》2002年第3期，第12—13页。

非所有供应商都能成为政府采购合同主体，只有中标、成交供应商才是政府采购合同签订主体。更为主要的是，在采购人发出中标、成交通知后，中标、成交商必须与采购人签订合同，不能放弃合同签订主体资格，否则要承担相应法律责任。最后，对于法定采购项目，采购人必须委托包括集中采购机构在内的采购代理机构办理采购事务，采购代理机构办理采购事务的强制性规定使其成为了特定的准合同订立主体。

二、合同形式

政府采购合同形式是承载采购人与供应商双方意思表示的信息载体。众所周知，基于缔约自由原则，世界各国立法对合同采取哪种形式一般由当事人自由决定，当事人可以采取书面形式、口头形式和其他形式。我国《合同法》就规定："当事人订立合同有书面形式、口头形式和其他形式；法律、行政法规规定采取书面形式的，应当采取书面形式；当事人约定采取书面形式的，应当采取书面形式。"规定合同应当符合一定形式要求是保障交易安全和为纠纷解决提供明确依据的必要。政府采购具有很强的公共性质并承担一定的公共政策功能，政府采购合同不能完全等同于一般民事合同，其公共性要求合同不宜采取口头形式和其他形式，因而各国政府采购法对政府采购合同形式进行必要的限制，规定只能采取书面形式。当然，书面形式规定也有利于保护采购当事人的合法权益。

政府采购合同书面形式有多种表现形式，并不局限于合同书，信件和数据电文（包括电报、电传、传真、电子数据交换和电子邮件）等也属于有形地表现政府采购合同所载内容的书面形式。同时，招标文件、投标文件、中标、成交通知书等载明了双方当事人订立合同的意思表示和合同主要条款的价格、质量、数量等内容；更为主要的是，政府采购当事人必须依照中标、成交书等采购文件所确立的事项签订书面合同，因而，这些采购文件也属于书面合同的组成部分。

合同形式要求与合同成立或生效密切相关。采取书面形式订立政府采购合同的，当事人在合同书上签字或者盖章，合同即为生效。不过，世界各国的合同法还对书面形式做出默示的另外规定，即应当采取书面形式的合同而未采取书面形式，但一方已经履行合同主要义务且对方接受的也视为合同成立或生效。我国《合同法》做出了此种规定。[1]我国《政府采购法》规定政府采购合同适用合同法，这意味着《政府采购法》对政府采购合同适用没有特殊规定的，应当适用《合同法》。因而在政府采购过程中，中标、成交商确立后，一方履行了主要义务，另一方也接受的，应当视为政府采购合同有效。

三、合同的主要条款

政府采购合同主要条款是指政府采购合同对双方当事人发生约束力所必须具有的条款之总称。

合同是双方当事人达成合意的事实状态，这种事实状态依双方当事人就拟签订的合同之主要内容协商一致为判据，合同的主要条款无论在合同订立还是履行中都具有明显的意义或价值。在合同订立中，一方当事人向对方就主要条款发出订立合同的意思表示则构成要约，否则只能是要约邀请；如果接受要约的一方对主要条款进行修改就构成新要约，而未修改主要条款就是承诺，合同即告成立。在合同履行中，不履行合同主要条款，就是不履行合同实际性内容，因而构成根本违约，承担相应法律责任；而不履行合同的非主要条款则不是实际性内容的不践履，不构成根本违约。合同的主要条款在合同本身中具有十分重要的地位，政府采购合同更是如此。英国政府采购法学者 Colin Turpin 则对合同的主要条款之地位给予了十分重要的肯定，他指出："如果对于新规则的需求还没有变得那么急迫的话，那主要的是由于在政府合同中所使用的标准条款有效地规范了所产生的许多特殊问题。"[2]

政府采购合同有别于一般的民商事合同，其主要条款通常由政府采购监管部门规定或提供范本。我国《政府采购法》就明确规定：政府采购合同的必备条款由政府采购最高监管部门——财政部会同国务院有关部门确定；《政府采购法实施条例》则进一步将这一职责细化为："国务院财政部门应当会同国务

[1] 参见《合同法》第36、37条。

[2] ［英］Colin Turpin: Government Contract ,Penguin Books,p100.

院有关部门制定政府采购合同标准文本。"而美国政府采购合同则由其政府采购监管部门提供范本。政府采购合同主要条款一般有别于民商事合同主要条款，除涵盖一般民商事合同具有的当事人的名称或者姓名与住所、标的、数量、质量、价款或者报酬、履行期限、地点和方式、违约责任与争议解决等内容外，通常还必须包括技术规格、参数与要求，合同的验收，合同的变更、中止与终止等内容。这样特殊内容是由政府采购合同的特殊性所决定的。

首先，政府采购合同必须规定技术规格、参数与要求。政府采购合同应当通过公平竞争方式所授予，采购人不得以不合理条件对供应商实施差别待遇与歧视待遇，而最容易也最隐蔽的歧视供应商的方式则是规定技术规格和参数，因而将技术标准在合同中予以明确规定有助于消除潜在的歧视或为歧视预留的空间。其次，政府采购合同必须具有合同验收条款。合同履行验收是所有合同所必须，但多数情况下，合同中具体从事采购事务的是采购代理机构，而非采购人本身，这一点明显有别于购买和购买行为为同一主体的民事合同（民事合同中的委托也不例外）。采购人与具体从事采购事务的主体不一致，有可能导致采购主体在合同签订等方面与采购代理机构对供应商提出要求的意思表示存在偏差，通过合同履行验收纠正这些对合同不构成根本影响的偏差就很有必要。更为主要的是，合同的履行验收条款有助于促使供应商全面有效履行合同。再次，政府采购合同还必须规定合同的变更、中止或终止条款。政府采购合同是通过公平竞争的程序而授予的，对变更、中止或终止原则上是禁止的，但政府采购的根本目的是维护公共利益，当政府采购合同履行背离这一根本目的时，变更、中止或终止也是必要的。这样，对这具有严肃性的行为在合同中依法予以约定十分必要。

四、合同成立与生效

政府采购合同成立是指采购人与供应商就投标文件与招标文件有关采购事项规定达成合意的事实状态。

政府采购一般要通过招标、投标、定标一系列程序过程，在这一过程中招标公告是针对不特定的供应商发出，具有合同法中要约邀请的基本内涵，而非招标方式中采购人向特定供应商发出的邀请则可以视为邀约。对于要约邀请仅是一种订立合同的意思表示，无论供应商是否以其作为要约，均可修改。供应商对要约邀请和要约进行修改后，其所制定的投标文件则可视为新的要约，当采购人对供应商的要约——投标文件进行评定并确立中标、成交供应商时，采购实体就依据特定的程序做出了愿意与符合采购要求的供应商订立采购合同的意思表示——承诺。同时，无论招标公告的发布、投标文件的递交都有严格的时限规定。可见，中标、成交商的确立时，也就是政府采购合同成立之时。

经过法定程序而成立的政府采购合同在形式上也符合合同成立的一般要件：即订立主体具有行为能力和订立过程依法进行。政府采购人和供应商都是具有法定行为能力的合同订立主体；招标、投标、定标都必须遵循法定的方式和程序，可见政府采购合同订立过程是依法进行的。

一般地看，合同成立的时间通常采取到达主义，即承诺到达时即为合同成立时。[1] 而政府采购合同生效时间通常都采取发信主义，即中标、成交通知书发出后即对采购人和供应商产生拘束力。采购人改变中标、成交结果的，或者中标、成交供应商放弃中标、成交项目的，都应承担相应法律责任。[2]

合同成立是当事人达成合意的事实状态，是合同订立过程成功的结果，它旨在解决合同是否存在的问题，是认定合同效力的前提条件，并不等于合同效力本身。政府采购合同效力则是指已经成立的政府采购合同在当事人之间所具有的约束力，政府采购合同生效后，双方当事人就享有合同约定的权利和应当履行合同所约定的义务，任何一方不履行合同所约定的义务都构成对另一方合同权益的侵害，权益受侵害的一方可以依法获得相应救济。同时，依法生效的合同对第三方也产生约束力。

在合同生效的时间上，一般民事合同由于受罗马法上曾规定的“同时成立之原则”（Prinaipder Sinuitanitotod.Simuedulne Entshung）[3] 之影响，主张当事人

[1] 参见《合同法》第26条。
[2] 参见《中华人民共和国政府采购法》第46条；《政府采购法实施条例》第72条。
[3] 王伯琦：《民法总则》，三民书局1982年版，第73页。

合意的目的就是要使合同生效，法律行为的成立与其效力同时发生，因而通常采取合同成立时即生效模式，我国《合同法》采取的也是这一模式。[1] 而政府采购合同的订立相对比较复杂，合同成立不等于合同生效，合同生效有三种模式，即中标、成交结果通知书发出时生效模式、签订书面合同时生效模式和经有关机关批准后生效模式。中标、成交结果通知书发出时生效模式是指采购人向中标、成交供应商发出中标、成交结果通知书时，政府采购合同即告生效。也即中标、成交结果通知书发出的时间就是合同生效的时间，此时采购当事人就必须按照中标、成交结果通知书的条件和规定履行义务。GPA 协定采取的就是这一规定，它规定确立中标、成交结果也就是授予政府采购合同。[2] 签订书面合同时生效模式是指采购人向中标、成交供应商发出中标、成交通知书后，还应当按照采购文件所确立的事项与中标、成交供应商签订书面政府采购合同，由此采购合同签订时也就是政府采购合同生效时。我国政府采购法所采取的就是这种模式，[3] 且我国《政府采购法实施条例》还规定："采购人应当自政府采购合同签订之日起 2 个工作日内，将政府采购合同在省级以上人民政府财政部门指定的媒体上公告，但政府采购合同中涉及国家秘密、商业秘密的内容除外。"中标、成交结果通知书发出与正式书面采购合同签订往往有一段间隙时间，由于这一间隙时间内政府采购合同已经成立，无论供应商还是采购人均不得采取有碍合同生效和影响合同履行的任何行为，否则要承担相应的法律后果。不过，影响合同生效的责任是一种行政责任，合同生效后则承担合同法律责任。同时，间隙时间不能太长，合同成立后应及时使合同生效。经有关机关批准后生效模式是指如果招标文件中规定采购合同必须报请有关行政机关批准方能生效的，政府采购合同只有获得该机关批准后方能生效的模式。这主要是针对特定的政府采购合同而规定的特定情形，为《示范法》所规制。[4]

[1] 参见《合同法》第 44 条。

[2] 参见 GPA 第 15 条。

[3] 参见《中华人民共和国政府采购法》第 46 条。

[4] 参见《示范法》第 22 条第 7 款。

五、合同的备案

政府采购合同的备案是指政府采购人向主管机关提交有关政府采购合同文本及其相关材料，以备其检查的制度。备案的目的在于为政府采购监管部门对政府采购合同监管提供准则和依据，以便在合同履行过程中发现问题并得以及时的纠正。

政府采购所使用的资金为公共资金，依据预算法制通常由政府采购监管部门拨付或监管拨付[1]，拨付或监管拨付均需要一定的依据，而政府采购合同材料则承载了采购人是否遵守采购法定方式、采购过程是否遵循了法定采购程序以及采购项目本身是否严格依据预算进行等重要信息，因而向监管部门报备政府采购合同有利于监管部门及时准确审核、拨付采购资金或者对采购资金进行实时监管，以解决事后监管可能效率不高等问题。由是，规定采购人向政府采购监管部门报备政府采购合同十分必要。报备必须有严格的要求：首先，报备主体只能是采购人。尽管在政府采购过程中具体从事采购事务的是采购代理机构，尤其是集中采购机构，且采购代理机构也可接受采购人的委托签订政府采购合同；但在整个政府采购合同中真正的主体是采购人，因而政府采购合同的报备工作只能是采购人。其次，负责管理报备工作的主体除政府采购监管部门外，还包括对政府采购负有相应管理责任的部门。我国政府采购法制规定除财政部门负责政府采购监管以外，水利、交通、发展与改革、信息产业等行政主管部门及住房与建设行政主管部门都对自己相应管理领域的工程采购行为负有监管职责。因而，工程政府采购合同除向财政部门报备合同外，还应当按照管理权限向有关行政部门报备政府采购合同。再次，报备应在一定期限内进行。报备的目的是为了方便政府采购监管部门拨付或监管政府采购资金拨付，其及时性要求政府采购合同签订后在一定期限内必须报备。各国政府采购法制对期限规定有不等的7个或10个工作日，我国政府采购法制规定为7个工作日。

[1] 参见《政府采购法实施条例》第51条。

第四节 政府采购合同的履行

政府采购合同订立后，当事人还应当按照合同的约定全面适当践行相应的义务，只有政府采购当事人全面、适当履行合同约定的义务，政府采购目标才能实现。政府采购法制对政府采购合同在分包履行、补订合同、履行监管等方面都有特殊规定。

一、分包履行

分包履行是指中标、成交供应商在征得采购人同意后不背离公平竞争原则下将自己在合同中的部分非关键性的内容转让给其他供应商，由受让供应商负责履行的一种履行方式。

政府采购项目多为批量性或复合型采购项目，前者因规模较大，一个供应商难以独立完成；后者则可能涉及多方面的技术问题和货物服务内容复杂等情况，一个供应商不一定在各方面都具有优势。因而，政府采购法制通常规定供应商可以组成联合体进行竞标，但有时候联合体组成面临各种各样的问题，难以有效合作完成政府采购项目，为处理此种复杂情形，对整体条件符合招标文件要求并取得中标、成交资格的供应商，允许其将自己不具有优势的政府采购合同中的部分项目交由更具优势的其他供应商履行，更加有助于采购合同的有效履行，因而规定分包履行是政府采购法制原则性和灵活性相统一的体现。

政府采购合同是通过竞标方式授予的，整体上必须由中标、成交供应商履行，否则就背离了公平竞争原则，因而对分包履行必须进行一定限制。首先，分包履行应当符合公平竞争原则，并分包给具有优势的供应商。分包履行并不是政府采购合同的全部转让，只能是将合同部分内容交由其他供应商履行。我国政府采购法制还对分包履行做了货物服务与工程两类分包履行的区分。对于工程的分包履行做了严格的限制，交由第三方履行的只能是部分非主体、非关键性工作，且分包后不能再次分包，尤其是不能以合法的分包方式肢解合同。如果将中标项目的部分主体、关键性工作分包给他人的，或者分包人再次分包的，转让、分包无效，并将受到罚款、没收违法所得，甚至吊销营业执照的处罚。[1]而货物与服务的分包履行只要不背离公平竞争原则即可。[2]其次，分包履行应征得采购人同意。分包履行是具有整体获取合同优势的供应商，将部分自己不具有优势的合同内容交由具有最强优势的第三方履行。谁是具有最强优势的第三方，并不是交由中标、成交供应商判断，而应当由采购人自己了解和判断，故分包履行应当征得采购人同意。有的国际组织政府采购法制规定：分包履行的，供应商还必须在投标文件中就明确地表达了这种意愿，这更有助于采购人判断。分包履行也为政府采购国际规则所肯定，欧盟的《政府采购指令》就规定中标、成交供应商可将自己获得的合同分包给第三方，但这种分包必须在供应商参与投标时在投标书中予以明确规定，且局限于公共采购合同和未超过 30% 的分包合同。[3]

分包履行并不改变政府采购合同中中标、成交供应商的主体资格，中标、成交供应商的主体资格发生改变就成了合同转让。对合同转让我国政府采购法制一般是禁止的，《政府采购法实施条例》则在第 72 条中规定了转包的责任，同时，对评审阶段资格发生变化规定了通知义务，否则要承担法律责任，“评审阶段资格发生变化，供应商未依照本条例第二十一条的规定通知采购人和采购代理机构的，处以采购金额 5‰的罚款，列入不良行为记录名单，中标、成交无效”。对工程采购合同的转让还规定了一系列的责任，中标、成交商转让合同或不按法定要求分包合同的，将受到罚款、没收违法所得甚至吊销营业执照的处罚[4]。合同分包履行后，中标、成交商必须就包括分包部分在内的全部采购项目向采购人负责，而分包供应商则需要就其分包的部分向采购人负责。

二、补订合同

补订合同是指在政府采购合同履行中，采购人在不改变合同的主要条款前

[1] 参见《招标投标法》第 48、58 条。

[2] 参见《中华人民共和国政府采购法》第 48 条。

[3] 肖北庚：《政府采购之国际规制》，法律出版社 2004 年版，第 164 页。

[4] 参见《招标投标法》第 58 条。

提下，可以与供应商签订追加原货物、服务或工程标的一定金额的合同。

政府采购有些是通用项目，具有一定的重复性，同时，政府采购项目的复杂性也使得特定情况下合同签订之初并不能对数量完全确定。履行过程中，因实际情况需要追加与原合同标的相同的货物、工程或服务则十分必要。这时，如依据原有的采购程序重新竞标，既可能增加采购成本，又可能与实际工作不相适应，这样，在不改变原合同其他条款前提下追加一定数量的采购就有助于提高采购效率，因而各国政府采购法制通常都规定补订合同条文。

补订项目是对合同数量的增加，一定程度上是对政府采购合同实际条款的变更，有可能违背公平竞争原则，因而补订合同数额和时限受到严格限制，通常应当是在合同履行中和原合同金额10%以内。如果合同已履行完毕，则意味着采购人重新需要采购货物、服务或工程，而不是合同履行中的必要追加，这样需要重新按采购程序进行采购；如果数额太大，则意味着公平竞争原则的背离。当然，政府采购补订合同也是订立合同的一种形式，在合同订立主体、形式和时限上还必须符合政府采购合同订立要求，同时还应当将合同副本交由政府采购监管部门备案。

三、履行监管

合同履行本质上是由当事人自愿履行和相应的救济制度为保障，但政府采购项目一般资金大，周期长，且与社会公众的利益息息相关，更为主要的是合同中资金使用人并非资金所有人。“经济人”的理论假设有可能妨碍合同的自觉履行，而事后救济制度的繁琐程序和过高成本也难以构成对合同自觉履行的有效潜在威胁。[1]这样，充分发挥监管机构对政府采购招标投标过程进行全面监督检查之作用，规范合同履行监管，就成了解决上述问题的有效对策，因而，政府采购监管部门对合同履行进行监管十分必要。

履行监管也是政府内部财务监管制度在政府采购合同履行中的外在需要。政府采购所使用的是公共资金，对公共资金的内部监管是国际社会的普遍做法，政府采购合同的公共资金既可通过审计对其进行内部监管。但合同履行是一个

[1] 肖北庚：《政府采购之国际规制》，法律出版社2004年版，第163页。

双务行为，供应商依靠合同授予程序获得政府采购合同后，其必然享有对政府采购资金的支配权。对供应商支配公共资金的行为有必要按照政府采购合同规定的方式进行支付等，对这些行为也有必要进行监管，促使供应商按照合同规定，在获得政府采购资金时提供满意的商品和服务。同时，政府采购也还有公共政策功能，通过公共政策功能获取政府采购合同的供应商，其履行合同义务之内容具有强烈的公共性质，履行中的缺陷和偏离合同应有规定之瑕疵难以通过违约补偿制度获得平衡，将事后的补偿改为履行过程中的监管，更有利于维护政府采购的公共政策功能。

第五节 政府采购合同的变更、中止与终止

政府采购合同订立后，必须严格履行，以体现政府采购的规范与严肃性，但履行有损于国家利益与社会公共利益的，采购人与供应商应当变更、中止或终止合同。政府采购合同的变更、中止或终止在适用条件、确认主体、法定期限等方面都有别于一般的民事合同。

一、政府采购合同变更、中止或终止的基本内涵

政府采购合同变更是指政府采购合同成立后履行中，因履行将损害国家利益或社会公共利益而修改其部分内容的行为。一般地看，合同的变更有广义和狭义之分，广义的合同变更包括主体变更和内容变更;狭义的仅指内容的变更。政府采购合同是通过一系列的公平竞争程序而订立的，如果允许主体变更，势必会使公平竞争的政府采购程序徒具形式，损害参与公开竞标的供应商权益，同时，合同主体变更是合同中的权利义务完全交由另一主体享有和履行，合同主体变更实际上是合同的转让，政府采购的内在本质禁止政府采购合同转让。其次，政府采购合同的变更只是合同部分内容的变更，并非合同内容的实质变更。政府采购合同包括一系列条款，在这些条款中，有些是主要条款，有些是一般性条款。政府采购合同的变更只是对一般条款的修改和主要条款的细微修

改。如果对主要条款的全面修改，则是对合同实质性内容的变更，也是禁止的。我国对工程采购合同就明确规定不得在订立工程采购合同后再订立背离合同实质性内容的其他协议，否则要承担相应行政法律责任。再者，政府采购合同变更的法定条件是合同的履行有损国家利益和社会公众利益，有别于一般民事合同的法定和约定的变更情形，尤其是当事人不得协商而变更政府采购合同。

政府采购合同的中止是指政府采购合同履行过程中，当法定条件出现后，暂停政府采购合同履行，待暂停情形消失后继续履行合同的情形。政府采购合同的中止有广义和狭义之分，广义的政府采购合同中止是指当任一暂停政府采购合同履行行为出现时而暂停合同履行的情形；而狭义的政府采购合同中止则是指因政府采购合同的履行将导致国家利益和社会公共利益的损害而暂停合同履行的情形。广义政府采购合同中止的情形除包括狭义合同中止的情形外，还包括政府采购合同履行中因采购计划调整，采购人要求中止履行等多种情形。中止履行的确认主体既包括采购人，也包括政府采购监督部门。后者主要是针对政府采购合同履行有损国家利益、社会公众利益而责令采购人中止合同履行的。

政府采购合同的终止是指因法定条件的出现，合同双方当事人权利义务关系消灭的情形。总体上来看，政府采购合同双方当事人关系消灭的情形具有多样性，包括合同有效期届满、供应商未按合同约定条件履行合同已构成根本违约的、供应商丧失履行能力或被宣告破产的、供应商在履行合同过程中有背离公平竞争原则的不正当竞争行为的以及合同履行将损害国家利益或社会公众利益的等情形。政府采购合同终止有时则仅指前述五种行为的最后一种情形导致的合同终止，属狭义的政府采购合同终止。

二、政府采购合同变更、中止或终止的核心适用条件

合同是双方当事人合意的结果。在履行过程中一旦出现某种特定情况，当事人可以基于合意而变更、中止、终止合同。对一般私法合同来说，这体现了合同自由原则，通常为各国法制所采纳。但政府采购合同是具有特殊性的合同，必须禁止政府采购合同当事人擅自变更、中止或终止合同，采购人与供应商都

无权任意变更、中止或终止合同，这是政府采购合同履行的基本原则。

遵循基本原则的前提下，在政府采购合同履行过程中，出现符合政府采购合同特殊性情形时，则可以变更、中止或终止合同，这种特定情形就是社会公共利益或国家利益。“行政合同规则有一系列不同于私法合同的特殊地方。它涉及到合同的订立、合同的内容和合同的履行。这些特殊原则主要地源于承认公共利益主导地位的根本需要。这种利益一定是优先的，以至于可以达到超越合同明确条款的程度。”[1]社会公共利益或国家利益是政府采购合同变更、中止、终止的基本准则，以下理由支持这一准则。首先，政府采购本身具有公共性，其目的是满足国家公共事务的需要和维护公共利益。维护公众利益和国家利益是政府采购的根本目的和价值追求，当履行中的政府采购合同背离这一目的和价值取向时，变更、中止、终止合同就在情理之中。其次，政府采购具有公共政策功能。政府采购规模大，采购资金流向某一行业或领域，对该行业或领域产生巨大的支持作用。正源于此，政府通常运用政府采购调整产业结构、扶植民族产业、支持中小企业和特定行业，它有助于社会公平正义的维护和产业结构的完善。当履行中的政府采购合同偏离这一方向，无助于公共政策实现时，也应当以变更、中止或终止合同的方式予以纠偏。再次，政府采购也可以作为积极财政政策促进经济增长。现实生活中，无论是1997年发生的东南亚金融危机还是2008年发生的全球金融危机，政府采购作为推行积极财政政策的手段，在大规模基础设施建设和公共事业建设中发挥了不可忽视的作用，成为推动经济增长的重要杠杆。经济增长是一个国家最根本的追求和最核心的公共利益，政府采购合同的履行必须要有助于积极财政政策的推行，进而推动经济增长，履行中的政府采购合同成为推行这一政策的反面时，变更、中止或者终止合同就成了支持积极财政政策，促进经济增长之必要。

三、政府采购合同变更、中止或终止的确认主体

政府采购合同变更、中止或终止的确认主体是指有权确认政府采购合同变更、中止或终止的国家机关。政府采购是公共资金使用人在市场中购买货物、

[1]［英］L. Neville Brown：French Administrative Law, Claredon Press,p203.

服务、工程的行为，其使用资金的公共性使其必须接受政府采购监管部门的监管，因而世界上大多数国家政府采购法制规定政府采购合同变更、中止或终止的确认权归属政府采购监管部门，这一点有别于一般民事合同的变更、中止或终止。

在合同变更方面，一般民事合同允许当事人协商变更，同时法律也规定合同变更的法定条件，当双方当事人因变更合同发生纠纷时，最后由人民法院或仲裁机构确认合同变更的效力。而政府采购合同不允许双方当事人协商变更，且变更的法定条件——合同履行影响国家利益或社会公共利益的情形出现时，双方当事人有义务变更合同,政府采购监管部门也有责任对合同变更进行监管，当双方当事人对合同变更产生争议时，确认变更效力的为政府采购监管部门。在政府采购监管部门确认的效力上，因监管机构的独立性和公正性的差异而有所不同，设立独立监管部门的政府采购法制通常规定：政府采购监管机构对合同变更的确认有法律效力，当事人应当服从。而设立非独立政府采购监管部门的政府采购法制则通常规定：当事人对合同变更的确认不服，可以向法院提出诉讼，如我国政府采购法制的规定。

在合同中止或终止方面，政府采购合同的中止或终止的情形与一般民事合同主要的规定一致，但它更突出合同中止或终止中的影响国家利益或社会公众利益的情形。因而规定政府采购人或政府采购监管部门有权中止或终止政府采购合同的履行，当然，如果是非独立公正的政府采购监管部门做出的确认，供应商还可以向法院起诉。而一般民事合同的中止或终止由法院根据法定情形予以确认。

政府采购合同的履行除合同变更、中止或终止在某些方面不同于一般民事合同外，特别需要注意的是，它对一般民事合同允许的变更或解除情形则是禁止的，同时政府采购合同的撤销在具体适用条件、期限和撤销权等方面也有别于一般民事合同的规定。

第八章

政府采购救济制度

无论实施政府采购程序还是授予政府采购合同，都可能存在不当或违法行为，进而给供应商权益带来侵害，权益侵害必须获得救济才能构筑有序的政府采购市场，政府采购救济制度是政府采购制度的逻辑延伸。

第一节 政府采购救济制度的性质和实践品格

政府采购救济制度是指政府采购过程中供应商权益受到不法行为侵害后由有监督权的机关按照法定程序对其予以救济的一种法律制度。它同一般救济制度相比有自己的特性和自我的实践品格。

一、公法救济模式：政府采购救济机制之模式选择

“模式是某种事物的标准形式或使人们照着做的标准样式。”[1]政府采购救济机制模式是指为解决政府采购纠纷提供的比较稳定的基本进路和判准，它涵盖救济方式、救济途径、救济手段、具体救济措施等并为其提供方向指导，决定于政府采购纠纷的性质。只有与政府采购纠纷性质内在和谐与契合的救济模式才会产生内在的亲和力，进而使纠纷得到相应解决。可见，救济制度设计首

[1]《现代汉语辞典》，商务印书馆1988年版。

先遇到的不是具体的救济措施和途径，而是以什么样的样式来处理政府采购中的程序违法，救济模式的选择对救济制度的设计具有举足轻重、带有根本性的决定作用。法律视角下，作为解决纠纷工具的救济制度通过适用特定的规则去救济在社会行为过程中正当权益受损的一方，从而维护社会既定的结构平衡，进而既保障了社会的秩序性，又保证了规则本身的秩序性。任何救济制度都是对社会行为过程中某一具体阶段正当权益受损一方的救济，确定具体的救济阶段是救济机制模式设计的前提。在现实的政府采购过程中，采购主体不将采购信息公之于众或未采取合理的竞争方式等违反程序的做法是造成采购歧视，进而损害供应商权益的一种常见形态。这样，以促进公平竞争为核心价值目标追求的政府采购制度在救济机制模式设计上必然主要针对采购过程而设计。

政府采购可分为前契约阶段和契约阶段，作为采购过程的前契约阶段，政府采购实体掌握着充分和足够的信息,并在很大程度上享有合同授予的决定权，处于主导地位。而与政府实体相对应的供应商或承包商则只能通过招标书和一些通知掌握有限的信息，处于被动地位。信息的不对称使得供应商心中“潜在的危机感”、“不安全感”始终存在，对于外国供应商和承包商来说更是如此。缘由此，政府采购制度在采购程序、采购方式设计中特别强调公平和非歧视。救济制度作为一种权利受损后的补救制度，也应当与采购方式和程序设计相契合，确保前契约阶段中受到采购行为不利影响的人能够得到有效救济，使法律规制保持一贯性和连续性。同时，政府采购制度所内涵的采购程序是一种行政程序，既然采购程序定位于行政程序，行政机关遵守采购程序的义务就转化成了相应的法律责任，其逻辑结果必然是赋予在政府采购过程中受到歧视、被不合理排斥在外的第三人相应的权利——挑战行政机关违反采购程序的权利，这种权利实质上也就是前契约阶段的救济权利。政府采购救济制度主要针对前契约阶段设计，并不忽视后契约阶段的救济要求，而是将后契约阶段救济留予其他法律制度处理，以彰显法律体系的内在关联性。后契约阶段也就是契约履行阶段，由于契约对双方当事人权利义务进行了有效规范，且契约理念源远流长，信守契约已根植于民众心中，加之合同法律制度较为发达，世界各国对违约责任规定较为完善，契约阶段中各方当事人不履行义务留给法律体系其他性质的已有法律救济，在一国整体法律体系中既不会对救济制度的公平和秩序价值造成重大影响，更有助于法律体系的内在协调。

政府采购救济制度设计上主要是针对前契约阶段，那么前契约阶段的规制应当选择何种模式呢？这离不开对已有法律资源的利用及不同法制的协调。从政府采购法律规制前已有的法律资源来看，主要有公法救济模式和私法救济模式。私法救济模式的典范是英国和德国，这两个国家未严格区分私法合同与行政合同，因而在政府采购救济制度上沿用既有法制规定，采私法救济模式。政府采购活动中，权利受到损害的供应商或承包商通常只能寻求限制竞争法与民法规定的救济措施，救济措施之提起与采取必须要满足特定的条件，具有一定难度。同时供应商在提出救济时还必须向法庭证明其有很大机会获得采购契约的权利，更使得很多供应商望而却步。[1] 因而其在救济效果上，相较于公法救济模式来说是不太令人满意的。[2] 采用公法模式的典型国家是法国。法国是行政法制较发达的国家，其救济制度设计，强调采购程序中发生的纠纷与采购契约履行纠纷的一致性，进而要求救济途径保持一贯性和连续性，一律采用公法救济模式。如果考虑采购契约性质本身的复杂性也即依行政法律关系和特别条款来衡量采购合同，其既有可能是民事合同，也有可能是行政合同，这种不分特定情况一律适用的公法救济模式极有可能出现采购程序中发生的纠纷在性质上不能与采购契约保持一致，进而使本应由私法救济的纠纷纳入了公法救济途径，使救济制度自身产生不和谐与不契合，使救济途径不能保持一贯性与连续性，损害法制统一。好在“可分离行为理论”为克服上述各种弊端提供了有益借鉴，这种理论主张政府采购实体在采购过程中实施的采购行为与契约相分离、相对自治，因而在救济制度设计上也应相对分开，对前契约阶段的救济采取一种与契约阶段不同的救济模式——即公法救济模式。这些可资借鉴的法律资源与政府采购的过程性相契通，并彰显采购行为性质，因而成为现今政府采购救济制度设计的主流趋向。当前，多数国家政府采购法制采取了将前契约阶段和

[1] Jose M. Fernandez Martin, The EC Pubic Procurement Ruler: A Critical Analysis, Oxford: Clarendon Press,1996, p270.

[2] 余凌云：《行政契约论》，中国人民大学出版社 2000 年版，第 240 页。

契约阶段分开，并主要针对前契约阶段采取公法救济模式。这种模式选择，首先将采购行为与采购契约相分离，采取分阶段处理的方法舍弃了政府采购契约本身的复杂性，能够在解决采购过程发生种种纠纷时不必考虑采购契约本身的性质，从而使救济问题单一化，更加便利操作，进而使政府采购纠纷当事人体验到救济制度的有效和快捷而对其予以认同。其次，考虑了政府采购制度采购程序性质和程序责任，正如前所述，政府采购在采购过程中所实施的采购程序是行政程序，属行政行为。挑战行政程序违法，就必然要有行政法来调整，其救济模式相应的必然是公法救济模式。这样，才能保持救济体制的内在亲和力。反之，如果将带有公法性质的违反采购程序的纠纷纳入私法救济机制去解决，就会产生不和谐和不契合，成为孳生问题真正根源。[1]

私法救济模式之择定肯定了第三人挑战政府采购程序违法的主观权利，其实现需要具体的救济途径和手段、救济提起的条件以及他们的关联性等为支撑。受之于救济模式的这些内容，在现实规制过程中为了使救济机制更为有效还应考虑其他影响因素，这些影响因素概括起来包括：救济请求的提起人能够证明其与诉讼结果有充分的利益关系，存在着某种程度合理的法律确定性；救济途径和手段的设计要尽量能够在采购合同签订前促成纠纷的解决、纠正程序违法，进而使供应商能够继续返回采购程序，并在较公正的环境下结束采购程序等。前述救济制度的设计主要是针对“域内救济”而言，而要使“域内救济”能够有效实现，还离不开“域外救济”的设计，也即在用尽当地救济的前提下，作为外国自然人和法人的内国为了保护本国国民的利益而参与进来，从而提出国际诉讼和请求有关专门组织对纠纷进行解决。因此，现行各国政府采购救济制度通常有“域外救济”条款或规定，以使与国际政府采购法制对接。

二、政府采购救济的具体类型

政府采购救济制度的概念和法律定位有助于我们把握政府采购救济制度的内涵，但内涵的把握不能让我们了解救济制度的现实形态，要了解救济制度的现实形态，则有必要对政府采购救济类型进行分析。分析现象和事物的不同类

[1] 余凌云：《行政契约论》，中国人民大学出版社2000年版，第243页。

型，把握不同的分类标准尤为重要，不同的分类标准可以将同一事物或现象划归不同的类型。依据不同的标准对政府采购救济制度可进行如下分类。

首先，根据性质来划分，可分为行政救济与民事救济。

政府采购行为，包括实施采购方式行为、签订采购合同行为及履行采购合同行为。纵观世界各个国家的政府采购法制，一般来说实施政府采购方式通常与行政管理关系较为密切，因此，当供应商因采购人实施政府采购方式行为而遭受权益侵害时，救济方式应视为行政救济。"行政救济是指当事人对于违法和不当的行政行为，向行政机关请求矫正的一种救济手段，是行政监督的一种方式"。[1] 这是狭义的行政救济概念，从广义上看，行政救济还包括公民权益受到具体行政行为侵害时，而提出的行政诉讼等。从行政救济制度演进的历史来看，在行政救济制度确立之初，各国行政救济制度首选的救济类型即是行政复议，此后行政诉讼、行政赔偿及补偿等救济类型陆续确立，逐步形成比较完善的行政救济体系。不仅如此，随着行政救济制度的逐步发展，有些国家在行政复议、行政诉讼、行政赔偿与补偿等传统的救济类型之外，还采用了一些诸如苦情处理、申诉、请愿等新的救济类型，以弥补传统救济类型的不足。这些新的救济类型与传统的救济类型相比，虽然还存在着缺陷和不足，但仍不失为解决某一方面特定问题的有效手段。[2] 在我国除行政复议、行政诉讼与国家赔偿制度外，行政调解制度和具有中国特色的信访制度，在化解纠纷、保护相对人合法权益方面亦起着不可忽视的作用。根据前面的理论分析，再结合外国及我国在行政救济制度方面的实践，上述行政救济制度的类型完全适合于政府采购救济制度，或者说，这些都可视为政府采购救济制度的主要表现形式。

另一方面，由于政府采购制度又具有民法的特征，它也理应划入民法调整的范畴。那么，在当事人一方的利益遭受损害时，他方采取的救济措施就可以是协商、调解、仲裁与司法诉讼。当然这些救济措施乍看起来，与前面的行政救济措施没什么两样。其实两者的差别非常明显，显然民事救济中，不包括复议等行政性的救济手段。在行政法制发达国家，行政救济与民事救济差异更大，

[1] 王名扬：《法国行政法》，中国政法大学出版社 1988 年版，第 535 页。

[2] 樊崇义：《诉讼法学研究》，中国检察出版社，第 99 页。

不光是救济方式的不同，而且即使是诉讼救济，其实施救济的主体也不同，民事救济主体一般是普通法院，行政救济的主体则是专门的行政法院，法国的救济制度就是这样一种典范。[1]

其次，根据救济制度的地域因素，分为域内救济与域外救济

所谓的"域内救济"，是指通过国内组织机构解决争端的法律救济；而"域外救济"则不单单是一个地理上的概念，它还包括总部设在本国内但不受本国管辖的国际组织机构的救济。从国际经济法的角度来看，属地管辖是原则，属人管辖是例外。在经济全球化的时代，尤其是在世界贸易组织的推动下，各国之间的经济交往已经形成了"你中有我，我中有你"的局面。因此，在政府采购的过程中，根据《政府采购协议》的规定，各成员国之间，应根据国民待遇和非歧视待遇的原则，采购政府所需产品与服务。那么在采购国政府与外国公民或法人发生纠纷的情形下，在"用尽当地救济"的前提下，作为外国自然人或者法人的本国就可能为了保护本国国民的外国利益而参与进来，从而提起国际诉讼，此时的政府采购救济制度就具有了域外性。

当然，在国际经济法中，这种情形比较少见。但在欧洲联盟中，认为自己的权益遭受损害的成员国的公民或法人可以在本国以外对本国政府提起诉讼。个人对国家提起诉讼，却是司空见惯的事情。那么，个人在多大的程度上可以从由于成员国政府违反共同体法而造成的损害中得到赔偿呢？以前，英国法院曾认为，政府部门侵害了可以实施的共同体权利，能够引起司法审查，但是，由于欧洲法院最近对第 C-6/90 和 C-9/90 号合案的判决，这样的态度在今天已经站不住了。此外，根据《欧洲共同体条约》第 5 条，成员国要采取一切适当的措施，无论一般或特殊，保证承担共同体法规定的义务。不过，成员国的法律责任受三个条件的限制：(1)指令所规定的结果必须包括给予个人的权利；(2)这些权利的内容必须可以在指令的规定中识别出来；(3)在成员国没有履行义务和个人所遭受的损害之间必须存在因果关系。[2] 就政府采购而言，其具体的救济程序如下：

[1] [英]弗兰西斯·斯奈德：《欧洲联盟法概论》，北京大学出版社，第 81 页。

[2] 王名扬：《法国行政法》，中国政法大学出版社 1988 年版，第 540 页。

在某一具体的合同授予程序中遭受损害的投标人，可以通过类似于国家审判所提供的法律救济的诉讼向欧洲委员会求助，以便引起针对单个成员国的违约诉讼（《欧洲共同体条约》第169条，现第226条）。此诉讼针对的是政府采购实体在合同授予过程中采取的非法裁决或措施。通常，欧洲法院要对欧盟委员会提交的诉讼进行审查，即查明该案是否能够受理以及成员国的判决是否有足够的依据。如果经欧洲法院裁决，成员国违约成立，则欧盟委员会可能发布一个临时禁令，要求成员国改正违反采购法的行为。[1]

再次，依据权益侵害阶段，可分为前契约阶段救济和后契约阶段救济

正如前述所说，政府采购可分为前契约阶段和后契约阶段，在这两个阶段中，采购当事人的权益都有可能受到侵害，当当事人在前契约阶段权益遭到侵害时，其寻求保护其合法权益的合法方式属于前契约阶段救济。同理，当政府采购当事人权益在后契约阶段受到侵害时则属于后契约阶段救济。由于政府采购的核心内容是采购方式和采购程序的确定，这些行为都是前契约阶段行为，且在这一阶段所发生的行为与行政管理关系较为密切，采购当事人中供应商权益受损的可能性更大，因此，政府采购救济制度设计更注重前契约阶段。从世界各国政府采购法和GPA协定相关规定来看，很多涉及救济制度的规范都是属于前契约阶段救济制度。

三、侧重第三人诉权构筑：政府采购救济制度的实践品格

作为平衡公共利益、善意中标人既得权益以及其他竞标人利益的制度设计的质疑程序有着其独特的实践品格，这种实践品格以其特征为表征。特征是比较的结果，它存在于比较之中，没有比较就没有特征，可以说孤立的、与其他事物没有任何联系的事物是毫无特征而言的。可见，要分析政府救济制度的特征就应当跟特定的救济制度进行比较，当然最直接的比较应当是一般的救济制度，通过一般救济制度的比较，我们可以发现政府救济制度最大的特征在于：侧重于第三人权益救济。

[1] Cf.Lutz Horn:Pubic Procurement in Germany,p64.

（一）平等构筑和保障诉权：救济制度一般特性

法律是规制人们社会关系的。社会关系是人在生产劳动过程中所结成的各种政治经济文化关系。由于社会资源的有限性而人的欲求的无限性，只要存在社会关系，就必然存在纠纷，就有社会主体会侵害其他人的合法权益。“在法律社会里，这种纠纷外化为对由规则所创立的行为模式中权利义务的意见的不一致，这种法律上权利义务的纷争，直接影响着由现行法所维护的利益格局的稳定程度、冲击着由法律制度对现实社会资源的配置实效”。[1] 如果没有消解这种纷争的机制，不能够使权益争议中权利受损方得到及时有效的救济，或者这种救济制度运作不畅，那么权益受损现象就会在社会生活中占主导地位，以致每个人的权益都有可能受到损害，这必然造成混乱，为现代社会所不容的。因此，任何法制社会都赋予现实法律主体一定诉权，使之在认为自己的合法权益受到侵犯或发生争议时可以向行使国家司法权的机关求得救济或公正裁决，进而使受损的权益得到补偿或赔偿，使损害他人权益的社会主体受到应有的制裁。可见，赋予诉权的救济制度是针对法律所规制的权利并不一定会得到现实保护这一人类社会实践而设计的，它旨在保护受损权益，恢复权利义务结构的平衡。由此“有权利必有救济，无救济则无权利”就成了人类法制的一条普遍的理性准则，救济制度则构成法律制度不可或缺的内容。立法的准则和司法的品性必然要求救济制度在宏观上以平等原则构筑和保障诉权。

立法的首要要求：对赋予人们权利的法律应由身份平等的公民亲自或经由其代表参与制定，也即立法机关按每个公民的自由意志构成的共同意志型构，并且只有这种共同意志才构成法律，作为救济制度的法律也应当以这种共同意志为依归。立法更为根本的要求则是：由公民共同意志组成的立法机关在分配权力、权利和利益时，也必须充分体现社会成员的民主权利和舍弃他们之间事实上存在的某种差异，无论是实体权利，还是程序权利都应当这样。表征程序权利的救济制度也应当平等地赋予每个公民诉权，平等地保护各类法律主体的合法权益和正当权利，当他们发生法律纠纷时，任何一方都可以籍救济机制维护其合法权益。

---

[1] 宋功德：《行政法哲学》，法律出版社 2000 年版，第 548 页。

司法应有品性就是平等地适用法律，其逻辑结果必然平等地保障诉权。所谓司法“是以第三人的地位，就他人间存在的法律上的争议，根据既存的规则，做最后的、具有权威而且有拘束力的决定的国家公权力”。[1]也就是说司法是只能依据既成的规则遵循法定的程序解决法律争议，救济权利受损一方的国家职权。这种国家权力的行使要以平等为依归，法律面前人人平等是国家司法权行使的根本准则，各种诉讼法通常都规定了平等原则，平等保障各类法律关系主体的诉权。这就要求司法救济不能因公民事实上存在的诸如教育程度、财产多寡、居住期限、种族、宗教信仰、民族背景、意识形态等因素的差异而采取不同的救济方式或救济途径并给予不同的救济权等，而必须平等地对待和救济当事人。当今世界各国的诉讼法律制度也都以平等救济为原则，规定任何主体都享有诉权，都可以依法提起或参加诉讼，维护自己的合法权益。即使行政诉讼也强调诉权平等。一般而言，在行政法律关系中，行政主体明显优于相对方，由此造成救济制度中启动平等救济的困难，但在现代行政程序法制中，“行政被告当然不再拥有行政法律关系中的优势地位，原告也不再面临着行政强权的威胁”。[2]可见，平等救济当事人已是司法救济的一般要求。司法救济要求平等救济当事人也成为法律的一般要求，行政救济当然也应遵循这一一般要求，行政救济有各种各样的方式，它包括申诉、请愿、行政复议等，这些救济方式都赋予当事方平等的权利和机会。

（二）以第三人诉权构筑为主线：政府采购救济制度的内在逻辑

尽管平等构筑诉权是法律救济的一般要求，但社会现实的复杂性和具体制度设计的情景考量差异，要求一般中有特殊，正如开花结果是普遍的自然规律，同时在这种普遍规律中还有无花果之特例。政府采购特性决定其救济机制是一般中的特殊。

政府采购特性在于政府采购活动是在采购人与供应商之间展开的，而采购活动中的采购方常常只与特定的供应商直接发生权利义务关系，而与大多数供应商无法律权利义务关系。尽管大多数供应商不能成为特定政府采购活动中的

[1] 翁岳生：《行政法》，輸芦图书出版有限公司 1998 年版，第 104 页。

[2] 宋功德：《行政法哲学》，法律出版社 2000 年版，第 555 页。

当事人，但正是采购方与特定供应商发生权利义务关系时，其他供应商（也即第三方供应商）的权利就有可能受到侵害。在国际政府采购中，某一内国为了保护本国供应商往往采取国别或所有权等因素对他国供应商实施某种限制，甚至排斥其参与竞标的机会，进而妨碍贸易自由。以公平竞争为追求的政府采购必然要规制非歧视原则和严格的采购方式和程序，并通过采购信息的公开、程序的透明、竞标人资格和契约授予准则等条款来实现公平竞争。可见，采购程序之行政性质定位是用以规范和控制政府采购过程中采购实体的自由裁量权。这样行政机关遵守采购方式和程序的义务就构成了对所有采购程序参加者的责任。其逻辑结果必然是在救济制度设计时侧重于如何对在政府采购中受到歧视、被不合理地排斥在外的第三人进行救济，而不是平等地救济具体采购活动中直接发生权利义务关系的当事人。因此，其机制中的诉权围绕第三人而构筑。

侧重于第三人诉权构筑之品性具体表征在救济模式的选择、救济措施的规制、质疑主体的规定等内容上。

在救济模式选择上，质疑程序采取的是公法救济模式。公法救济模式实质上是以采购程序和方式属行政行为为价值基点，这种价值基点必然会赋予采购过程中因行政机关违反采购程序规定而未成功获得采购契约机会的采购参加人挑战程序违法的权利，这种权利就是第三人的诉权。

在救济措施上，质疑程序规定：质疑处理应当包括有纠正违反政府采购法律的行为，确保商业机会的措施。[1]这里确保商业机会就是确保每一个供应商的商业机会，而供应商商业机会丧失可以说主要是由歧视和暗箱操作所致，而这种结果损害的是没有与政府采购实体发生权利义务关系的供应商，其救济权利受损的诉权也必然是赋予第三人。

各国政府采购法制对第三人权益救济的具体措施规定不一，然 GPA 协定通过对歧视和暗箱操作规定了具体标准，以保障具体政府采购过程中第三人权益获得有效救济，这规定有助于保障第三人权益，值得借鉴。

在歧视方面主要可能通过国别要求、原产地要求、技术规格要求来实现，这样 GPA 协定从非歧视待遇原则、原产地规格、技术规格等方面作了具体要求。

[1] 参见 GPA 协定第 20 条第 7 款 a 项。

在非歧视待遇方面，要求对政府采购协定所包括的一切法律、规章、程序和做法，每一缔约成员方应确保其采购实体不基于外国属性和所有权成分的比重而在当地建立的供应商之间实施差别待遇、不能基于被提供的产品与服务生产国国别而歧视在当地建立的供应商。在原产地规则方面，一缔约方在进行具体的政府采购活动中不得实施有别于正常贸易过程中和有关贸易时对相同缔约方的相同产品和服务的进口或者供应所实施的原产地规则。[1] 在技术规格方面规定了更为严格的要求。GPA 协定第 6 条规定，技术规格的制定、采用和实施不得以对国际贸易造成不必要的障碍为目的，也不得产生这种效果，技术规格只能是对拟采购的货物和服务特征之要求的说明，包括质量、性能、安全与体积、符号、术语、包装、标志和标签、生产工艺与方法以及评审程序等；除非无足够准备或者易懂的方法描述采购的技术规格要求，不得在招标文件中提及某一特定的商标或商号、专利、设计或型号、具体原产地、生产商或供应商。我国《政府采购法实施条例》吸收了 GPA 协定这一有益经验，在其第 20 条中对歧视和差别待遇做了详尽规定。

暗箱操作是指采购实体在采购过程中，暗中与特定投标商进行接触，进而使其成为中标、成交商，从而使公开招标过程中无论是价格还是质量都很有竞争力的供应商不能中标。这里实质上损害的也是第三人的权利，为了使第三人权益不受损害，或者受损时能够得到有效救济，GPA 协定规定了透明原则以防止暗箱操作，并为 GPA 救济制度救济第三人提供具体标准。透明原则的具体要求是政府采购实体应当在 GPA 协定附录 2 所列刊物上，公布邀请参与各种意向采购招标的通知，公布内容应当包括拟采购的产品、服务的性质和数量等，但不得向供应商提供有关具体采购的信息，避免造成排除竞争的结果。

在质疑主体规定上，质疑程序规定供应商提出质疑的条件是对某一具体采购过程有或曾经有利益关系。这表明救济的不是与政府采购实体直接发生权利义务关系的主体，而是与采购过程有或曾经有利益关系的当事人，也即第三人。不过，第三人不是个泛泛而谈的概念，只有与政府采购有直接或间接关系的人方可构成第三人，这实际上赋予第三人诉权主体资格。这种质疑主体资格

[1] 于安：《政府采购制度的发展与立法》，中国法制出版社 2001 年版，第 27 页。

严格限于第三人的做法既考虑了确保受到采购行为不利影响的人都能得到司法救济，也有助于防止滥诉，进而保证公共利益在采购过程中得到顺利实现。

第二节 政府采购救济制度的一般内容

政府采购救济制度的性质和实践品格是政府采购救济制度的内在特征，而这种内在特征是通过其具体内容而体现的，政府采购救济制度的具体内容承载政府采购救济制度的内在特征。政府采购救济制度的具体内容通常包括救济主体、救济范围、救济前程序、救济程序和救济方式等核心内容。

一、救济主体

救济主体是指当政府采购过程中权益受损的供应商向其提出纠正政府采购不当或违法行为，保障其合法权益的请求时，依照法定程序对供应商的请求进行审查并作出处理决定的国家机关。作为维护供应商权益的救济主体，对纠正政府采购过程中的违法和不当行为具有法定权力，因而赋予何种国家机关这种权力必需通过法律制度设计来安排。不同的国家在政府采购法律制度中被赋予此种权力的机关不尽一样，这就形成了政府采购救济主体的不同模式。

由于各国历史文化传统、政府采购制度的演进历史以及政府采购市场成熟程度不同，目前国际社会政府采购法制规定政府采购救济主体的主要模式有：独立的行政机关模式、政府采购监管机关模式、司法机关模式和混合机关模式。

独立的行政机关模式是指在行政机关内部设立独立公正的机构受理供应商救济请求之模式，特点在于它是行政机关内部的救济模式。总体来看，这一救济主体模式既能克服传统的快捷的行政申诉模式忽视制度本身运作可能会对救济结果带来偏差，进而难以最大程度地实现公正之缺陷；又能克服公正的司法救济所隐含的程序冗长，当事人请求难以及时满足之弊端。可以说它是对传统的行政申诉救济和司法救济的合理扬弃，在救济主体上有了很大程度创新，这一救济主体模式也被 GPA 所肯定。目前，多数国家采取这一救济主体模式，如日本。日本在加入GPA后，于1995年12月专门成立了受理供应商救济请求的政府采购审查局，该局的组成成员由内阁设立的政府采购审查办公室行政首长任命，包括专家、学者和政府采购官员，共25名。该机构是独立运作的处理供应商提出救济的内阁内设机构，其权力行使不受其他行政机关和外部干扰，独立审议供应商的救济请求。政府采购审查局处理供应商的救济请求时，发现政府采购过程有不当行为，可拟定建议书送政府采购审查办公室查处。不过，政府采购属行政机关的职权事项，尽管由行政机关处理政府采购纠纷、救济权益受损当事人权益，有助于发挥行政机关专业性特长。但行政机关救济可能存在公平和公正性问题，因而对行政机关内设的受理救济请求的主体必需要强化其公正性和独立性。

政府采购监管机关审查模式是指由负责政府采购监管的机构受理供应商救济请求并予以处理的模式。这种模式也是行政机关内设的救济模式，其公正和独立性取决于监管机关与采购实体是否存在着某种关联和其运作是否受到其他行政机关的干预，当政府采购监管机关与采购实体存在着显性或隐性的利益关联，以及其运作程序不够完善，容易受到外部干扰时，其独立性常常受到质疑。我国目前采取这一模式。在我国，由于政府采购监管部门是政府财政部门，而采购人与财政部门是并行的政府组成部门，且集中采购机构也由财政部门设立。尽管我国《政府采购法》规定：采购代理机构与行政机关不得存在隶属关系或其他利益关系，但现实里看，由于集中采购代理机构由财政部门设立不可避免地存在千丝万缕的联系，这样由采购监管部门负责处理供应商的救济请求，其独立性难免不受到质疑。

司法机关模式是指由法院直接受理供应商救济请求的模式。这种模式属行政机关外部的救济模式，其公正性和独立性值得称颂。但由于法院自身处理纠纷的期限较长，加之专业性限制，往往难以对采购过程的采购纠纷予以及时纠正，这难免不影响政府采购的效率，因而采用这一模式的国家不多。目前采用这一模式的主要有英国，在英国，由于行政合同纠纷与民事合同纠纷一样都由法院受理，而不采取行政诉讼的方式予以解决，因而，其政府采购救济主体也就采取了司法机关模式。

混合机关模式是指由几个不同的国家机关分别来处理由供应商提出的救济性质不同的救济请求之模式。最大的特点在于：将政府采购救济请求依据不同的情况分成不同性质的救济请求并由不同的机关分别受理，它有助于强化救济专业性和提高救济的效率，也体现了政府采购制度的发达程度。目前采取这一救济模式的主要有美国，美国对政府采购救济中的争议问题分为“合同授予争议”和“合同履行争议”。合同授予争议由采购人向政府采购监管部门——国会下设的会计总署或者向联邦赔偿法院提起，这两个机构都有权对纠纷进行裁决进而使供应商的合法权益受到保护。而对于合同履行争议，供应商和采购人只能向合同官员和行政机构内设的公共合同申诉委员会或法院提出。可见美国受理供应商救济请求的机关包括政府采购监管主体、联邦赔偿法院、合同申诉委员会等机构，是一种典型的复合主体模式。美国政府采购救济模式最大特点在于，将政府采购合同也纳入到救济制度的范畴，而一般国家通常将合同履行纠纷纳入到合同纠纷范畴，通过民事诉讼予以解决，也就是说一般国家政府采购法制的救济制度通常不包括对合同纠纷的救济。

除上述四种救济主体模式外，《欧盟救济指令》还设立了专门的证人监督模式。该监督模式要求，在公共事业政府采购过程中，采购实体应对采购过程是否遵循政府采购法制与未侵害采购人的合法权益进行宣誓。宣誓由通过国家认可的具有专业资格的证人来负责，证人需发表证词证明采购实体在一定时间内，采购人所从事的采购活动不存在歧视并符合政府采购法制要求。同时，宣誓证明人还应当对采购实体任何已被认为不当的行为已经得到了纠正、并且已采取措施保证这些不当行为不再犯予以证明。[1] 这种制度是通过具有专业资格的证人来证明采购实体行为合法，是一种独特的救济模式。欧盟的这种救济程序只适用于公共事业采购，不能拓展到所有政府采购纠纷处理。

正是各个不同国家有不同的救济主体模式，作为规范世界贸易组织体制下政府采购市场的 GPA，在救济主体模式上未作出具体模式规定，但要求 GPA 参加方应当建立或者任命至少一个公正的行政和司法机关，该机关独立于采购机构并负责接受审查供应商因相关采购而提交的救济请求，为了确保该种机关

[1] 参见《欧盟公共事业救济指令》第 5 条。

的公正和独立，GPA还要求如果受理供应商申请的救济机关不是公正和独立的行政或司法机关，则其处理决定要接受司法审查。[1]该种审查模式具有一定弹性，同时也给予了成员国一定的自由选择，优势明显。欧盟《政府采购救济指令》也采取了GPA这一模式，不过欧盟指令为了强化独立的行政机构的独立性，对独立行政机关组成成员的资格和任命作了具体规定。要求至少独立机构的负责人应当像审判员一样具有法定的专业技术资格，而其他成员应当由法律规定任命条件，而且独立机构所有人员的免职条件与审判员一样等。[2]

二、救济范围

救济范围是指供应商向救济主体申请救济受损权益的事项范围。它决定救济主体对政府采购行为监督的范围，决定着权益受到采购实体侵害的法人和其他组织救济权的行使范围，确立救济范围有着重大的意义。确立范围时，必需考量相关因素并采取特定方式表述。

确立救济范围的意义，首先在于：有助于提高政府采购活动效率。政府采购活动事项范围广泛，每一个环节都涉及到相关当事人的权益，有些事项对权益影响大且深远；有些事项对权益的影响则可能细微，且对采购双方当事人权利实际影响不大。因而不考虑权益本身和行为是否违法，对政府采购中供应商不满的任何事项都予以救济，则有可能导致政府采购过程的无端中断。政府采购过程中断后无论何时恢复都有可能影响政府采购的效率，这样，对政府采购救济范围做一定限制十分必要。其次，救济范围是对供应商救济权的肯定。向救济主体提出救济是政府采购供应商的一种权利，但这种权利通常要受到一定程度的限制。如果政府采购法制没有将某种受损权益或政府采购争议纳入救济的范围，供应商就不享有申请救济的权利，可见救济范围的确立在很大程度上是对供应商救济权范围的界定。再次，救济范围影响政府采购当事人资格的确立。一个法人或社会组织能否请求救济，最根本的在于其所受损的权益和所涉及的政府采购争议是否可以或者必需经过政府采购救济途径解决。权益受损的

[1] 参见《GPA》第18条第4、5款。

[2] 肖北庚著：《政府采购之国际规制》，法律出版社2004年版，第197页。

供应商或与政府采购争议有利害关系是法人或社会组织成为适格的救济申请人之必要条件。

确立政府采购救济范围意义重大，必须考量相关因素，并依之为准则确定将哪些事项纳入到政府采购救济制度之中。型构政府采购救济制度首要考量的是政府采购市场发育的情况。政府采购市场发育情况决定着政府采购当事人行为的规范程度，初步建立的政府采购市场中，采购主体行为多不规范，双方当事人的纠纷也较多，供应商权益受损的情况也容易出现，如果不计受损权益大小和违法程度将全部权益受损事项纳入到政府采购救济范围，必然会造成救济制度不堪重负。因而，合理地确立救济范围并随着法制的发展而不断地扩大救济范围是立法应遵循的准则。当政府采购市场十分成熟时，应着力维护成熟市场有序发展，尽可能地将政府采购救济范围涵盖到供应商不满和抱怨的一切情况。其次，应考虑救济制度本身的承受能力。政府采购救济制度往往是通过赋予特定主体解决政府采购纠纷权力的制度，救济主体解决纠纷的能力尤其是承受能力有大小。如果政府采购救济主体解决政府采购争议、救济供应商权益的承受能力较高则可将救济范围放宽，反之则应缩小。再次，还要考虑供应商权利意识和主体意识发展的程度。救济制度是当事人权益受损后寻求法律保护的一种途径，通常情况下只有当当事人意识到法律所提供的救济途径能救济自己权益时才能激发起寻求法律救济的热情，否则法律规定的救济制度形同虚设。[1]对供应商采购权益的救济只有在供应商意识到其权益应该获得救济时才可能出现，供应商政府采购权利意识和自主意识的发展程度会客观地制约着救济范围的扩张程度。

通过一定考量而形成的救济制度往往需要通过一定方式来表述，从当前各国政府采购立法和国际社会政府采购法制规定来看，救济范围的表述模式主要有三种，即：概括式表述、列举式表述、混合式表述。

概括式表述是指政府采购法制对救济范围进行抽象概括规定的模式。政府采购法制发达的国家和GPA协定就采取这种表述方式，GPA规定：凡由采购主体违法不当造成的对采购人权益侵害的情形都是政府采购救济的范围，即供

[1] 余凌云：《行政契约法论》，中国人民大学出版社2000年版，第246页。

应商对与其有或者曾经有利害关系的政府采购，如果采购主体违反了政府采购法制就可以提出救济申请。这一规定将救济的范围内容规定的相当广泛，其大体可以包括：采购实体违反法定义务；采购方式、招标文件、招标程序、招标评标过程、中标供应商和其他投标资格等内容不符合法律规定等等。

列举式表述是政府采购法制对救济范围采取逐项列举予以规定的模式。它将救济范围依法条罗列，让供应商对某种权益是否能够获得救济有明确的了解。其特点在于规定明确、便于操作。政府采购市场发育不完善的国家政府采购法制往往采取救济模式。我国政府采购法制就采取这种规定模式，规定供应商提出救济的范围包括：采购文件、采购过程以及中标成交结果等三个方面的事项。只要供应商认为这三个事项使自己的权益受到损害，无论采购人是否违法都可以提出救济。它在一定程度上是一种权利救济的主观方式，不同于权益受损需要另一方违法的客观救济方式。

混合方式则是指并用概括和列举两种方式规定政府采购救济范围的模式，其又可分为两种具体形式，即肯定式概括与否定式排除相结合及先否定排除与后肯定概括相结合的形式。由于政府采购救济范围本身相对来说就比较具体，它不像一般诉讼制度那样抽象，因而现在采取这种模式的不多。2011 年修订前的《示范法》曾采取这种模式，它在肯定政府采购救济范围后，采取否定排除的方式规定了不得申请救济的事项。《示范法》对不得请求救济的事项规定较为全面，其范围包括采购实体对采购方法的选择、采购实体对服务采购评选程序的选择、采购实体依照法定条件作出拒绝全部投标、报价的决定等等。[1]

三、救济前程序

救济前程序是指供应商在请求独立公正的行政机关或司法机关救济前，向采购实体提出权益受损的意见并双方磋商，政府采购实体以此为基础单方纠正供应商不满的程序。这种程序鼓励供应商在向独立公正的救济主体申请救济前，将请求救济意向告知采购实体，为采购实体提供了反省自己可能的不当行为或侵权行为机会。更为主要的是，使采购实体在正式救济程序启动前有可能通过

[1] 参见 2011 年修订前的《示范法》第 12 条。

与供应商接触而解决其不满和抱怨，尤其是纠正那些因采购官员疏忽大意和未尽到应尽之注意义务而造成的违法和不当。这有助于将供应商与采购实体在采购过程中的分歧甚至纠纷化解于分歧或纠纷形成之初，是一种能案结事了的程序，其提高政府采购效率之作用十分明显，因而也为各国政府采购法制和国际政府采购法制所规定。

从目前的政府采购法制来看，规定这一程序的模式主要有三个，即：鼓励型模式、选择型模式和前置程序模式。鼓励型模式是指鼓励供应商与采购实体进行救济前的互动并尽可能及时地解决相关问题。GPA 是采取这一模式的典型协定，它要求各缔约方必需鼓励采购机构和供应商通过协商来寻求解决有关不满的途径，对于供应商提出的任何不满，采购实体都必须给予公正、及时的考虑且不得因之对供应商参与现行和未来的采购造成损害，以及在日后寻求其他救济措施的权利造成妨碍。这种模式有助于将采购人和供应商的纠纷及时通过一定的正式渠道加以解决，有助于提高政府采购效率。选择型模式是规定供应商对采购过程中的不满可以采取事先与采购实体进行协商解决或供应商直接向救济主体提出救济请求的模式。这种模式赋予了采购人较大的在请求救济前是否与供应商进行协商的选择权利，有助于供应商根据具体情况作出有利于自己的判断，具有灵活实用性。目前，《示范法》规范了这种救济前程序，它规定供应商可以就采购实体在采购程序中做出的决定和采取的行动向采购实体提出审查要求或向独立公正机构提出审查请求。[1] 前置程序模式是指供应商向救济主体提出救济请求前，必须先向供应商提出该审查请求之模式。这种模式将采购人与采购实体之间的纠纷由采购实体先行审查，采购实体对自己的行为享有审查权，尽管给采购实体和供应商提供了平等谈判的机会，体现了供应商与采购人之间的互动友好，有助于消除双方误会。但将其作为一个必经程序，既不利于纠纷的公正解决也无端拖延了救济程序，是一种曲线的救济方式[2]。“如果没有其他价值考虑的话，一个先进的法典是不可能将审查权直接赋予被审查

[1] 参见《示范法》第 66、67 条。

[2] 江必新：《是恢复，不是扩大——谈〈若干问题〉对行政诉讼受案范围的规定》，《法律适用》2000 年第 6 期，第 5 页。

者的,即使这种审查不是最终审查"[1]。因此这种模式通常是政府采购法制不发达国家所采取，我国就采取这种模式[2]。

鼓励模式由于是一种倡导型方式，通常不会对具体的磋商期限和磋商结果等作出明确规定，而选择性模式与前置模式都视救济前程序为采购救济的一种处理程序，因而必然会对受理主体、时限、处理准则以及结果等作出要求。

在受理主体上，通常规定为采购实体。不过，集中采购模式中，由于采购人通常以合同方式委托集中采购代理机构从事具体的采购事务，具体采购事务由采购代理机构承担，采购人本身对采购事务的具体细节则可能了解和掌握不全面，甚至对某些事务完全不了解，这样如果还机械地规定由采购人受理供应商的请求，无疑会给采购人增加不必要的困难和负担，由是，同时赋予采购代理机构受理主体资格。当然，采购代理机构是依据采购人的委托而从事采购代理事务的，因而采购代理机构只能就采购人委托授权范围的事项以自己的名义与供应商协商并给予答复，对于采购人委托授权范围以外的事项，则无权处理，但应当告知供应商向采购人提出请求。

在时限规定上，主要又有两种模式。一是抽象规定从知道或者应当知道向采购人提出协商请求之日起的一段时间，具体为七天或者十天。这种规定较为笼统，未考虑采购过程的复杂性与各种特殊情形，给执行带来一定难度。我国政府采购法就采取这种模式，规定供应商应当在知道或者应该知道其权益受损之日起七个工作日内以书面形式向采购人提出质疑（实则是向采购人提出协商请求)。《政府采购法实施条例》对"应当知道权益受到损害之日"进行了具体规定，细化了操作规则，完善了政府采购法制。另一种模式则是依据不同的请求事项规定具体期限。对涉及招标条款、预审资格或者采购实体在预审资格中做出的不当行为和决定的，应当在投标截止日前提出审查请求（实则是向采购人提出协商请求）；对于采购实体做出的其他不当行为和决定，则应当在采购合同生效前提交审查请求。这种模式区分了不同情形，有针对性，使协商能够得到及时解决，有助于提高政府采购效率。《示范法》就是依此种规定向有关

[1] 肖北庚：《国际组织政府采购规则比较研究》，中国方正出版社 2003 年版，第 174 页。
[2] 参见《中华人民共和国政府采购法》第 52 条，《政府采购法实施条例》第 55 条。

国家提出立法建议的。但采购活动中的有些问题需要一定时间才会显现，这种规定不利于供应商潜在受损利益的救济。[1]

在处理准则上，普遍要求以书面形式并规定合理期限。救济请求的事项涉及到采购当事人的权利，因而在答复形式上应当采取正规的书面形式。书面形式是对采购实体的义务要求，采购实体只有采取了书面的答复形式才表明自己履行了法定义务。政府采购活动常有多位供应商参加，采购人对提出请求的供应商的请求事项做出的回复，很可能既涉及到请求救济的供应商，也涉及到参加采购活动的其他供应商，书面答复不仅应当通知提出请求的供应商也应当通知其他的供应商。供应商提出请求后，采购人应当认真对请求进行审查，由于请求审查的采购事项可能比较复杂，采购人需要一定的时间进行研究方能作出答复,通常规定一定的期限。我国政府采购法规定的答复期限则是七个工作日。在答复的具体内容上，我国法律只抽象地规定了答复，而《示范法》还规定答复应该以决定形式同时决定还可以推翻、纠正、更改和维持供应商请求所涉及的事项和行为，采购实体甚至还可以做出暂停采购程序的决定。

四、救济程序

救济前程序因无独立的公正机构参与,因而最多只能够看成一种协商程序。如果协商不成或者任何一方对协商不满意，实际上纠纷就会产生。纠纷如果得不到及时正确的处理，必然会加剧采购人与供应商的对立，甚至冲突。这就需要一个公正、迅速并有第三方介入的救济程序，以及时化解纠纷，保障政府采购双方当事人合法权益。这种程序就是正式的救济程序，它是救济制度的核心内容,具体内容涵盖到提交救济申请（具体法律规定为投诉或质疑)、初步审查、实质审查、作出决定、发布通知等环节。

（一）提交救济申请

提交救济申请是认为采购过程的不当或违法行为致使其权益受损的供应商向救济主体提出救济请求的行为。它是一种正式的救济申请,需要在法定期限、采取法定形式并向具有法定资格的主体提出。从救济申请提出时间来看，通常

[1] 参见《示范法》第66条第2款。

有两种规定：一种是救济前阶段程序被视为前置程序的情况下，供应商则应在审查期满后或者供应商对采购人的审查不满等情况发生后一定时间内提出，我国《政府采购法》规定：正式救济申请应当在供应商对采购人、采购代理机构答复不满或者未在规定期限内作出答复的十五日内向政府采购监管部门提出投诉。另一种情况则是救济前程序不视为前置程序条件下，供应商应在知道或者应当知道提出救济申请的一定期限内提出，具体时间有七日、十日、十五日等不同规定。上述两种时限规定未依不同采购事项做出不同救济时限规定，而有的国际政府采购规则还采取针对不同采购事项规定救济申请提出时限，《示范法》就规定在针对招标文件条款、供应商资格预审或采购实体在供应商资格预审过程中作出的决定和行为，其提交救济申请的时限为投标书提交截止日；而在其他情况下，应在知道或理应知道提出救济的一定期限内提出救济申请，具体时限未作规定。针对具体采购事项规定救济申请提出时间的规定，有助于提高政府采购效率，但忽视了特殊情况进而限制了供应商权利。如采购文件的歧视性条款在投标申请书提交后被意识到的就丧失了救济权利，因而需要考虑特殊情况。

救济申请不仅要在法定期限内，而且要向有权受理救济申请的救济主体提出。政府采购法制通常与一般诉讼法一样规定救济的管辖，也就是针对不同的救济申请规定不同的救济主体，因而救济申请一定要向享有受理申请权限的救济主体提出。救济申请是事关供应商救济权益的重要请求，因而应以书面形式向救济主体提出。救济申请书具体内容包括：投诉人和被投诉人的名称地址电话等、具体的投诉事项及事实依据、投诉日期等事项；如果救济前程序是前置程序的，还应当标明向采购人请求审查与采购人答复情况及其相关证明材料等等。救济申请可以由当事人自己办理，也可以委托代理人办理，在委托代理人办理救济事务时，除提交救济申请书外，还应当向救济主体提交救济申请人的委托授权书，委托授权书应当载明委托代理的具体权限和事项。

（二）初步审查

初步审查是救济主体对供应商提交的材料做初步形式审查的审查方式。供应商向救济主体提出审查申请后，救济主体应当在收到救济申请书后，向有关当事人（包括采购人和有关供应商）发送申请书副本，并在规定期限内对申请书材料进行初步审查。审查后针对不同情况作出不同的决定，申请书内容不符合法律规定要求的，救济申请人修改后重新提交救济申请；不属于本部门受理的救济申请，转送有管辖权的部门并通知救济申请人；不符合提出救济申请其他条件的，则告知救济申请人不予受理并说明理由。初步审查决定书应当以书面形式告知救济申请人。

（三）实质审查

实质审查是对救济人提出申请救济的事项从事实和法律方面进行审理和查明并做出裁决的审查方式。形式审查后，救济主体便着手对申请救济的事项从法律与事实两方面进行审查，其审查方式为书面审查，通常不需要采购人、供应商当面进行质证和辩论，但在特定情况下，受理救济申请的国家机关既可以进行调查取证，也可以组织供应商与采购人当面质证[1]。当面质证时，任何一方不参与质证，则视为权利放弃。供应商不参与质证的，则以后不得就同一事项再向救济主体申请救济；采购人不参与质证的，则视为认可救济事项，救济主体进而可以根据供应商申请作出决定。不组织当面质证的，救济主体也应当对申请事项进行全面调查，在调查中申请人、被申请人及与申请事项有关的单位和有关人员都应当如实地向救济主体提供所需要的材料。期间采购人在收到救济主体向其提交的申请书副本之日起的五个工作日内，应当以书面形式向救济主体作出说明并提交相关证据、依据和其他材料。在调查过程中，相关被调查主体都应当如实反映情况，否则应承担相应责任。救济申请人拒绝救济主体依法进行调查的，则按照自动撤回救济申请处理，且以后不得以同一事项向救济主体提出救济申请；被申请人拒绝在收到申请书副本后规定的期限内提交相关材料，则视为放弃说明权利，救济主体可以直接就申请救济的事项作出决定。为了促使采购人依法诚实申请救济，防止滥用救济权，政府采购法制通常要求供应商依法诚实申请救济。如果救济主体查明供应商捏造事实、提供虚假材料等恶意滥用救济权则应当驳回其救济申请并对其进行处罚，处罚的方式包括列入不良记录名单或罚款等。我国政府采购法制对恶意、虚假申请具体情形做出

[1] 参见《政府采购法实施条例》第56条。

了规定，包括：一年内三次以上申请救济的事项均查无实据的、捏造事实或提供虚假救济事实材料以及以非法手段取得证明材料进行投诉的等情况。[1]

（四）作出决定

作出决定是指救济主体在对供应商申请的救济事项进行实质审查后作出的处理决定。决定作出要遵守时限规定和形式要求。在时限上，各国政府采购法制在考虑及时结束救济程序不影响采购过程有序进行的前提下明确规定了时限，具体时限规定不一。我国政府采购法制规定救济主体应在收到申请救济书后三十日内作出处理决定。同时，各国政府采购法制通常将处理救济事项中因需要检验、检测、鉴定、专家评审以及投诉人补正材料所需时间排除在期限外。在形式要求上，救济处理决定也是需要保留的采购文件之组成部分，应采书面形式。救济处理决定书应当载明如下内容：救济申请人和被申请人的姓名或名称、住所等；委托代理人办理的，代理人的姓名、职业、住址、联系方式等；处理决定的具体内容及事实根据与法律依据；告知救济申请人获得进一步救济的权利；作出处理决定的日期等。处理决定书应当送达政府采购有关当事人，并在政府采购信息公布媒体上公告。

（五）救济中的保密义务

在救济过程中，任何一方都应当注意保密。各国政府采购法制对保密义务的内容和具体阶段规定不尽一样。在保密义务的内容上，有的局限于商业秘密和个人隐私，如我国《政府采购法》；有的则将保密义务拓展到商业秘密和个人秘密以外的与保护国家基本安全利益、妨碍执法、妨碍公平竞争等的相关信息，如《示范法》的相关规定。在具体阶段上一般都要求整个救济过程都应遵守保密义务，有的法制还特别对当事人与采购人的质证过程中的保密义务进行规制，质证过程如果牵涉到保密义务，则救济主体不应当对救济事项进行公开质证和公开救济过程。[2]

---

[1] 参见《政府采购法实施条例》第57条。

[2] 参见《示范法》第69条。

五、救济方式

救济方式是指救济措施的表现形式，即纠正政府采购过程中侵害供应商权益的不当或违法行为的具体方式。救济方式是采购人承担责任的一种方式，目的在于纠正不当或违法行为，将受损权益恢复到未受损害时的情形。具体可以分为程序上的救济方式和实体上的救济方式。程序上的救济方式是针对违法或不当的采购行为本身予以救济的方式，具体形式包括中止采购程序、确认违法、撤销合同等。实体上的救济方式则是针对违法或不当的采购行为给供应商所造成的损失实施的救济措施，主要是对不当或违法行为造成的后果给予补救，它以损害的实际发生为前提，主要方式是赔偿。

（一）中止采购程序

中止采购程序是指暂停正在进行的采购，待采购程序符合法定恢复条件后，重新进行采购的救济方式。主要是针对正在发生的违法或不当行为而采取的救济方式，目的在于避免其给采购项目造成损害，尤其是避免因违反程序授予合同而导致的难以挽回的损失。具体要求是在救济期间暂停采购程序，而不是终止程序。暂停程序既会延长政府采购时间，也会给当事人权益带来潜在的损失，因此必须要符合法定条件。法定条件设立上主要有两种模式：一种是以保护救济请求人所必须为必要条件。只要救济主体认为暂停采购为保护救济申请人所必需，中止程序就成了救济主体的义务，救济主体必需做出中止采购程序决定，只有当发生中止程序可能会影响公共利益、对公共利益产生严重的不利后果或紧迫的公共利益需要时才可例外。[1] 二是抽象规定适用具体情形，将适用条件的判断权交给救济主体。我国政府采购法制就是取这种方式，规定政府采购监管部门可视情况决定中止采购程序。此种规定赋予了政府采购监管部门很大的自由裁量权，极容易造成权力的滥用，《政府采购法实施条例》全面综合考虑采购人、投诉人和其他供应商等各方面的权益，规定了具体适用条件：救济事项可能影响中标、成交结果。同时，中止采购程序必然会延长政府采购，中止时限不能太长；但也不能太短，因为太短不能给救济主体充分考虑救济情况的

---

[1] 参见 GPA 第 18 条第 7 款第 1 项和《示范法》第 66 条第 3、4 款。

时限。不同国家的政府采购法制对时限长短规定不一，主要有三十天、十天及抽象的不同时间规定。[1] 中止程序也涉及到采购各方权益，因此应当以书面形式，并通知该项政府采购活动中的所有参与者。有的政府采购法制还对中止程序规定了具体适用的采购阶段，欧盟政府采购指令有此类规定。欧盟委员会调查发现在政府采购过程中大多数被指控的违法行为都发生在采购合同授予前，主要是采购实体在合同授予前有意或者无意忽视强制性程序或不遵守其中的某一步骤进而损害供应商的合法权益，因而欧盟指令规定中止程序只能在采购实体活动授予前采取，合同授予后只能采取其他救济措施。

（二）确认采购行为违法

中止程序只是一种中性的救济方式，并未对采购程序中的具体采购行为作出合法性判断，难以有效满足采购当事人的预期。因为采购当事人不能够通过中止采购程序判定采购本身是否合法，是否会被撤销，进而决定自己是否进一步参与到采购程序中去。只有对采购行为做出具体定性，即确认采购行为合法或者违法，采购当事人才能有信心决定参与还是退出采购程序。

确认采购行为违法是指救济主体对采购过程中违反法律和法规的行为确认为违法，并对违法行为予以纠正的救济措施。违法情形主要发生在采购文件、采购过程中，具体有：采购文件有明显倾向性和歧视性等问题；采取不正当手段诋毁和排斥供应商；采购人与其他供应商恶意串通；采购代理机构与采购人、供应商恶意串通操纵政府采购活动，中标成交通知书发出后采购人不与中标、成交商签订合同等情形。当救济申请人向救济主体提出救济请求时，救济主体首先应对采购过程是否存在上述违法行为予以判断。确认采购行为违法亦是一种法律判断，只有针对不同违法情况给予不同的具体救济方式时，才对采购当事人权益采取了具体救济措施。故救济主体确认采购行为违法后，必须进一步采取其他相应救济措施：因采购文件的歧视性等问题违法的，如果中标、成交供应商尚未确定的，可以终止采购活动并责令采购人修改采购文件并按修改后的采购文件重新开展采购活动；如果中标、成交供应商已经确定，但未签订政府采购合同的，终止采购活动并责令采购人重新开展采购活动；如果已经签订

[1] 参见《中华人民共和国政府采购法》第 57 条,《示范法》第 67 条第 4 款,GPA 第 18 条第 7 款。

合同但尚未履行的，亦可撤销合同，责令采购人重新开展采购活动；如果合同已经履行的，应该采取赔偿的救济方式。对因其他严重违反政府采购法制而影响供应商重大权益的违法行为，即使签订了政府采购合同但尚未履行，也应当决定撤销采购合同重新开展采购；对于采购合同已经履行的，则由相关当事人承担赔偿责任。

（三）撤销采购合同

撤销采购合同是指救济主体认定采购行为违法后否认合同效力的救济方式，撤销采购合同的时限为中标、成交商确立后合同履行前。中标、成交商确立后，往往需要通知中标、成交商并在一定时间内与其签订合同，这一期间救济主体可以通过废标的方式来救济权益受损人。而一旦签订政府采购合同废标就不足以救济供应商，因而应当撤销合同。撤销合同可能产生两种不同的法律效力：一种是撤销合同后，同时取消原中标、成交供应商的中标、成交资格，但并不否认其他参与采购过程供应商的资格。这种情况下，采购人或者采购代理机构应当按照采购过程中所确认的供应商排序，确认被否认中标、成交资格的供应商的后一位供应商的中标、成交资格，并与其签订政府采购合同。另一种则是撤销合同后否认所有参与政府采购合同的供应商的合同授予资格，重新开展采购活动。在撤销合同后到底应采取哪种救济措施，目前各国的政府采购法甚至包括国际组织的政府采购法制缺乏明确的规定。根据一般法理，如果采购过程中只是部分采购行为违法并且主要是采购人和中标、成交供应商违法，应当用前一种救济方式；如果是整个采购活动违法或者采购过程严重违法导致很难确立任何一个供应商的中标、成交资格时，则应适用后一种救济方式，具体适用条件值得进一步研究。

（四）赔偿损失

赔偿损失是指救济主体在确认采购行为违法时，合同已经履行，而给予的补救供应商权益的救济方式。政府采购是一个连续的过程，但有不同的采购进程和阶段，在确认采购活动违法后如果采购进程尚未终止可以通过确认违法或撤销合同进而重新开展采购而救济供应商的权利。但一旦合同履行完毕，重新开展采购活动已经没有实际意义，这时赔偿损失就成为了可行的救济方式，在采购活动授予后采取赔偿的方式救济有关当事人权益已成为公认的救济方式。在赔偿具体标准上各国法律及国际法制规定并不相同，国际法制通常规定赔偿实际损失，即赔偿仅限于准备投标书花费的成本或申请救济所花去的成本，或两项费用的总和。[1]我国政府采购法制则是抽象的规定了承担赔偿责任，无论是《政府采购法》还是专门规定救济制度的规章都未对赔偿的具体计算办法和范围予以明确规定。赔偿标准的原则规定只能使供应商在实践中获得直接赔偿，因为在合同授予上，各国政府采购法制通常是以“最具经济优势”或“质量优良与服务良好”标准授予。一旦出现违法行为，当事人难以证明其有取得合同授予的完全机会，进而无法证明间接损失之存在。导致赔偿损失的采购违法行为，可能是采购人和采购代理机构的违法行为，也可能是采购人、采购代理机构与供应商共同的违法行为（如采购人采购代理机构与供应商恶意串通、采购人在招标采购过程中与供应商协商谈判等)、甚至可能是供应商的违法行为（如提供虚假材料谋取中标、成交结果在采购合同履行完后被发现的），但因为采购合同授予阶段是行政行为主导的阶段,因而这种赔偿责任通常由采购人承担。而对供应商的违法行为只能采取罚款、列入不良记录、没收违法所得、甚至吊销营业执照等措施。当然从民法的责任承担原则看，这是否没有体现过错责任原则，值得进一步探讨。

第三节 我国政府采购救济制度设计之理念偏差及其纠正

我国政府采购救济制度的质疑投诉制度存在过于冗长、救济范围较窄、救济对象欠全面等问题。客观地说,过往学界对这些具体缺陷进行了一定反思[2]，但视角局限于规范分析和对策探讨。本质地看，政府采购救济制度中的众多问

[1] 参见 GPA 第 7 条第 1 款和《示范法》第 67 条第 9 款。

[2] 这方面的典型探讨有肖北庚：《政府采购法关于行政诉讼受案范围规定之缺失》,《行政法学研究》2005 年第 2 期；焦富民：《我国政府采购救济制度立法缺陷分析》,《河南省政法管理干部学院学报》2007 年第 1 期；刘慧卿：《对我国政府采购法质疑与投诉制度的法律分析》,《世界贸易组织动态与研究》2007 年第 8 期等。

题并不能通过个别环节的修补而得到根本性的解决，仅仅依靠纯粹的规则合理化来解决问题，只可能是规范设计得越周到，偏颇和错误反而越强化。就事论事的具体制度型构分析既不深透也欠系统，要系统而全面地反思政府采购救济制度，就应当从理念到规则对现行救济制度进行整体检讨；更为重要的是，加入 GPA 前政府采购法律调整需更具指导性的理念统摄。唯有从理念到规则的整体反思，方能为政府采购救济制度的结构性变革和根本改造提供建设性思路，进而为加入 GPA 前我国国内政府采购法律调整和构设内在统一并具操作性的政府采购救济制度提供可行的对策。以下将从一般宗旨和理念视角检讨政府采购救济制度，并在探讨成因的基础上提出具体完善对策。

一、权力导向——过往政府采购救济制度构建的根本理路

任何法律制度的设计和构建都是以一定的法律价值、社会价值和政治立场为路径控制根据，并通过具体的规范设计而实现。前者是法律制度和规范设计的价值导向，后者是规范设计的操作活动，前者对后者具有决定性的指引作用，一定意义上可以说制度的设计与型构不是纯粹的规范构设的结果，更多的是特定价值导向的产物。

从制度型构理念上看，政府采购救济制度设计往往涉及到政治、法律、社会三个维度。行政权在制度设计中起主导作用，制度设计以主流的政治话语为理念导向并服从于抽象宽泛的民意，这是一种政治维度。而恪守特定规制程序、规范内容的连贯一致、主要规范体系之间的适用性和功能协调，视为法律维度。关注规范的成本分析与效用评估则是社会维度的体现。在现实的具体制度构建中，政治、法律和社会维度都并非以纯粹的形式出现，任何制度的设计也绝非仅以法律、政治、社会为唯一的维度考量，而是以某一维度为主兼具其他维度考量的结果。当某一维度的考量占主导地位并成为制度构建中核心理念和指导准则时，这一维度的考量就成了制度设计的主导考量，由是也就形成了相应的主导型制度设计理路。具体来说，侧重于政治考量，关注行政权在制度设计中的主导作用时，这种制度设计就是权力型导向制度设计，反之视为规则导向型和社会导向型制度设计。

我国《政府采购法》制定于我国经济向市场转轨并加入世贸组织的过程中，其时的立法行政主导特色较为明显，这决定权力导向成为政府采购救济制度设计的客观必然。

权力导向型的救济制度设计首先体现在政府采购立法中的行政主导立法模式。依我国社会主义法律体系中的宪法与立法法之规定：立法权由立法机关享有，立法理应由立法机关主导。然立法是一个复杂的过程，它包括法律议案的提出、法律草案的起草、法律草案的审议和表决等环节。而"法律总是一直在（或者说应当不断）取材于政府结构、气候、宗教、商贸活动以及每个社会的具体情形"。[1] 法律议案往往是基于现实社会生活中某一现象和问题需要法律调控而提出；法律草案的起草依赖对其所要规制问题的相关信息的掌握；法律草案审议离不开审议者的高度职业责任感和专业水平。在现实的权力运行中，行政机关作为国家政治、经济等事务的管理者拥有与社会各方面广泛接触的权力，其管理活动深入到社会生活的方方面面，对关涉需要法律规制的行为、现象和领域的相关信息在获取渠道和方式上均优于立法机关，往往是行政机关较早感受到某类问题需要法律规制的紧迫性，进而提出议案并藉着信息掌握优势担纲相应法案的起草。[2] 在立法的起始阶段和起草阶段，本应由立法机关主导的过程却成了行政机关活跃的舞台。当进入法律审议阶段时，行政机关主导起草的法律草案也就成了审议的基础，此时审议主体——立法机关因对草案本身的内容缺乏足够的形成过程和制度构建考量因素的全面把握，绝大多数时候难以对草案的具体规定发表针对性或建设性意见；加之选出法律议案审议者的人民对审议者在具体审议过程中的态度难以知晓，立法机关对法律草案的审议也没有外在压力。由是，行政机关起草的法律草案大部分内容往往都会毫无例外地通过也就在情理之中。正是这样，"行政机关通过行使立法提请权和法律草案拟定权主导立法，形成所谓的行政主导立法模式"。[3]

[1] [英] 马丁·洛克林：《公法与政治理论》，商务印书馆 2002 年版，第 10 页。

[2] 笔者对 1980 ~ 2012 年制定的与行政权相关的法律进行统计，发现这期间通过的数十部法律除三部法律外，其法律草案都是由相应的部委制定的。

[3] 肖北庚：《政府采购法制之发展路径：补正还是重构》，《现代法学》2010 年第 2 期，第 18 页。

客观地说，从形式上来看《政府采购法》（草案）起草小组由全国人大财经委部分委员和全国人大常委会预算委、财政部、国家计委、国家经贸委、外经贸部、国家机关事务管理局、解放军总装备部的工作人员和专家学者组成[1]，应当说其立法过程没有被某一个行政部门所主导，并非由某一个行政机关单独组织起草小组。不过，形式上的起草组织并非起草的实质主导者，事实上起草过程中，无论是对省市政府采购试点及地方立法的考察还是整理、收集、翻译国外的相关资料以及组团到国外进行考察，都是财政行政部门起了极为重要的作用。尤其是地方政府采购试点及其地方立法多数都由地方财政行政部门主导之具体实践使财政部成了政府采购实践信息的核心掌握者，其所拥有的信息及信息资源明显优于名义上的起草小组，进而强化了其在《政府采购法》后期起草中的重要作用。加之《政府采购法》出台前，国家发展与改革委员会（原国家计委）主导了《招标投标法》的起草[2]，激起了财政部主导《政府采购法》的内在动力和全国人大常委对这种动力的默认[3]。财政部主导《政府采购法》的制定不在担责而在强化自身的权力，就政府采购救济制度来说，强化财政行政部门在救济制度中的作用。这也正是政府采购救济制度设立投诉处理并将处理权赋予各级财政行政管理部门的根本原因。也正是行政权力导向，事后财政部还专门于2004年8月11日颁布了《政府采购供应商投诉处理办法》，这在一定程度上也是对国家发展和改革委员会、中华人民共和国建设部、中华人民共和国铁道部、中华人民共和国交通部、中华人民共和国信息产业部、中华人民共和国水利部、中国民用航空总局在此之前的2004年6月21日联合颁布的《工程建设项目招标投标活动投诉处理办法》的不满与回应，其本质是权

[1] 姚振炎：《关于〈中华人民共和国政府采购法（草案）〉的说明》，全国人民代表大会常务委员会公报2002年第4期，第237页。

[2]《中华人民共和国招标投标法》的起草是由原国家计委组织和主导的，《关于〈中华人民共和国招标投标法（草案）〉的说明》也是由时任国家发展计划委员会主任曾培炎所作。参见《中华人民共和国全国人民代表大会常务委员会公报》1999年第5期。

[3]《政府采购法》审议通过后，财政部即刻于2002年7月9日发布了关于贯彻实施《中华人民共和国政府采购法》的通知，并在通知中明确指出：促进政府采购制度的深化改革和政府采购工作的依法进行，是各级财政部门的一项重要职责。它所反映的正是财政部门对政府采购法的关注和主导。

力导向下的救济制度设计之立法争权的现实表现。

行政主导立法显现的是行政权在立法中起支配作用，这种支配作用依托行政权力，借助社会政治实践的主流话语来实现。政府采购救济制度中权力导向的另一个侧面就是借助立法背景中“与国际接轨”、“市场经济”等主流话语来构筑制度规范的。

“与国际接轨”可谓是二十世纪末与本世纪初《政府采购法》制定时的主流话语，“今日中国凡事习说‘与国际接轨’，蔚为潮流，几乎是一种合法性不言自明的标示”[1]。本来立法作为对现实生活和现象进行规制的活动，原本就应当考虑时代的主流话语——“与国际接轨”，然权力导向下的“与国际接轨”彰显的是通权达变的豁朗与服务权力本身的策略考量，缺乏对吸收和借鉴国际规范所需要的法律和文化传统及各种现实因素的考量，忽视对与国际相接轨的各种现实因素的思考，立法者仅将吸收和借鉴国际组织发布的规范和国际条约中的既存制度作为立法的合法性，有意或无意忽视吸收和借鉴规范的合理性及其相关因素探究。就政府采购救济制度来说，立法者对GPA质疑制度以及《联合国贸易法委员会货物、工程和服务采购示范法》(以下简称《示范法》)投诉制度的对接就是一种囫囵吞枣的吸收和借鉴，是对“与国际接轨”政策话语的简单践行，完全忘记了结合我国国情和应履行之国际义务的改造，进而构设包括质疑、投诉等程序冗长的政府采购救济制度。

“市场经济”是《政府采购法》制定的客观经济背景，《政府采购法》议案的提出和起草都充分考虑了这一时代的最强音。在立法议案中，议案的主要提出理由是：“推行政府采购制度，是适应建立社会主义市场经济体制要求，……建议尽快制定《政府采购法》。”在《政府采购法》的立法起草过程中也一直强调政府采购的市场交易行为性质，“政府采购本身是一种市场交易行为，在采购合同订立过程中，不涉及行政权力的行使[2]”。市场经济是政府采购法制定

[1] 许章润：《和平与冲突：中国面临的六大问题——一位汉语文明法学从业者的民族主义文本》，《政法论坛》2005年第6期，第109页。

[2] 姚振炎：《关于〈中华人民共和国政府采购法（草案）〉的说明》，全国人民代表大会常务委员会公报2002年第4期，第240页。

的客观背景，这不容忽视的，然权力导向型的立法则忽视了对市场经济本身的现实状况和政府采购关联的分析，而是以市场经济名义行权力导向所要求的政府采购救济制度设计之实。由是政府采购救济制度将政府采购合同本身排斥在政府采购行政救济范围之外，将其纳入到民事救济范围。本质上看，也忽略了行政机关在政府采购合同履行中客观上存在的行政优益权以及政府采购本身内含了政府的经济调控职能等公共政策功能的客观要求。

政府采购救济制度设计的权力主导型理念，可能更与当时存在的权力主导型救济制度密切联系。《政府采购法》制定时，行政救济制度中的司法型行政救济制度被忽视，而权力主导型的信访救济制度则日益凸显[1]，信访救济的效力依托于诸如行政首长的指示和行政官员的重视等诸多偶然因素，救济中权力的作用和价值被得到无形的强化，其所彰显的是权力主导型救济。这种救济理念在其特定的时代背景下几乎获得了不容置疑的遵从，成为实践中主流的救济理念，政府采购救济制度设计难免不受此流行理念影响，进而强化行政部门尤其各级财政部门在政府采购救济中的地位与作用。

二、权力导向下的政府采购救济制度之主要缺陷

权力主导型的政府采购救济制度由于对行政权在政府采购救济中的片面强化和对时代话语的政策化运用，其构建忽视了救济制度内在品质和特性，致使政府采购救济制度不完善。

权力导向型制度设计首要的是片面固化甚至扩张权力主体在制度中的权力，视立法为权力和权力部门的自我巩固机制，使权力部门的权力和地位合法化。强化行政部门尤其是财政部门在政府采购纠纷解决机制中的作用，是权力导向型制度设计的客观必然。政府采购救济机制规定在《政府采购法》第六章有关质疑程序中（此章共八条），规定了政府采购供应商权益救济的5种方式，

[1] 据统计2000年全国信访案件总量1024万件，而当时全国的行政诉讼案件在10万件左右，司法行政救济的案件仅占全国信访案件的1%。以上数据分别参见周占顺：《认真贯彻“三个代表”的重要思想，努力开创新世纪信访工作新局面》，《人民信访》2010年第10期；朱景文：《中国诉讼分流的数据分析》，《中国社会科学》2008年第3期。

即询问、质疑、投诉、行政复议和行政诉讼。后两种是行政救济的一般方式，而前三种则是政府采购供应商独特的权益救济方式，而这几种独特的救济方式所构设的救济主体都与行政权有关。询问和质疑都是供应商向政府采购人或采购代理机构提出，而后者本身要么是行使行政权的国家机构，要么是接受委托行使行政权的组织，并且他们在很大程度上因为各种关联因素而与财政行政部门有着千丝万缕的联系。投诉则是直接向政府采购监督部门——各级财政部门提出且由后者作出处理决定，可见政府采购救济制度的救济主体都是与行政权密切关联的主体，此种过分凸显行政权的救济制度“就不再是解决市民社会中纠纷的工具，而成为一种行政活动或者是一个贯彻国家政策的机会”。[1]

质疑投诉不仅过分强化了行政权，而且也只是形式上对接了国际法规范，实则是对国际法制的背离。在语言表达和形式上政府采购救济制度中的质疑、投诉与 GPA 和《示范法》相一致，然实质上却是背离 GPA 中供应商质疑的国内审查制度和《示范法》的行政审查制度之本质和内在要求的。就 GPA 来看，GPA 规定质疑制度的根本目的是将供应商与采购人的纠纷和其与缔约国之间的争端区分，进而使政府采购纠纷在萌芽中加以解决，从而避免按照 GPA 从事国际政府采购的供应商与缔约国政府采购人发生争端后要通过将自己的主体资格让渡给政府进而演变成缔约国之间的国际争端才能解决的冗长程序，是一种减少中间环节的先行程序，“一种是设立一种先行程序（preliminary procedure），使国内法庭有可能从 GATT 机构获得劝告或指导……[2]”。而国内无论是本国供应商还是外国供应商与采购人的纠纷本身就是一种独立的法律纠纷，在现行行政救济法制有裁决途径无需转化为其他法律关系即可解决。生硬地照搬 GPA 这一先行程序，而无视其精髓和本质，实质上将法律纠纷上升为法律监督关系，进而通过监督法律关系加以救济的冗长程序设计，显然是为“与国际接轨”而接轨。

[1] 米尔伊安·R. 达玛什卡：《司法和国家权力的多种面孔——比较视野中的法律程序》，郑戈译，中国政法大学出版社 2004 年版，第 176 页。

[2] Meinhard Hilf:" The Role of National Courts in International Trade Relations",in Ernst-Ulrich Petersman(ed.),International Trade Law and the GATT/WTO Dispute Settlement System,Kulwer Law Internationnal Ltd.,1997,p583.

质疑程序作为GPA对成员国政府采购制度所要求的先行程序，其本身也是有具体要求的，其本质上要求处理质疑的机构要么是法院要么是与采购结果无利害关系的独立的行政审议机构，其目的是在国际政府采购中使权益受损供应商能够获得及时的、有效的、透明的和“非歧视”的行政和司法程序保障。其设计司法和行政两种程序并不是鼓励缔约国在国内法制中设计行政程序，而是考虑到缔约国政治、经济、文化和法治传统的差异已形成了行政救济模式与司法救济模式等不同的救济方式和救济程序，是尊重缔约国国内法制的权衡考量。即使在这种权衡考量中GPA对行政救济程序还做了严格的规定，也即该行政机构必须是与采购结果无关的、独立的、公正的组织；如果不是的话，其所作出的裁判还要接受独立和公正的行政机关或司法机关审查。反观我国质疑、投诉制度的设计，处理质疑的主体本身就是采购人，采购人自己处理与供应商的纠纷其本质就是采购实体自己审查自己的行为，何来独立性一说，“如果没有其他的价值考虑的话，一个先进的法典是不可能将审查权直接赋予被审查者的，即使是这种审查并不是最终审查”。[1]就投诉而言，政府采购救济制度主要是借鉴了《示范法》的相关内容，也企图与GPA对接，是对GPA与《示范法》相关内容的揉杂，也偏离了上述两国际规范的本质。因为无论是GPA还是《示范法》都要求对供应商投诉进行审查的主体是独立的主体，而《政府采购法》规定受理并处理投诉的机构是各级财政部门。在我国，财政部门更多的承担的是行政职能，本身对政府采购行使监督权，负责对采购代理机构的监督管理和采购人采购资金的审查与拨付，与政府采购有着相当大的关联，显然不符合GPA、《示范法》对处理投诉机构的公正性要求。

更为主要的是政府采购救济制度对GPA和《示范法》相关内容的揉杂，使得救济机制复杂冗长，使纠纷难以及时有效解决。由于救济机制设计没有理解国际规范的实质和要求，将两规范针对同一程序制度设计出的具有不同名称的救济方式人为地揉杂在一起，使在两种不同的国际规范中实质内容一致而名称不同的质疑和投诉变成两种不同救济方式，并相应设计两种不同程序，这就人为地拉长了纠纷解决期限。更有甚者，我国政府采购救济制度设计还片面理

[1] 肖北庚：《国际组织政府采购规则比较研究》，中国方正出版社2003年版，第240页。

解投诉程序，将投诉作为政府采购当事人提起司法救济的前置程序[1]，规定只有供应商对政府采购监督部门投诉处理不服或政府采购监督部门未处理投诉时才可以申请行政复议或提起行政诉讼，显然有悖于《示范法》中投诉本身就应当由独立、公正的审查机构处理之实质。同时，这种采取“曲线”救济的方式，在司法实践中既不利于法院裁判案件，也不利于当事人权益及时获得救济[2]。

权力导向型政府采购救济制度不仅扩充权力，而且使救济制度规定粗疏，为自由裁量权的行使留下空间。《政府采购法》尽管规定了三种属于政府采购纠纷独特的解决方式，但对这三种方式规定既原则又粗疏，除了对救济机构设计规定较明确外，对救济机构行权方式和救济程序要么只言片语，要么毫无提及。法律对救济程序规定的粗疏，给行政机关行权时赋予了很大的自由裁量空间。尽管行政机关出于某种政治考量可能会对这种自由裁量权进行规制，但这种规制实质上是行政机关争得了另一种权力——规制自由裁量权的权力，极容将由法律规制的救济制度演变成由行政机关自我规制的制度，失去由法律救济构建起来的权力制约功能。

权力导向型政府采购救济制度不仅强化权力部门在政府采购救济中的权力，并借时代主题的政治话语来证成这种强化的正当性，而且还要尽量避免责任，缩减政府采购救济对象和范围。政府采购的当事人通常包括供应商、采购人、采购代理机构，供应商包括潜在供应商、投标供应商和中标成交供应商，而政府采购当事人的受损权益包括实质受损权益和潜在受损权益。同时采购人在政府采购过程中不仅在政府采购前契约阶段行使了采购权，而且在合同履行阶段还有可能行使合同优益权，这些权力的行使都可能对政府采购当事人带来实质和潜在的损害，因而救济的对象应当包括政府采购所有当事人，救济权益应当包括实质权益和潜在权益。而《政府采购法》则明确规定：只有供应商认为采购文件、采购过程和中标成交结果使自己权益受到损害才可以获得相应救

[1] 参见《中华人民共和国政府采购法》第58条。

[2] 江必新：《是恢复，不是扩大——谈〈若干问题〉对行政诉讼受案范围的规定》，《法律适用》2000年第7期，第17页。

济[1]。这就大大限缩了GPA所规定的“各供应商可以对其拥有或曾经拥有利益的采购过程中产生的被指控的违反本协定的情况提出质疑”之救济对象和范围。这就使救济对象局限于供应商排斥了采购人，救济范围限定在权益受损的当事人排斥了利益受到潜在损害的当事人,并排除了政府采购合同行政救济之可能。

背离GPA本质的现行政府采购救济制度难以与GPA有效对接，成为我国加入GPA国内法律调整谈判之障碍。更为主要的是突出行政权的现行救济制度，救济主体缺乏公正独立性、救济程序过于冗长，难以发挥控制和制约采购权的功能。因为救济制度过分彰显行政权必将影响具体案件中供应商对采购人的抗衡能力，使本来在政府采购中处于劣势地位的供应商在权益受损而走救济途径时常常瞻前顾后，面对具体的权益受损策略地选择救济方式而不是直接寻求救济途径。现实中不少供应商在政府采购过程中往往采取忍受而不是直接向采购人提出责难的方式来面对权益受损，进而很大程度上使自己的权益受损未进入到法人类学家Laura Nader和Harry F. Todd的“纠纷三阶段”理论中的第三阶段——第三方“介入”阶段,[2]从而使供应商的救济权难以有效制衡采购权。现实中政府采购质次价高以及政府采购不断受到责难[3]在一定程度上不能不说与现行救济制度之缺陷有相当大的关联。

三、规则导向——走出政府采购救济制度困境的根本途径

政府采购救济制度之缺陷致使《政府采购法》价值目标虚置，而政府采购救济制度的缺陷并非立法机关的疏漏和立法技术与能力欠缺所致，而是权力导向型制度设计理路的客观必然。由是,要促使政府采购法制价值目标实现，克服政府采购救济制度的缺陷，构建公正有效的救济制度，核心的问题不在于修修补补，对政府采购救济制度的缺陷进行个别或者局部完善，而是要从

[1] 参见《中华人民共和国政府采购法》第52条。

[2] 蔡仕鹏:《法社会学视野下的行政纠纷解决机制》,《中国法学》2006年第3期，第60页。

[3] 2013年中国社会科学院发布的《法治蓝皮书——中国政府采购制度实施状况的调研报告》指出：“在现实中支付的采购价格却普遍比市场价格高，非但没有节约经费，反而造成了浪费”；同时审计署2013年6月24日公布的《中央部门单位2012年预算执行情况和其他财政收支情况审计结果》也显示政府采购问题集中（参见《人民日报》2013年6月25日，第9版）。

根本上改变权力导向型救济制度设计理路，用规则导向型取代权力导向型制度设计理念。

规则导向型制度构建之遵循立法本质与规律要求，有助于整体克服权力导向中的行政主导立法模式。立法本质要求法律规则由作为民意代表的立法机关制定，立法机关也正是通过这一方式为行政机关提供规则和行为方式进而制约和约束行政部门。制度设计的内在规律要求立法以合意的方式约束行政权；而不是行政权借立法中某些优势地位扩充甚至抢滩部门权力。依内在本质要求进行的立法是合议的结果，而合意当通过具有不同利益和诉求的主体藉着立法这一平台对不同的诉求和利益进行博弈和说服而形成。这客观上要求立法不能根据单纯的行政机关意志甚或权力意志来决定，而是通过利益各方的博弈和互动来加以确认，即使这一过程必须有政治考量和行政权意志，政治考量也会受到博弈互动各方的意志等其他因素的平衡与制约。行政主体在立法中的作用与其他立法主体一样，主要是藉着自己在公共行政管理事务上的知识和优势为立法机关提供信息和智力支持，而不是凭借立法必不可少的信息和智力优势来抢滩立法权。立法规制这一本质，要求型构政府采购救济制度时，立法者应给予采购人、供应商、行政主体等各方充分有效表达自己利益和诉求的机会，不同的主体都是平等的表达者，其各自的主张与利益诉求只有通过对话、协商甚至竞争才可能获得对方认可进而成为制度规范。这一过程中行政权亦得面对民意，其有关包括权力扩张等主张要接受诸供应商等主体的咨询与检验，这样行政主体无端扩充财政行政部门行政监督权而有违立法自身规律的弊端就会被质疑，最后被迫改变，行政主导立法权[1]的倾向将会缓解甚至解除。更有甚者，立法过程中众多主体的参与对话协商将阻止制度设计中压制性权力结构出现，“一个发达的法律制度经常会试图阻止压制性权力结构的出现，而它所依赖的一个重要手段便是通过在个人和群体中广泛分配权力以达到权力的分散和平衡”。[2]正是救济制度中支配性权力的消解，为强化行政权而设计的繁琐询问、质疑、

[1] 肖北庚：《我国政府采购法制之根本症结及其改造》，《环球法律评论》2010年第3期，第37页。

[2]［美］E.博登海默：《法理学——法律哲学与法律方法》，中国政法大学出版社1999年版，第361页。

程序将得到彻底改造，进而形成在现行复议制度框架下的质疑制度。

规则导向型制度设计之服膺于规则本身要求，突出规则内在特质与自身协调统一有助于克服权力导向型制度设计中的强化行政权之流弊。就政府采购救济制度而言，首先，它是救济制度，必须遵循“有权利必有救济”之理念，强调“对权利的需求和对救济的需求是相互的”。救济制度设计的本真在于修复被损的权利，政府采购救济制度的本质也在于救济在政府采购过程中权益受损的当事人，所有受违法行为侵害的权益都应当得到救济是制度构设的基石。救济的这一全面性要求有助于克服权力主导型立法下行政权力为摆脱责任而克减救济范围的立法流漏，进而使政府采购过程中潜在利益受损人的权益与实际利益受损的利益都得到救济。而救济制度的本质不仅体现在平等，而且也要求及时，“迟来的正义是非正义”是对救济及时要求之客观表达。这要求改造权力导向型下的将政府采购法律关系上升监督关系而后构筑救济制度的弊端，简化冗长的救济程序。其次，政府采购救济制度作为行政救济制度当恪守行政法规范控制与制约行政权之功能。行政救济制度一个基本假定前提是行政机关的违法行为侵害了公民的合法权益，这必然要求救济制度设计审查行政权的规范，审查和监控行政权是行政救济制度一个重要目的和功能，“这种救济即便不总是一开始就设计来管理政府职责与权力的，也是长期被运用来表达这个特别的目的的”。[1]对行政权的审查，尽管有权力监督模式和司法审查不同模式，从法制的一般要求和规律来看，司法审查是更为有效的审查。政府采购救济制度要遵循这一内在规律并与 GPA 对接或接轨，也应当采司法审查或独立的行政审查。政府采购救济制度作为一种纠纷解决机制还必须按照纠纷解决主体独立、公正来设计。政府采购救济制度是解决供应商与采购人等不同类型纠纷的救济制度，纠纷解决的主体必须与纠纷的任何一方当事人都不存在某种利益和身份关联，否则就难以公正的裁决纠纷，这需要有效保证裁判者立场和地位中立与公正的制度设计。纠纷解决机制这种本质要求有助于克服权力导向型强化行政权，化解对该制度人为地将政府采购监管部门和政府采购人作为纠纷前置程序救济主体的责难，进而依加入 GPA 国内政府采购法律调整要求，设立公正、

[1] [英] 威廉·韦德：《行政法》，中国大百科全书出版社 1997 年版，第 616 页。

独立的机构处理供应商质疑。

规则导向型制度设计之资源借鉴与对接国际法制本质要求，有助于克服权力导向型制度设计的权变策略弊端。规则导向型制度设计理念同其他理念一样，注重立法的资源借鉴及其关注相应领域的国际法义务，但它突出的是对可借鉴资源全面、周到和细致整体考虑，是对应履行的国际法义务的强制约束力和可变通空间的平衡。具体就政府采购救济制度设计而言，它要考察和分析国外行政救济或司法救济的制度文化基础和制度实践背景，以及我国借鉴国外行政救济或司法救济的现实条件及与我国整个法律体系的相融关系，进而依据社会大众特别是政府采购制度所涉及到的当事人所接受的核心观点和他们所关心的关键问题来进行构建。就政府采购救济制度设计应履行的国际义务来说，则要求对 GPA 质疑制度的形成过程与本质进行深透分析，进而依我国现行的行政救济制度为基础，考虑我国加入 GPA 应履行的一般义务和变通空间来构设政府采购救济制度。这种理念突出考察的是制度的本质和构设的中国语境，有助于克服依借鉴和对接为形式特质，其实更多的是政治策略下权变考量的权力导向型理念。[1]其可行的策略是结合欲借鉴的国外可行的政府采购救济制度和应履行的 GPA 义务，对我国现行行政复议制度的正当性及改造的可行性进行系统考虑，进而以行政复议制度在政府采购法制中的本质要求为基石型构政府采购救济制度。这样，政府采购救济制度的过于冗长和救济范围狭窄等弊端也必将在全面系统的制度构设中消解。

[1]《政府采购法》制定过程中起草部门特别注重形式上的翻译和整理国外相关政府采购救济制度的资料和组团赴国外进行立法考察，而对国外救济制度的我国适用性和基础考察不多。参见姚振炎：《关于〈中华人民共和国政府采购法（草案）〉的说明》，《全国人民代表大会常务委员会公报》2002 年第 4 期，第 237 页。

第九章

政府采购国际规制及我国因应

各国政府采购法制通常规定优先购买本国产品和一定的政府采购公共政策，进而造成对国际自由贸易产生障碍和壁垒。在全球化背景下各国为消除政府采购壁垒，开放政府采购市场，进行了不懈的谈判与磋商，进而形成了一系列政府采购的国际规则。从全球范围来看，这些国际规则主要包括：《WTO 政府采购协定》《联合国贸易法委员会货物、工程和服务采购示范法》《国际服务新开发银行贷款和国际开发协会借贷采购指南》；从区域性范围看主要有欧盟的三个政府采购指令和《亚洲开发银行贷款采购准则》。这些国际规则既对政府采购国际市场起一定的规范作用，也对各国政府采购法制发生直接或间接的影响，把握这种影响并提出相关对策也是政府采购法原理的应有内容之一。

第一节 缔约国于《WTO 政府采购协定》之义务及我国因应

2008 年初我国正式向世界贸易组织提交了加入《WTO 政府采购协定》（以下简称 GPA 协定）的承诺清单，从法律视角看，这是我国加入 GPA 协定的第一步。接下来，便是如何在谈判中争取到符合我国国情的权利和义务，并在加入后在国内如何执行 GPA 协定的问题，而“国家如何在国内执行国际法的问题，也就是国家履行依国际法承担的义务的问题”。[1] 由是如何准确把握 GPA 协定的一般义务并充分利用其例外条款问题，就替代充分利用过渡期完善政府采购法制问题成了 GPA 协定研究的核心话语。尽管过往学界对 GPA 协议有一定的研究，然过于宏观且未见有对其他缔约国履行协定义务的措施之细致分析。为此，从微观视角对 GPA 协定义务所指向的对象进行析理研究，并以此为基础，分析过往加入国践履协定义务的策略，进而对我国如何践履 GPA 协定义务提出对策，就成了理论研究回应实践的逻辑必然。

一、国内法中转化适用 GPA 协定：缔约国之一般义务

国际条约是国家间或国家组成的国际组织间订立的在缔约各方之内创设法律权利和义务的契约性规定 [2]。一般地看，缔约国间订立的国际条约其所创设的义务 [3] 所指向的对象是各缔约成员方，然缔约成员方却是一个宏观概念，其具体则必然指涉到缔约方的国家机构、从事相应行为的当事人和主体 [4]、以及规范和约束相应行为的法律及政策和措施。GPA 协定作为 WTO 诸边协定产生于消除政府采购这一新贸易壁垒形式，其义务所指向的对象定当主要是成员国的有关政府采购的各种措施。

众所周知，世界贸易组织的根本宗旨在于促进世界贸易最大程度的自由化，改善协调世界贸易运行的国际框架，消除贸易壁垒。规制对贸易起扭曲作用的各种政府行为是其创制法律规范的根本动因。世界贸易组织其前身关贸总协定形成之初，高关税和数量限制是国际贸易中的主要壁垒，《关贸总协定》将之纳入规制的范围。随着世界贸易的发展，出口配额和技术壁垒成了新的贸易壁垒，关贸总协定也先后将其纳入规制范畴。到了 20 世纪 60 年代，政府采购成

[1] 周鲠生：《国际法》(上)，北京商务印书馆 1976 年版，第 20 页。

[2] 劳特派特：《奥本海国际法》，商务印书馆 1981 年版，第 310 页。

[3] 这里，我们用义务一词来指称权利义务的综合体，是基于国际条约往往采用“一方权利就是他方义务，在具体条款设计时，往往只规定义务”的立法技术。

[4] 如《联合国国际货物销售合同公约》《保护工业产权巴黎公约》等国际条约之义务所指向的对象是缔约国从事相关活动的当事人，而 WTO 及其法律制度的基本规则之义务所指向的主要是缔约国相关国家机构。

为继高关税、数量限制、技术壁垒和出口配额等贸易壁垒后的一个新的贸易壁垒后，政府采购市场国际化才成为贸易谈判的话题。而政府采购之所以被认为对自由贸易有负面影响，主要是因为相关国家关于优先购买当地货物和服务的法律、法规、行政程序以及做法[1]，为歧视外国供应商提供合法性支撑。当规制政府采购的GPA协定产生时，也就必然将其条约义务定位于缔约方有关政府采购的法律、政策、程序等措施。从1979年GPA协定到1996年GPA协定再到2006年GPA协定，直至2014年GPA协定都始终遵此准则。

GPA协定义务指向缔约国各种政府采购措施，其宗旨、适用范围、原则、具体制度和相关判例中均有规定，并形成一种从宗旨、原则到制度，甚至为判例所印证的相互融合、协调一致的法律体系或法律框架要求。首先，GPA协定在其宗旨中明确指出："认识到有关政府采购的各种措施的制定、采用或实施不应对国内供应商、货物、服务提供保护，或对国外供应商、产品、服务造成歧视"，这说明协定形成的动因在于消除至少是削减对国外供应商、产品、服务造成歧视的有关政府采购的各种措施。由是，协定必然将转化适用作为其规制国际政府采购之核心目标和根本准则，力求为各缔约方国内政府采购法制提供法律框架，其实质是对关于政府采购国际市场及其准入的国内法律规制要求。其次，GPA协定在其第2条第1款以"适用范围"这一明确规定义务指向对象的表达方式规定："本协议适用于协议涵盖的所有采购的措施，无论其是否全部或部分采用电子化手段。"这里的"措施"一词是对1996年GPA协定所规定的"采购法律、规章、程序与做法"的抽象，使1996年GPA协定列举式条款演变成概括性条款。从立法技术上看，摒弃了过去对政府采购措施进行"类型"列举的思维方式，把政府采购各种具体措施与做法用抽象概念进行编织，使之成为理性的集合，扩大了GPA协定义务的适用范围，为缔约国政府采购措施提出了协调统一之要求。尽管"措施"一词作为政府采购各种规范性文件的理性概括，在一定程度上具有模糊性，但结合GPA协定第22条第7

[1] 美国一直实施《购买美国产品法》，限制外国供应商（加入GPA协定后的非缔约国供应商）进入美国政府采购市场；韩国在加入GPA协定以前实施控制进口的政府采购政策；日本在20世纪60、70年代实施歧视外国供应商的政府采购法制。

款之规定，依然可以窥见到，它主要是指有关政府采购的法律、法规和行政规章以及采购机构适用的规则、程序和惯例[1]。再次，GPA 协定所设置的原则和制度也是为缔约国政府采购法制提供法律框架，要求缔约方国内各种政府采购措施符合此种法律框架要求，其核心原则——非歧视原则最为典型。GPA 协定第 5 条“普遍原则”规定：“1. 对于本协议涵盖的政府采购的所有措施，各缔约方包括其采购机构，应立即无条件地对其他缔约方和其供应商的货物和服务提供不低于本国，包括本国采购机构的待遇，按照：(a) 国内的货物、服务和供应商；以及（b）其他缔约方的货物、服务和供应商。2. 对于本协议涵盖的所有措施，缔约方及其采购机构不得：(a）依据外国联营或所有权的程度而给予当地设立的供应商的待遇低于给予另一当地设立的供应商的待遇；也不得（b）依据供应货物或服务的生产国而歧视当地设立的供应商提供的货物和服务。”其实质是要求缔约国在其包括政府采购法律和政策在内的各种政府采购措施中不出现对承诺过的为国内外供应商，或不同的国家和地区的供应商之间而设置差别待遇，为缔约国政府采购法律设计具体规则提出了总体性要求。同时，GPA 协定在最后条款中也规定：“各方国内有关本协议的法律法规以及执行上的变化须告知委员会。”这是从动态方面规定内国政府采购法制的变化应依符合 GPA 协定为准则。最后，GPA 协定的有关判例也折射出其义务指向的对象是缔约国的政策和法律。在韩国政府采购案件中，美国对韩国的指控就是韩国政府采购法制的招标期限、供应商资格要求、本地合伙要求及没有建立有效的检控程序等规则[2]，而不是其他。

GPA 协定要求缔约国依据其所提供的以非歧视原则为核心的法律框架为准则，制定相应的法律法规和行政措施来保证其实施，是其对缔约国的一般义务要求。而这种为制止采购歧视做法而设置的法律框架，其实质要求政府采购资源非歧视地在成员国之间分配，它将成员方政府为履行公共职能而消费公共资金的活动强制纳入市场竞争、接受市场竞争规则的支配，限制了成员方政府

[1] GPA 协定第 22 条第 7 款规定：“各方须在本协议对其生效之前确保其法律、法规和行政程序以及采购机构适用的规则、程序和惯例符合本协议条款之规定。”

[2] 汤树海、尹立：《以案说法 WTO 篇》，中国人民大学出版社 2002 年版，第 339 页。

采购机制中的国家行政权。从国际法视角看，实际上也就限制了国家主权。如此严格的法律框架势必会使成员国因各种顾虑而裹足不前[1]。“犹豫不决或拒绝参加《政府采购协定》的主要原因是对让渡和丢失国家主权的担忧”。[2]同时，要求缔约国政府采购法制服从GPA协定非歧视法律框架的一般义务，也未考虑缔约方经济、财政、贸易和政府采购市场发育程度等方面的差异性，势必会影响那些政府采购市场发育缓慢和经济科技发展相对落后的国家加入GPA协定的积极性，进而徘徊在GPA协定之外[3]。为缓解各国经济发展和政府采购市场发展不平衡可能带来的差序格局对加入GPA协定积极性和动力的消极影响，以及消除加入GPA协定对国家主权影响的顾虑。GPA协定既沿袭了世贸组织的惯用做法——规定适用例外，又创新了GATT关税减让谈判方式规制了适用范围取决于缔约国承诺的制度，排除协定对成员方政府采购法制适用范围的普遍性，而将其适用范围具体限定在缔约国加入时的承诺基础上。

在适用例外方面，GPA协定沿袭了世贸组织规定安全例外和一般例外尊重国家主权对公共利益和安全事项处理的惯常做法，允许将涉及到公共秩序、安全、生命与健康、知识产权、慈善、劳教和服务采购等政府采购，以及涉及到国家安全和国防需要的政府采购排除在协议适用范围之外。对发展中国家还规定了特别适用例外，以提高其参加协定的积极性。尤其值得注意的是，GPA协定的例外规定还呈不断扩展的趋势。2006年GPA协定除了对1996年GPA协定第23条和第5条分别以第3条、第4条进行肯定外，在第2条第3款增加了一些涉及到政府债券、公共雇佣合同和国际援助等方面的例外。这些适用例外排除了GPA协定的普遍约束力，为成员国制定政府采购措施以履行条约义务留下了空间。

例外规定是WTO尊重缔约国主权的通例，而承诺制度则是GPA协定对WTO一般做法的创新。GPA协定第2条第2款规定本协定涵盖的采购实体和

[1] 赵维田：《世贸组织（WTO）的法律制度》，吉林人民出版社2002年版，第159页。

[2] [美] Paul J Carrier:Sovereignty under the Agreement on Government Procurement. Minn. J. Global Trade,V01.6:67,1997.

[3] 王贵国：《世界贸易组织法》，法律出版社2003年版，第598—600页。

范围由缔约国在附录1中列明，附录1所要列明的主体主要包括中央政府采购机构、次中央政府采购机构、其他政府采购机构、服务和建筑服务等，并且明确规定附录1还包括列明适用于该缔约方附件的总注释。可见GPA协定为加入国提供了谈判的承诺框架，允许成员方之间通过谈判确认政府采购实体、产品和服务清单。而谈判是双边的，不同的谈判可以确定不同的承诺范围，同时被承诺的采购实体还要受门槛价的限制，这使得参加方的国内法制在履行GPA协定时完全可以有自己的自主空间。

二、过往GPA协定成员国践履其一般义务的策略

GPA协定所规范的是缔约方的相关法律、法规、程序和做法，具体到哪些法律、法规或做法应遵循GPA协定规范，主要取决于相关缔约方承诺，这是GPA协定对缔约国的一般性义务要求。过往加入GPA协定的缔约国通常根据本国宪政体制和经济竞争实力，并合理利用条约权利承诺GPA协定适用的采购实体、对象和范围，且以此为基础建立以基本法与实施细则相结合的政府采购法律体系来践履GPA协定一般义务。

承诺是加入国转化适用GPA协定的基础，协定亦规制了承诺的具体法律框架。过往加入国通常以此框架为基础，根据本国宪政体制总括性地确定政府采购实体范围。政府采购实体主要是使用公用资金和从事公共职能的国家机关，这些机关的性质和地位通常由各国宪法和组织法规定，这决定缔约国在加入GPA协定谈判时必须以宪政体制作为承诺具体采购实体的首要考虑因素。加之GPA协定未使用统一具体的标准来规范加入国到底应将哪些采购实体列入清单附录1中，成员国从本国宪政体制出发决定其提交协议附录1中的采购实体也并不背离协定要求。美国在加入GPA协定时就遵此例。众所周知，美国是联邦制国家，各州在经济、贸易等方面享有极大的自主权，其承诺清单就没有将各州作为地方政府做一般性和普遍性的承诺，而是依据各州自己的意愿进行个别承诺。[1]新加坡在其承诺中也是依据其宪法和组织法没有地方政府这一

[1] Robert S.Rangl:Laws Relating to Federal Procurement,U.S Government Printing Office Washington,2003.

规定，在附件 2 中明确指出新加坡没有任何地方政府。韩国在其提交的附件 6 总注释中清楚指出中央政府采购实体的“附属组织”是指个别职级，也是依其宪政体制做出的。[1]

确定采购实体上各加入国总体循宪政体制，而在确立地方政府采购实体门槛标准上各缔约国则从经济竞争力出发。GPA 协定对每一缔约方中央采购实体政府采购合同的最低限额作了具体要求，而地方采购实体的采购限额由缔约方自主承诺。尽管在谈判中已经形成惯例，然不少加入国仍从本国经济竞争力出发，通过成本效益分析确定符合本国利益的地方政府采购实体的最低限额。依惯例，地方采购实体的货物或服务采购合同价值超过 20 万特别提款权者，以及建筑服务合同超过 500 万特别提款权者受政府采购协定规范。而美国和加拿大这样的发达国家对地方采购实体的货物和服务合同的最低限额却承诺为 35.5 万特别提款权，日本和韩国对地方采购实体的建筑服务合同最低限额标准则高达 1500 万特别提款权，他们所依据的标准就是本国经济竞争力。[2]

在具体承诺过程中，各缔约国通常采慎重态度。这种慎重态度既表现在承诺方式上，也体现在对对方的承诺审查上，整体体现于承诺的全过程。

就慎重核实对方承诺内容而言，由于承诺是缔约双方谈判约定具体适用条件，依《维也纳公约》基本原则，缔约国谈判时负有慎重审查对方所作承诺之义务，否则将承担因不谨慎核实对方内容所负的责任。《维也纳公约》第 48 条规定：“一个国家可基于对条约的事实或情况的误解而使其同意遵守该条约的行为无效，若该国家因其自己的行为而造成误解，或其他环境因素证明该国家应知道存在误解的可能性，则第一款不适用”。《维也纳公约》作为国际条约基本法当然对缔约国加入 GPA 协定的相关行为有效，过往 GPA 加入方深谙这一基本法理，通常慎重审查对方承诺内容，以免产生不必要的误解。美国和欧盟就韩国加入 GPA 协定的承诺对韩国进行过询问，要求其对附录 1 中表达模糊的“附属组织”进行明确答复，就是此方面典型例证。

---

[1] 王贵国：《世界贸易组织法》，法律出版社 2003 年版，第 584 页。

[2] The Uruguay Round Agreements Act:Statement of Administrative Action ,Agreement on Government Procurement,p10390.

承诺不仅是静态的清单，也是动态过程。作为一个过程，缔约方加入GPA协定谈判时相互提出的问题和解答都有可能构成承诺的内容，WTO争端解决机构在审理美国诉韩国政府采购一案中也曾对此给予肯定。[1]过往GPA协定加入方通常深思熟虑提问,并认真考虑慎重解答所有缔约方提出的任何问题,甚至对自己无须明确回答的问题则不予回答。韩国在1993年11月加入GPA协定谈判时对欧盟询问的有关韩国国际机场的建设是否属于其承诺范围就未给出任何答复。

承诺作为过程通常也呈过程性，即可分步骤进行。由于GPA协定可能因对成员国政府采购权的影响而对本国公共资金使用方式造成限制，各国在承诺政府采购实体是通常分步走，以低起点标准确立承诺范围，然后在此基础上进行谈判，逐步放宽或不放宽采购实体范围，“正像谈判关税对等减让那样，估计一次谈判不行，要经过多次在对等基础上逐步将实体扩大到应有的数目”[2]。美国在加入GPA协定时最初仅承诺将联邦和24个州政府的政府采购纳入多边体制，且24个州政府也只是其部分政府采购实体并非全面采购实体受协议约束。谈判中遭到欧盟的强烈反对后，美国才将联邦和37个州政府的采购纳入多边制度中。[3]韩国在1990年首次提出适用GPA协定的中央政府采购实体为35个，随着谈判开展，1991年2月向东京回合《政府采购协定》提交适用GPA协定的中央采购实体方增至为43个，并提交了关于加入GPA协定的补充解释。[4]

最后就谈判方式而言，各缔约方可利用GPA协定规定的双边谈判方式确定非最惠国待遇的承诺清单。GPA协定所规定的承诺不是总体性的，而是与GPA协定有关的谈判双方所做的具体承诺，因国别不同而有所差异。已经加入GPA协定的缔约国以往常常采取以双边形式与其他成员方展开谈判，并根据本国与谈判中的另一方的具体情况商定的具体承诺内容，给不同成员方不同

[1] 韩国政府采购案，第7.73—7.83段。

[2] 赵维田：《世贸组织（WTO）的法律制度》，吉林大学出版社2002年版，第159页。

[3] Charles Tiefer: Theory and Practice GPA of World Trade Organization .University of Baltimore Law Review,1997.26,p31.

[4] 王贵国：《世界贸易组织法》，法律出版社2003年版，第584页。

的政府采购待遇。美国对韩国、日本、加拿大的承诺内容就不一致。[1]韩国在加入GPA协定时也对欧盟、奥地利、挪威、瑞典、美国、瑞士、芬兰实行互惠开放政府采购政策，其他缔约方则不享受此待遇。

在加入GPA协定时各成员方通常慎重承诺以确立符合本国利益的适用范围，加入后成员国则构建基本法与具体实施细则相结合的政府采购法律体系来践履建立在承诺基础上的一般性义务。

缔约国国内法制转化适用GPA协定属一般性义务，它要求缔约国总体性的法律体系或法律框架不与自已承诺过的义务相悖离。而作为总体性和法律体系意义上的缔约国政府采购法律与GPA协定协调一致，它不是对GPA协定的翻版，也不是对GPA协定的全称肯定，而是指政府采购的国内法秩序与国际法秩序和谐存在。其实，除承诺和适用例外以外，GPA协定自身的立法技术瑕疵为缔约国转化适用留有宽广的自主决定空间。承诺和适用例外不仅总体性为缔约国法律规制政府采购准入保护规则提供了可能，缔约国完全可对承诺清单以外的其他政府采购实体、部门和地方政府采购制定自主采购措施；而且其双边谈判方式也为不规定最惠国待遇提供了正当性支持，缔约国亦可以根据供应商国别采取不同的政府采购措施。另外GPA协定作为WTO诸边协定中生效较迟的协定，本身在立法上存在诸多瑕疵，其对公共利益、选择性招标供应商邀请数量、供应商资格审查标准等缺乏具体内容，使条款空置，就是显例。这些“空置条款”也为成员方确立各自特殊的政府采购合同适用幅度和范围留下了法律空间。事实上，各缔约国通常在承诺基础上充分运用GPA协定的例外条款和漏洞来转化适用GPA协定，使协定框架支配的本国政府采购法制在服从于本国利益和公共政策前提下对接协定。欧盟在加入GPA协定后，1998年仍敦促其成员利用采购权实现社会价值目标，只要其不违反限制性规定。[2]欧盟对待GPA协定的此种态度正印证了缔约国转化适用协定仅为总体性要求。

---

[1] 参见美国加入GPA协定时所提交的附录1之附件6，Robert S.Rangl: Laws Relating to Federal Procurement,U.S Government Printing Office Washington,2003。

[2] Commission Communication , Public procurement in the European Union ,XV/5500/98—EU , Brussels, 11 March 1998。

法律体系意义上的政府采购国内法秩序与国际法秩序和谐共存，仅具有指示性意义，还需要进一步落实到法律性质定位与具体制度构建上。具体来说，在宏观上要落实到一国政府采购法的性质与定位；在微观上必然涉及到法律体系的具体构建。将政府采购法制宏观定性为以供应商利益为主导的贸易法与竞争法以保持与GPA协定一致，成为了过往缔约国履行义务的国内法制立法指导思想。从政府采购法制演进历史来看，它经历了从宏观调控法到贸易竞争法的转变，[1]GPA协定作为衍生于促进贸易自由化的WTO诸边协定之一，其核心精神不是要求各成员方应制定政府采购法，事实上多数成员方在加入前已有了政府采购立法；而是要求各成员方政府采购合同授予规范要尊重"商业考虑"，以价格和质量而非其他非商业标准作为合同授予的准则。其实质是要求打破政府采购中行政权对竞争机制的屏蔽，形成保障供应商充分竞争和信息公开的机制，其法律性质趋于贸易与竞争法。以往缔约国在加入GPA协定时首先从立法指导思想上将本国政府采购法定位于竞争法进而与其保持一致，如美国在加入GPA协定后就依竞争法性质完善与健全政府采购法制，对《购买美国产品法》中的"应当采购本国货物、工程和服务"的法定情形进行修改。且在相关贸易法制规定：政府采购不向没有签署GPA协定的国家完全开放，政府采购市场对GPA协定其他成员方对等开放。并分别于1994年和1996年通过《联邦简化程序法》和《克林格——科恩法》等两部法律，用"有效竞争标准"取代过去严格的"完全公开竞争标准"，形成更加科学的竞争机制，[2]彰显政府采购法的竞争法性质。

政府采购法的宏观定位对转化适用GPA协定具有导向作用，而这种导向作用现实化、具体化却离不开一定与法律宏观定位相适应的法律体系之构建。法律体系体现为在高位阶法律规范的统摄下门类齐全、结构严谨、层次分明、内容协调的法律格局，并在微观上表现为不同法律规范之间在效力上具有时间

[1] 盛杰民、吴韬：《多边化趋势——WTO〈政府采购协议〉与我国政府采购立法》，《国际贸易》2001年第4期。

[2] 宋雅琴：《美国联邦采购改革述评——新公共管理模式的适用与反思》，《中国政府采购》2007年第5期。

的继起性和空间的并存性，即各法律规范相互连结成一个错落有致的整体[1]。错落有致的法律格局应由高位阶法律规范——基本法统摄法律体系，过往缔约国依据 GPA 协定仅将招投标作为政府采购的一种方式纳入其规范体系的精神，建立以政府采购法为基本法、招投标为采购方式的法律体系。如美国以《联邦采购法》、瑞士以《联邦国家购买法》、韩国以《政府作为采购合同一方当事人的法令》为基本法，并在基本法或者具体实施细则中规制招投标方式和程序，均不对招投标进行单独立法。法律体系不仅需要基本法为统摄，而且离不开具体法律制度和规范为核心内容，并需要辅之以低位阶的法律——实施细则和办法来增强其可操作性。在具体原则和制度上，缔约国法制通常转化 GPA 协定的非歧视原则和协定最具特色的供应商救济制度——质疑程序。依非歧视原则为本国法律的核心原则，并在这原则指导下构建具体制度，已成了缔约国转化适用 GPA 协定的通例；对救济制度予以特别的对接也是加入国的惯常做法。如日本为对接 GPA 协定救济制度，1995 年颁布相关法律成立政府采购审查办公室和政府采购审查局分别处理政府采购中的质疑工作。基本原则和制度是基本法的核心，而作为体系通常辅之以各种实施细则以增强法律的操作性。由是，缔约国在制定基本法的同时，常常辅之以实施细则。韩国政府在 1995 年颁布了《政府作为采购合同一方当事人的法令》之政府采购基本法后，不仅制定了与该法配套的实施细则，同时还制定了《招标采购法细则》《标底指定的程序与方法》等具体操作准则。美国的政府采购法也包括由基本法、基本程序法、相关实施细则和国内其他相关法律构成的完善的政府采购法律体系。同时"法的统一是以在若干法律秩序中导入相同内容法律规范为目的的、有意识的过程",[2] 各缔约国建立或完善与 GPA 协定和谐共生的法律体系也不是一蹴而就的，通常是一个不断完善的过程。韩国直到 2005 年还在修订其《中小企业振兴和产品购买促进法》，以使其政府扶植中小企业自主创新的政府采购政策符合 GPA 协定要求，可视为显例。

[1] 李龙、汪习根：《国际法与国内法关系的法理学思考——兼论国家关于这一问题的观点》，《现代法学》2007 年第 1 期。

[2] [日] 大木雅夫：《比较法》，法律出版社 1999 版，第 78 页。

三、我国因应

过往缔约国履行GPA协定义务的一些惯常措施具有一定的普适性，值得我国在加入时借鉴。然我国加入GPA协定的发展中国家身份和社会主义国家宪政体制决定面临着许多特殊问题，明白这些特殊问题所在并对其采取相应立场，是我国国内法制转化适用GPA协定时必须研究和解决的更为重要的问题。

首先，我国社会主义宪政体制决定加入GPA协定时应对国有企业是否纳入承诺清单作出充分利用协定权利的承诺。我国宪法规定：国有经济在国民生活中占主导地位，是社会主义经济的命脉。同时，我国全民所有制企业法对企业的经营自主权给了较为全面的规定，我国《政府采购法》未将国有企业纳入其规制范畴。然我国加入WTO时，成员国就关注到了此问题："考虑到中国国有和国家投资企业在中国经济中所发挥的作用，一些工作组成员对此类企业在有关货物和服务的购买和销售的决定和活动方面继续受到政府影响和指导表示关注。"[1] 同时，我国政府采购法律体系中，现行两部主要法律对这一问题立场也不一致。《政府采购法》第2条只确认了国家机关、事业单位和团体组织三类采购主体；而《招标投标法》第3条却规定："全部或者部分使用国有资金或者国家融资的项目，都必须进行招标采购。"根据此规定，国有企业在建设全部或部分使用国有资金或者国家融资的项目时，应受招标投标法规制，成了政府采购法制主体。再者国际社会政府采购法制以公共职能确认政府采购主体的标准，也依然会将部分国有企业纳入政府采购法规制的范畴。更为重要的是，过往协定加入国均有此方面承诺。欧盟在加入GPA协定时，就专门修改过《共用事业采购指令》，将部分公用事业单位纳入政府采购规制主体范畴[2]。美国在加入GPA协定时，也承诺将国家与社会服务公司、铀矿公司、联邦存款保险公司等具有国有性质的企业以及部分州的州立大学纳入GPA协定的适用范围。韩国和新加坡在加入协定的附件3中对国有企业有详尽清单。为此，总体上来看，我国在加入GPA协定时，应将具有从事公共职能的部分公用事

[1] 参见《中国政府加入WTO工作组报告》第二部分。

[2] 欧盟各成员国从事公用事业的主体复杂，有国营的，也有不属于政府经营的私人公司。这里只是从公用事业经营主体有国家这个视角来说明欧盟将部分公用事业纳入了GPA协定适用范围。

业单位纳入承诺范围，并作出合理使用条约权利的国内法设计。在具体确认哪些国有企业应作为承诺对象时，需综合考虑下述因素：第一，企业本身的性质，也即它们是纯营利性的企业组织还是承担一定公共职能的公共服务组织，如果是纯营利性的法人组织应充分考虑其经营自主权，对其不予承诺。第二，考虑该企业与政府的关系是否受政府控制。GPA 协定对哪些实体应作为协定签署方承诺的对象，并未规定统一标准，但它巧妙地规定了排除列入附录 1 实体的反向方法，提出了“政府对实体的控制或影响”标准[1]。一般地看，此标准仅要求将受政府控制的国有企业应纳入承诺考虑范围。当然，这里“控制”一词过于抽象有多重理解，依据有关法律常识，“政府直接控制和影响”既可理解为对人的控制，也可理解为对财、物的控制，还可理解为对管理过程的直接参与，客观上为加入国预留了自主解释的空间。更为重要的是，WTO 争端解决机构在处理有关政府采购案件时，还将“控制”与“监管”区别开来，进一步为缔约国提供灵活确定采购实体的自主空间。我国应充分把握此空间，并利用当前行政体制改革的大好时机，在整个社会主义法律体系中，尤其是在公司法和企业法中贯彻政企分开原则，尽量减少“控制”字眼，将政府控制的企业缩小到最小范围。第三，对欧盟和美国加入 GPA 协定时在这方面所采用的准则准确把握并加以运用。众所周知，欧盟在加入 GPA 协定时就未将政府所有的电信公司纳入 GPA 协定承诺范畴，美国也只将极小部分州控企业列入到了附录 3 的采购实体中，他们这样定当循了某种标准，对这些标准应当有清楚把握，并为我国所用。

其次，加入 GPA 协定发展中国家身份决定我国可以利用发展中国家例外。GPA 协定第 4 条以“发展中国家”为标题规定了对发展中国家的特殊优惠，其条文多达 10 余款，不过有实际意义的主要是第 1 款和第 8 款。其内容涵盖：缔约方应对发展中国家和最不发达国家的发展、财政、贸易需求和环境给予特别的考虑；缔约方对发展中国家技术合作与加入相关的能力建设和协议执行的请求应给予充分的考虑。这意味着，以发展中国家身份加入该协议者，可享受

[1] GPA 协定第 23 条规定：当政府对某机构相关采购的控制和影响已经得到有效地消除，缔约方行使其权利提议在附录 1 中撤销该机构时，应当通知委员会。

根据本国经济、财经、贸易情形就采购实体、产品、服务等清单进行谈判并确认均可接受的承诺范围；发展中国家的成员方也可以要求非发展中国家缔约方在技术合作及与加入相关的能力建设等方面给予考虑。然透过条款文字表达，可看到其用词过于抽象概括具有模糊性，并且均用给予“考虑”的词汇表述，使条款内容具有明显的非强制性，可见其给予发展中国家的这种特殊优惠待遇并非自动享有，需要参与协议的发展中国家根据本国的经济和政府采购竞争实力将“经济、财政、贸易”等抽象语词进行具体化，作出特殊安排。进而在谈判时确定符合本国经济现状的政府采购准入体系的具体次序与标准。就我国而言，加入 GPA 协定的最终承诺清单应建立在对我国经济、财政、贸易进行全面分析和总体把握基础上，具体来说，依据我国经济竞争实力，在承诺时对依赖政府采购的企业、财经支持的产业、影响贸易平衡的行业给予特别安排。事实上，2012 年财政部就加入 GPA 协定承诺清单依据行业分别组成了十余个课题组进行研究，并在汇总相关研究成果基础上提出了初步承诺清单。但必须注意，这不是最终清单，我国应随着谈判的发展，调整清单范围和政府采购市场开放次序，进而以此为基础确立符合 GPA 协定要求的政府采购法律体系。

再次，《政府采购法》与《招标投标法》两法并行的法制现状决定必须统一政府采购立法。GPA 协定要求各缔约国采取统一的法律体系来履行其义务，法律体系统一不是抽象的统一，它既可以是单个规范之间的一致，也可以是由个体规范组成的规范群的调适，还可以是规范性法律文件间的妥协，而决不是在“法律体系”、“法律秩序”乃至抽象的“法”意义上的协调一致。[1]我国现行政府采购法律体系中，《政府采购法》与《招标投标法》并行，而且两部法律在适用范围、政府采购信息公布媒体、废标标准、监管机制等方面都存在不一致、不协调。说明我国缺乏协调一致、统一的政府采购法律体系。2005 年财政部败诉案，已从实践视角彰显了这一点[2]。我国在加入 GPA 协定时，如何解决两法并存进而形成统一的法律体系是其他缔约国所不具有的特殊问题，必须认真研究，探讨解决方法。总体看，其解决方法应为：第一，首先将政府采

[1] 肖北庚：《政府采购之国际规制》，法律出版社 2004 年版，第 248 页。
[2] 王家林：《对财政部败诉案的剖析》，《中国政府采购》2007 年第 4 期。

购法制宏观定位于消除贸易壁垒的竞争法。政府采购法制之所以出现两法并存，主要缘由我国政府采购立法为实践所被动推动，当建设工程领域里出现严重质量问题，为确保招标项目质量制定了《招标投标法》；2002 年推行集中采购四年后，集中采购所出现的问题，尤其是加入 WTO 承诺开放政府采购市场又推动了《政府采购法》的出台。这种由实践推动的政府采购法制建设很少从理论上对法律性质思考，从而在立法模式上未对采购方式只是一种促进有效竞争的手段这一因素进行充分考量，造成两法并存；在具体制度上对购买本国产品规定过于简单，对公共政策功能缺乏详尽规范，宏观调控法性质十分明显。这样，政府采购法制要转化适用 GPA 协定首要的是将其性质定位于竞争法。第二，遵循 GPA 协定的内在精神确定政府采购基本法。GPA 协定的竞争法性质决定其调整对象是政府采购，而公开招标、邀请招标和限制性招标仅为促进有效竞争的手段，属政府采购规制的基本内容之一，不能以统摄其他政府采购行为的高位阶法律规范体现。事实上，已经加入 GPA 协定的所有成员国都未将招投标方式视为统摄政府采购的高位阶法律规范而进行单独立法。由是，我国应确定《政府采购法》为基本法，将《招标投标法》纳入《政府采购法》中。当然，两法的统一也仅仅是基本法层面之视角，基本法确定后还应完善或制定相关实施细则和具体操作办法，并以基本法为准则对现行法律体系中的地方法规和规章进行审视，依基本法的原则和精神促使整个政府采购法制不同功能的规范耦合完整，形成一个由《政府采购法》为基本法并在其统摄下法源多样、功能完整、内容协调的统一体系。

第二节　政府采购国际规制之内在逻辑规律及我国因应

政府采购是目前世界各国规范公共资金使用的一种重要方式，其作为高层面的国际贸易方式在我们跻身于其中的全球的市场中，正逐步升起并在很多地区呈蔓延之势，[1]经济全球化背景下的贸易自由化要求及快速发展的跨国网络空间是促成这一变化的客观力量。现在，每年在国际贸易中以政府采购方式所使用的公共资金已超过国际贸易总额的10%，达数千亿美元。[2]这部分资金的走向和使用方式已给国际贸易带来重要影响，或成了自由贸易的新障碍。国际社会对这种新障碍已给予高度关注，各不同的国际组织都分别从自身的国际法地位出发制定了《货物、工程和服务采购示范法》《WTO政府采购协定》（以下简称GPA协定）《欧盟采购指令》《国际复兴开发银行贷款和国际复兴开发协会贷款采购指南》等政府采购规则，实现了政府采购的国际规制。政府采购国际规制是国际贸易和经济全球化的必然结果，其自身演进存在着内在逻辑规律；其规制内容始终受制于贸易自由化要求下的贸易壁垒规制要求；对完善我国政府采购法有着重要的借鉴和启示意义。

一、政府采购国际规制之内在逻辑规律

政府采购国际规制作为一种国际法现象，其自身有着内在的逻辑规律和演进脉络。

（一）从国内财经政策到国际自由贸易政策：政府采购国际规制的现实动因

政府采购发端于资本主义形成初期，其原初形态是政府以不同于普通民事主体的身份到市场采购的行为，作为一种财经政策而使用。

作为财经政策的政府采购，其核心目标是遏制政府采购人"经济理性人"的品格，使其按照公共资金所有人的意图来使用公共资金，"从事和管理采购职能的人员没有公司雇员需要赢利的动机"，[3]进而使财经资金获得有效使用。其采购根本目的在于采购到政府管理所需要的物品，"采购之根本目标在于识别所需要材料的来源，并在需要的时候以尽可能经济的方式按可接受的质量标

[1] Alan Branch: International Purchasing and Management Copyright by Thomson Learning EMEA, 2001,p1.

[2] 鲍先广：《中华人民共和国政府采购法实施手册》，中国财经经济出版社2002版，第1138页。

[3] Harry Robert Page, Public Purchasing and Material Management, Mass. D. C. Heath & Company 1998.

准获取这些商品”。[1]因此，在制度设计上主要是针对自由裁量权限制而展开，内容主要是采购方式和程序。

财经政策的功能不是一成不变的，在经济、政治发展中不断丰富自己的内容。众所周知，20世纪30年代，凯恩斯理论在资本主义国家兴起，并演变成相应的政治、经济实践。凯恩斯主义在政治上主张政府干预，扩大政府职能，政府应当积极干预经济，刺激投资和消费。凯恩斯理论产生后很快演变为西方主要资本主义国家政治经济实践，各国政府加大了政府干预经济生活的力度。尤其在20世纪30年代西方经济衰退时，各国政府为扩大内需采取了扩张性的财经政策，与之相适应，政府采购政策就是扩大政府采购规模和领域。进而使政府采购法制在内容和功能上都发生了巨大的变化，政府采购由单纯的预算平衡功能向预算平衡和扩展性财经政策相结合转化。这样，社会经济政策功能作为政府新功能得以发挥，政府采购成为政府增加就业机会、对少数民族和边远地区实行特殊优惠或实现其他合法的政治目标的干预工具。正是政府采购职能的这种变化，导致了政府采购法制内容的拓展，政府采购法制已由原来的单纯规定集中采购和公开招标程序拓展到由政府采购主体、采购原则、采购方式和程序以及救济制度在内的有机体系。当然，这个体系还缺乏采购客体的全面规范以及具体详尽的采购规程和供应商制度等，这些内容成为了日后政府采购法制发展的新要求。

当政府采购法制的职能由单纯的财经政策向财经政策、社会经济政策两者合一转变时。一方面使得国内政府采购规模不断扩大，政府采购对经济的影响日益加大，在国际贸易中政府采购也因为其比例加大而对国际贸易自由流动产生影响；另一方面，政府采购中的社会经济政策在国内可以起到扶持民族工业和特定产业，实现宏观调控之功能，而这种产业扶持功能在具体操作过程中，不可避免地演变为歧视外国供货人和外国产品的保护主义政府采购政策。由此政府采购成为发展国际贸易自由化的最大障碍之一，而削减甚至取消各种贸易壁垒一直是国际自由贸易的永恒话题，这就必然促使政府采购由国内规制走向

---

[1] Herold E · Fearon, Donald W · Donbler and Kenneth H · Killen, The Purchasing Handbook, 5thed, Mc Graw — Hill, Inc, New York 1993.

国际规制。

（二）政府采购国际规制的内容与自由贸易化程度成正相关关系

政府采购国际规制的内容与自由贸易化程度成正相关关系，具体表现为国际规制范围不断扩展、采购方式和采购程序不断完善、救济制度更加科学有效。

1. 适用范围不断扩大

政府采购国际规制无论是适用主体范围还是适用客体范围都是随着国际自由贸易的发展而不断扩大。

就主体范围来说，最初主要是规制中央政府，随后在自由贸易发展中从中央实体扩大到其他实体。GPA 协定和《欧盟采购指令》充分说明了这一点。GPA 协定是《政府采购守则》演进的结果，1979 年的《政府采购守则》其适用主体范围只限一签字国的中央政府。在具体实施过程中，很多中央政府为了排斥 GPA 协定的适用，往往将本来由中央政府实施的政府采购下放给地方政府进行采购，有些还下放给中央政府所属的企业来实施，使得政府采购作为国际自由贸易的障碍和壁垒不但没有减少和消除，而且还有加强的趋势，这必然会被国际贸易自由化的进一步发展所不允许，进而在随后的 GPA 协定中将适用主体拓展到了地方政府和其他实体。《欧盟采购指令》则走得更远，它针对欧洲二十世纪七八十年代的私有化浪潮还将具有垄断性的企业纳入了适用范围。

就客体范围来说，也都经历了由最初的货物向服务、工程等扩展。《欧盟采购指令》由最初的只涉及货物采购和工程招标两项指令扩展到现在的范围涵盖特许经营包括货物、服务和公共工程等三个具体指令就充分证明了这一点。《欧盟采购指令》的这种拓展也是适应自由贸易发展的必然，在欧盟自由贸易流动过程中最初政府采购中货物采购作为壁垒日益明显，然随着国际经济形势的逐步变化和全球经济的发展，基础设施项目和服务贸易在各国作为增强经济发展力、调整经济结构、减轻就业压力之手段逐步为各国所认识，加之经济发展、人口增长、城市化等对交通、能源、供水、供电等基础设施的需求膨胀，各国大力进行了基础设施项目建设，并发展第三产业。第三产业的发展和基础设施的大力兴建，使得工程与服务贸易成为新的贸易壁垒，其纳入政府采购适用范围就成了减少贸易壁垒的客观要求。

2. 采购方式和程序不断完善

在政府采购国际规制中，GPA 协定、《世行指南》和《欧盟采购指令》都经历了自身不断完善过程。其中采购方式和程序的完善始终是一个核心内容，在国际贸易发展进程中采购方式由传统的公开招标、限制性招标和竞争谈判向包括框架协议在内的完整体系转变；采购程序无论是在程序构造的逻辑严密性、时效科学性和信息透明度等方面都获得了相应发展。

3. 救济制度更加科学有效

救济制度是对政府采购中受到歧视待遇的当事人权益之补救。政府采购国际规制在开始形成时期主要强调公平竞争，将供应商的救济基本留给成员国法律解决，使得供应商的权益受损后的救济往往虚置。这种虚置必然不能满足日益发展的贸易自由要求，当自由贸易要求供应商权益保障成为扩大国际政府采购市场的客观必然时，救济制度也就日益完善，《欧盟采购指令》中的两个救济指令在 20 世纪 90 年代前后分别出台就是适例。而 GPA 协定质疑程序的设计更是对 1979 年《政府采购守则》救济制度质的突破，使政府采购供应商受到双层救济保障。

（三）区域性规制与全球性规制相互促进

在政府采购国际规制中呈现了一个与国际贸易规制不同的样式。在贸易规制中，多边贸易体制先于区域贸易一体化体制，GATT 先于欧共体、北美自由贸易区等是一般常识。而政府采购国际规制由于美国在 1946 年向联合国经济社会委员会提出的将最惠国待遇和国民待遇作为世界各国政府采购市场原则未被采纳，区域性政府采购规制先于全球性政府采购规制。早在 20 世纪 60 年代欧盟就将政府采购纳入规制范畴，出台了两个指令对政府采购中的货物采购和工程采购予以规范。区域性规范为全球性的规范既给予了操作借鉴，也提供了现实动力。进而在各种因素综合下使得 GATT 不得不关注政府采购，从而《政府采购守则》的出台也就在意料之中，同时 1979《政府采购守则》在适用范围、采购方式等方面都吸收了《欧盟采购指令》的有关经验。反过来，GATT 这一做法又为欧盟更加全面考虑政府采购提供了动力，这样欧盟又对指令进行修改，形成新的《欧盟采购指令》。新指令在适用主体、客体及例外等方面都作了更加完整的修订，欧盟新指令又促GPA协定进一步发展，GPA协定在很大程度上又吸收了欧盟新指令的规范和经验。

二、政府采购国际规范实效发挥以成员国国内法为依托

政府采购国际规范因其所属条约或协定的性质不同，其效力适用于缔约国内具体对象也有别。不过无论适用于哪类对象，其效力发挥都与缔约国国内法密切相关。

就GPA协定而言，它不适用于私营企业和个人行为，也不直接适用于政府行为，而是对缔约国法律的一般要求，这样，离开成员国内法GPA协定实效根本就无法实现。

“凡有效之条约对其各当事国有拘束力，必须由各该国善意履行”[1]之国际法原则，要求不履行国际条约或协定义务的缔约国承担相应国际法责任而保障GPA协定实施。然“国际的控制仅限于一种监督功能，实施是缔约国在其国家法律制度范围内义不容辞的基本责任”[2]，是国际条约或协定获得现实效力的普适规律，条约或协定能否在缔约国得到充分和有效实施是国际条约或协定约束力有效发挥的关键。同时，国际法的绝大多数规范只有转化为国内法成为国内法的渊源后，才能很好地在国内发生法律效力或作用于国内法，只有当国际法真实地被国内法所接纳并成为国内法律规范而为各国遵守时，国际法才获得真正的效力，这是国际法的基本归属。因此，缔约国国内法对GPA协定实施的保障是GPA协定实现效力的关键。

GPA协定的有效实施离不开缔约国国内的法制保障。具体来说，首先是由国际法与国内法关系决定的，国际法与国内法关系的一个核心内容是国际条约在国内法中的地位以及国际条约在缔约国国内的具体适用。对这一问题理论界长期存在着争论，王铁崖先生将这种争论概括为“两派三论”。[3]这些争论

[1] 1969年《维也纳条约法公约》第26条。

[2] Manfred Nowak: U.N.Covenant on Civil and Political Rights，CCPR Conmmentary,N.P.Engel, Publisher, 1993,p12.

[3] 王铁崖：《国际法引论》，北京大学出版社1998年版，第108页。

直接关系到国际条约在国内法中的地位。对国际法与国内法关系不仅理论上有争议，而且在各国司法实践上如何适用国际条约也存在多种方式，比较典型的方式有转化方式、并入或采纳方式、混合方式等。[1] 理论论述的多样性与司法实践的复杂性充分反映国际条约的实施在某种程度依赖于国内法的保障。GPA协定作为国际条约当然也要遵循这一规律。

其次，WTO由权力导向走向规则导向使得WTO体制下的每一协定之具体实施都更加与缔约国国内法保障密切关联。WTO由权力导向向规则导向转变，使得WTO框架下协定的实施呈现一种由“条约”到“制度”的演变趋势，各协定的实施不再仅是传统意义上的条约的执行，而更多地牵涉国内法律制度面对WTO体制的挑战而做出适应性的宪政安排。[2] 同时WTO由权力导向向规则导向的转变使得各缔约国在适用WTO法律规则是否具有直接性的问题上享有更多的自由裁量权，不少协定的具体条文联系其措辞、上下文和立法背景，我们都可以看出给各成员国政府留有酌处权。再者，从WTO争端解决机制来看，无论是专家组的报告还是上诉机构的意见，都只对有关案件的当事人具有约束力。且这种约束力是内含可选择制裁方式的约束力。而对一国国内当事人有约束力的裁决，其执行与一国的法制更具关联度，这就意味着裁决的执行离不开国内法的保障，作为WTO框架一部分的GPA协定其实施也不例外。

再次，GPA协定在国内适用所藉着的具体方式也决定其实施离不开国内法的保障。从国际条约适用方式上来看，有些条约是可以采取并入方式适用的，有些只能采取转化方式适用，而政府采购协定属于后者，它要求各成员国制定相关的国内法律、法规或行政措施保障其原则和规范得以贯彻。协定的24条第5款就明显体现了这一点，该款规定：“接受或加入本协定的每一政府应保证在不迟于本协定对其生效之日，使其法律、法规、管理程序及其附件中实体实施的规则、程序和做法符合本协定的规定。”

最后，《政府采购协定》像许多国际经济条约一样，它虽然是缔约国之间创设的规范，主要规制缔约国在政府采购上的权利和义务，但同时也间接为缔

[1] 曾令良：《WTO协定在我国的适用及我国法制建设的革命》，《中国法学》2000第6期。

[2] 陈卫东：《从国际法角度谈WTO协定的实施》，《法学评论》2001年第2期。

约国私人间也创设了规范，各缔约国的供应商、采购代理人在协定中也享有某些权利和义务。正如奥地利著名学者凯尔森所说："一些规范就其创造来说，因为是由国际条约所创立的，因而具有国际法性质；而就其内容来说可能具有国内法的性质。"[1] 从法的一般理论来看，调整私人之间关系以及私人与一国政府关系往往离不开国内法。

《欧盟采购指令》将欧盟采购规范定位于指令层面，也表明指令不直接适用于成员国内的采购实体，而是对成员国采购法律的一般要求。依据《欧洲经济共同体条约》第189条第3款之规定，指令对于被通知的每一个成员国，在将取得的结果方面具有约束力，但必须为成员国实施指令留出选择的形式和方式。也就是说欧盟法中的指令不像条约那样具有直接约束力，可以在成员国内直接适用，它的适用方式和方法留给了成员国选择。"指令在实现该目的的准确方法方面，给有关成员国留有一定程度的自主权。"[2] 可见，欧盟各成员国在履行欧盟采购指令义务方面通过国内立法和判例方式来实现，这样成员国国内法就成了《欧盟采购指令》发挥实效的关键环节。《示范法》其功能在于示范，它不具有强制法性质，只具有示范价值，因而只有通过法律确信和国家实践才能发挥作用，而一国国家实践上到底在多大程度上以及采取什么方式吸纳《示范法》规范都完全取决于各国的立法判断。由此，《示范法》的影响力完全取决于各国相关国内立法。《世行指南》的效力尽管可以直接及于采购实体和供应商，但是由于世行本身并没有设立采购纠纷处理机制，只特别强调国际商事仲裁处理纠纷的实际优越性，商事仲裁机构的裁决，其最后执行仍需各国国内司法支持。

三、政府采购国际规制对完善我国相关立法之价值

《中华人民共和国政府采购法》是在我国政府采购实践有了一定发展和入世背景下制定的。应当说，它是在国际政府采购法制比较完善的背景下产生的，完全可以充分吸收国际社会政府采购优秀成果，做到高起点和与国际规范接轨。

[1] [奥]凯尔森：《法与国家一般理论》，《中国大百科全书》1996年版，第407页。

[2] 王世州：《欧洲共同体法律的制定与执行》，法律出版社2000版，第175页。

然从出台的《政府采购法》来看，尽管总体上吸收了国际社会一些先进立法经验和规范，仔细分析，立法者则对我国国情和我国未加入GPA协定的具体情况考虑较多，一定程度该法带有考虑我国政府采购法制的目的主要在于实现国内财政政策工具和遏制腐败功能，以及我国政府采购未走向国际社会开放政府采购市场，利用近期这一缓冲阶段为未来的政府采购市场开放做准备的性质。但随着国际贸易化自由进程的加快，我国政府采购法制必然为由财政政策工具走向宏观调控与适应国际自由化贸易要求内在统一。因此，我国政府采购法应考虑这一客观现实和政府采购国际规制之内在逻辑规律，对现行的法律体系进行反思和重构。

（一）完善政府采购法制适用范围

1. 完善政府采购主体适用范围

我国《政府采购法》对政府采购主体范围作了概括式规定，具体包括国家机关、事业单位和团体组织等三类。明显将从事公共事业的国有企业排除在采购主体范围之内，这既与GPA协定不一致，也与《欧盟采购指令》有差异。GPA协定附录1的附件3要求成员国在加入该协定时，将协定适用的中央政府实体和次中央政府实体以外的其他实体予以承诺，实际上也就是要求成员国在加入GPA协定时，承诺将包括电信、电力、供水、供气等在内的公用事业的企业也适用GPA协定。《欧盟采购指令》中的《公共事业指令》则直接将从事公用事业的企业纳入指令适用范围。更为重要的是我国从事公共事业的国有企业与社会公众生活密切联系，其经营直接影响国民生计，其企业利益即构成公共利益，其单位自有资金也带有公共资金的性质。因此，为了使我国政府采购法制与国际规制相一致，有必要将从事公共事业的国有企业纳入政府采购主体范畴。

2. 明确政府采购适用客体范围

在政府采购适用客体范围方面，我国将适用客体范围定位于货物、工程和服务，表面上看似乎与政府采购国际规制达到了一致，但仔细探究却发现有许多不一致的地方。首先，我国《政府采购法》对适用客体范围加了“集中采购目录以内”予以修饰，而集中采购目录范围由省级以上人民政府确定并公布。[1]可见，我国《政府采购法》用自由裁量权标准来处理适用客体范围中的不确定性问题。它与政府采购国际规制的客观经济标准处理政府采购适用客体范围中的确定性与不确定性矛盾相悖。其次，在适用客体范围规定精细程度方面也不如政府采购国际规范，如我国只规定了服务，而GPA协定将服务又分为建筑服务和建筑服务以外的其他服务。再者，在适用客体范围排除方面，除了第84条、85条和86条对军事采购、紧急采购、涉及到国家安全和秘密的采购和利用国际组织和外国政府贷款采购予以规定外，对其他情况缺乏明确规范。而GPA协定第23条对各种排除情况都予以概括。同时，当前国际社会对绿色采购也进行了关注，而我国《政府采购法》并未对这一新发展给予充分回应。以上都是完善我国《政府采购法》需要明确的范畴。

（二）引介国际组织政府采购规则，建立供应商资格审查制度

有关供应商或承包商的资格问题，我国《政府采购法》只有第23条作了规定。对供应商或承包商资格主要是通过两个方面的规定来进行限定：第一是国籍限制，即除少数例外情况只有本国的供应商或承包商方可参加政府采购。第二，是基于政府采购的项目的事实特点与法律特征而对供应商或承包商进行资格限制。缺乏对供应商或承包商资格审查条件、程序等内容的规定，没有形成科学的资格预审制度，2015年出台的《政府采购法实施条例》对此也未予完善。而GPA协定、《欧盟采购指令》和《示范法》等国际组织政府采购规则对此制度均作了详尽规定，因此，在资格预审制度方面，我国《政府采购法》也有待完善。

1.在国籍限制方面应采用国民待遇为主、国籍限制例外的原则

总的说来，有关供应商的资格，我国《政府采购法》以国籍限制为一般原则、而以国民待遇为例外，这在我国《政府采购法》第10条中有充分反映。而GPA协定、《欧盟采购指南》和《示范法》则相反，这些条约和协定都规定以国民待遇为一般原则、以国籍限制为例外。如果我国《政府采购法》不与国际规范相一致，必然影响我国供应商参与政府采购国际竞争，并产生一些不必

[1] 参见《中华人民共和国政府采购法》第2条和第7条。

要的诉讼或损失，因此也应予以完善。

2. 全面科学规范资格预审制度

有关采购前的资格预审，我国《政府采购法》第 23 条规定："采购人可以要求参加政府采购的供应商提供有关资质证明文件和业绩情况，并根据本法规定的供应商条件以及采购项目对供应商的特殊要求，对供应商的资格进行审查。" 以上规定的出发点固然良好，但缺乏相关规范的协调保证，例如究竟如何审查，应遵循什么法定程序以及在进行资格预审时采购实体必须遵守的义务没有涉及。在我国的政府采购实践中，广泛存在采购前的预审，如果不对资格预审程序进行详尽规范，特别是就采购实体的义务进行规定的话，将极大地影响政府采购充分实现其公益性与市场性的目标。有关采购实体在资格预审中的权利与义务，GPA 协定、《欧盟采购指令》和《示范法》进行了详尽规范，尤其是《示范法》中的很多规定是吸收许多国家立法经验、考虑不同国家具体国情的结果，很值得我们借鉴。

（三）理性设计采购方式，构筑科学合理采购方式体系

我国《政府采购法》所规定的采购方式与 GPA 协定、《欧盟采购指令》和《示范法》等国际组织政府采购规则所规定的采购方式，首先在立法框架上存在差别；其次在类别上存在差异；具体到同一种类方式在适用条件以及程序上也有差异。因此，要使政府采购法制适应我国政府采购市场融入到世界政府采购市场后的形势需要，对政府采购方式也必须借鉴国际组织政府采购规则相关规定进行理性设计。尤其需要联系《示范法》的有关规定进行反思和重构。具体来说，在采购方式方面，《示范法》所规定的两阶段招标方式和《欧盟采购指令》的框架协定采购方式就值得我们深入细致地探讨其适用法制背景和环境，进而为我国《政府采购法》是否吸收和怎样吸收这两种方式奠定基础。在公开招标以外的采购方式适用条件范围，我国政府采购法也应当借鉴国际规范详细规定的经验予以完善，如 GPA 协定、《欧盟采购指令》和《示范法》都规定了竞争性谈判等非公开招标采购方式适用条件不能简单地由采购实体认定，也不能由监督机构进行认定，而在必要时应成立专家小组进行认定；采购实体为谋求研究、实验、调查或开发的工作合同时可以适用竞争性谈判方式；对采购时间紧急即可适用竞争性谈判采购方式进行条件限制；鼓励采购实体采购那些不侵犯知识产权的货物、服务和工程等方面的详细规定。

（四）吸纳合理程序规范，完善政府采购法程序规则

为了使政府采购原则的具体化，政府采购国际规制大都规范比较详细的采购程序。GPA 协定为了保证政府采购公开、公正、公平及非歧视原则，就用了协定的近一半篇幅，在协定的第 9、10、11、12、13、14、15、18 等条款对公开招标、限制性招标和选择性招标程序作了详细的规定。《欧盟采购指令》中的实体采购指令专门以"通知和公告通则"及"共同参与规则"两篇来规定采购程序，它既规定了不同采购方式的共同程序，也对采购方式的特有程序进行了规范。《示范法》也是用了 20 条的篇幅（第 23 ~ 36 条，第 46 ~ 51 条）来重点规范公开招标以及其他采购方式的程序问题。《世行指南》对程序规定更是详尽周密。

然而反观我国《政府采购法》却不仅规范内容相当简单而且问题多。首先，体现为立法技术方面的问题。按照该法在采购方式一章的规定，公开招标方法为政府采购的主要方法，因此毫无疑问，对公开招标程序的规范理应成为本章的重点，但实际上有关公开招标程序的却只有区区三条（第 35、36、37 条）。这样概括出政府采购国际规制的一些经验和规律，完善公开招标程序就特别重要。其次，我国政府采购法对公开招标或邀请招标等招标文件应载明的内容也无任何规定，虽《招标投标法》第 16 条和第 19 条有简要规定，但难以实行有效对接，这样招投标过程中行政自由裁量权的发挥空间就过大。《欧盟采购指令》和 GPA 协定中有关招投标文件的内容之强制性规定实当借鉴。再次，缺乏对中标原则的一般性规定和中标的详细商业标准，这就有可能使实质操作中采购实体自由裁量权的滥用，国际规则中的这方面规范也是值得借鉴的。又次，对合同授予程序规定也过于简单，对政府采购合同的生效缺乏具体规定。实质上由于政府采购合同成立、生效、履行、变更等存在权力因素，绝非"政府采购合同适用于合同法"一个简单条文所能解决的。这样根据政府采购国际规范有关合同生效和成立的规定，完善合同授予程序十分必要。复次，在程序规则上，我国政府采购法对等标期也规定的较为简单，《政府采购法》和《招标投标法》

分别对招标文件发出之日之投标人提交投标文件截止之日的期限作了规定，除此之外并无其他补充规定。这也容易使招投标过程中供应商的权益由于缺乏相应时限而受损，国际组织相关规范值得借鉴。还次，没有针对投标以及履约担保的规定，这样我国《政府采购法》在注重供应商权益保障同时，却忽视了采购实体权益保障，政府采购国际规制中的相关规范也有必要予以吸收。最后，缺乏年度招标预告的程序规定，不便于供应商较早时间了解政府采购方面的信息，难以形成广泛范围内的有效竞争，《欧盟采购指令》中的 PIN 公告也值得我们在扬弃的基础上吸收。

（五）准确理解国际规制要求，完善质疑投诉制度

政府采购国际规制大多对质疑和诉讼程序进行了规定，以便保障供应商的合法正当权益，我国《政府采购法》表面上看也专门设立了质疑投诉程序，但实质上与国际规制大相径庭，尤其与 GPA 协定和《欧盟采购指令》相距甚远。

GPA 协定质疑程序要求缔约方以书面形式规定一套保障供应商获得采购活动中期待利益的“非歧视的、及时、透明且有效的程序”，并用法院或其他公平、独立的审查实体以确保程序实现。[1] 可见 GPA 协定并没有将质疑作为诉讼的前置程序，而是规定各项质疑应由一家法院或与采购结果无关的独立的、公正的审理机构进行审理，只有当审理机构不是法院或独立、公正的审议机构时，才接受司法审查，也就是说质疑还应当接受司法审查，否则质疑程序不是终局程序。这启示我们质疑不是向法院提起诉讼的前置程序。

《欧盟采购指令》中的救济指令规定了类似于 GPA 协定的审议程序。该程序要求成员国建立尽可能迅速有效的审议程序，对违反欧共体公共采购法律或者违反执行欧共体法律的国内规则进行审查。审查应当由具有相对独立性的机构进行，该审查机构可以不具有司法性质，也可以具有司法性质，若是不具有司法性质的话，那么该机构作出的决定必须合理并经司法审查或经《罗马条约》第 177 条意义上的法院或特别法庭审查。[2] 可见，审议程序也不是向法院提出诉讼的前置程序。

[1] 参见 GPA 协定第 20 条。

[2] 张莹：《国际组织政府采购法律规则的比较研究》，《法学家》2001 年第 2 期。

而我国《政府采购法》将质疑作为审议的前置程序，并且在中间还添加了投诉，这就使得供应商对质疑不服还应当进行投诉，投诉不服方可提起诉讼，大大地拖长了政府采购的救济程序。同时受理质疑和投诉的主体是行政机关，在性质上也与GPA协定和《欧盟采购指令》所要求设立的独立审查实体完全不同。这种形式上与质疑相似的质疑投诉程序也必须加以改造，否则供应商的权利难以得到及时、有效保障。

参考文献

一、中文参考书目

（一）译著

1.［美］埃德加·博登海默．法理学——法哲学及其方法．邓正来，译，译．北京：华夏出版社，1987.

2.［法］J M 奥比．公用征收、领土整治、城市规划和建筑，1980.

3.［英］凯恩斯．就业、利息和货币通论．北京：商务印书馆，1981.

4.［美］波斯纳．法律的经济分析（上）．蒋兆康，译．北京：中国大百科全书出版社，1997.

5.［美］杰弗里·普费弗．用权之道——机构中的权利斗争与影响．隋丽群，译．北京：新华出版社，1998.

6.［英］彼得·斯坦等．西方社会的法律价值．北京：中国人民大学出版社，1990.

7.［美］富勒．法律的道德性．郑戈，译．北京：商务印书馆，2005.

8.［美］彼得·斯坦，约翰·香德．西方社会的法律价值．王献平，译．北京：中国人民公安大学出版社，1990.

9.［美］E 博登海默．法理学法律哲学与法律方法．邓正来，译．北京：中国政法大学出版社，1999.

10.［日］宫泽俊义著，芦部信喜修订．日本国宪法精解．北京：中国民主法制出版社，1990.

11．马克思，恩格斯．马克思恩格斯全集（第 37 卷）．北京：人民出版社，1971.

12. [英] 活克. 牛津法律大词典. 邓正来,等译. 北京:光明日报出版社,1998.

13. [美] 汉密尔顿. 联邦党人文集. 北京：商务印书馆，1980.

14. [英]威廉·韦德. 行政法. 徐炳,等译. 北京:中国大百科全书出版社,1995.

15. [英] 彼得·斯坦等. 西方社会的法律价值. 王献平，译. 北京：中国人民大学出版社，1990.

16. [南斯拉夫] 米兰·布拉伊奇. 国际发展法原则. 陶德海,等译. 北京:中国对外翻译出版公司，1990.

17. [美]约翰·罗尔斯. 正义论. 何怀宏,译. 北京:中国社会科学出版社,2001.

18. [意] 萨尔沃·马斯泰罗内. 欧洲政治思想史. 黄华光，译. 北京：社会科学文献出版社，2001.

19. [日] 石井昇. 行政契约的理论和程序. 日本：弘文堂，1988.

20. [英] 弗兰西斯·斯奈德. 欧洲联盟法概论. 北京：北京大学出版社，1996.

21. [英] 马丁·洛克林. 公法与政治理论. 郑戈，译. 北京：商务印书馆 2002.

22. [美] 米尔伊安·R. 达玛什卡. 司法和国家权力的多种面孔——比较视野中的法律程序. 郑戈，译. 北京：中国政法大学出版社，2004.

23. [美]E. 博登海默. 法理学——法律哲学与法律方法. 邓正来,译. 北京:中国政法大学出版社，1999.

24. [英] 劳特派特. 奥本海国际法. 王铁崖，陈体强，译. 北京：商务印书馆，1981.

25. [日] 大木雅夫. 比较法. 北京：法律出版社，1999.

26. [奥] 凯尔森. 法与国家的一般理论. 北京：中国大百科全书出版社,1996.

（二）中文著作

1. 杨汉平. 政府采购法律制度理论与实务. 北京：西苑出版社，2002.

2. 曹富国，何景成. 政府采购管理国际规范与实务. 北京：企业管理出版社，1998.

3. 马海涛，陈福超，李学考. 政府采购手册. 北京：民主与建设出版社，2002.

4. 朱建元，全林. 政府采购的招标与投标. 北京：人民法院出版社，2000.

5. 姚艳霞. 政府采购国际法律制度比较研究. 济南：山东人民出版社，2006.

6. 鲍先广. 中华人民共和国政府采购法实施手册. 北京：中国财经经济出版社，2002.

7. 王名扬. 法国行政法. 北京：中国政法大学出版社，1988.

8. 国家发展计划委员会政策法司编. 招标投标政府采购理论与实务. 北京：中国检察出版社，1999.

9. 胡建淼. 行政法教程. 北京：法律出版社，1996.

10. 许崇德，皮纯协. 新中国行政法学研究综述. 北京：法律出版社，1991.

11. 王名扬. 美国行政法. 北京：中国法制出版社，1995.

12. 肖北庚. 国际组织政府采购规则比较研究. 北京：方正出版社，2003.

13. 余凌云. 行政契约论. 北京：中国人民大学出版社，2000.

14. 彭真. 彭真文集. 北京：人民出版社，1991.

15. 扈纪华. 中华人民共和国政府采购法释义及实用指南. 北京：中国民主法制出版社，2002.

16. 谷辽海. 法治下的政府采购. 北京：群众出版社，2005.

17. 肖北庚. WTO 政府采购协定及我国因应研究. 北京：知识产权出版社，2010.

18. 肖北庚．政府采购之国际规制．北京：法律出版社，2004.

19. 袁曙宏，宋功德．WTO 与行政法．北京：北京大学出版社，2002.

20. 国家发展计划委员会政策法规司．招标投标政府采购理论与实务．北京：中国检察出版社，1999.

21. 许崇德，皮纯协．新中国行政法学研究综述．北京：法律出版社，1991.

22. 扈纪华等．中华人民共和国政府采购法释义．北京：中国法制出版社，2002.

23. 罗豪才．行政法论丛（第 3 卷）．北京：法律出版社，2000.

24. 姜明安．行政法与行政诉讼法．北京：北京大学出版社、高等教育出版社，2011.

25. 崔建远等．中国房地产法研究．北京：中国法制出版社，1995.

26. 梁慧星．民法学说判例与立法研究（第 2 辑）．北京：国家行政学院出版社，1999.

27. 王利民．合同的概念与合法规范对象．法学前沿（第 2 辑）．北京：法律出版社，1998.

28. 胡建淼．行政法学．北京：法律出版社，2003.

29. 罗昌发．政府采购法与政府采购协定论析．台北：元照出版公司，2000.

30. 王伯琦．民法总则．台北：三民书局，1982.

31. 现代汉语辞典．北京：商务印书馆，1988.

32. 樊崇义．诉讼法学研究．北京：中国检察出版社，2008.

33. 赵维田．世界贸易组织（WTO）法律制度．长春：吉林人民出版社，2000.

34. 宋功德．行政法哲学．北京：法律出版社，2000.

35. 翁岳生．行政法．台北：翰芦图书出版有限公司，1998.

36. 于安．政府采购制度的发展与立法．北京：中国法制出版社，2001.

37. 周鲠生．国际法（上）．北京：商务印书馆，1976.

38. 汤树海，尹立. 以案说法 WTO 篇. 北京：中国人民大学出版社，2002.

39. 王贵国. 世界贸易组织法. 北京：法律出版社，2003.

40. 王铁崖. 国际法引论. 北京：北京大学出版社，1998.

41. 王世州. 欧洲共同体法律的制定与执行. 北京：法律出版社，2000.

二、外文参考书目

1. Robert S. Rang：Laws Relating to Federal Procurement. Washington：U S Government Printing Office，2003.

2. Lutz Horn：Public Procurement in Germany，2001.

3. Morris R Cohen. Law and Scientific Method. New York：Law and the Social Order，1933.

4. L Neville Brown. French Administrative Law. Clarendon Press，1996.

5. Colin Turpin. Government Contract. Penguin Books，1998.

6. John Cibinc，Ralph C Nash. Administration of Government Contracts. The George Washington University，1995.

7. Mc Crudden. Public Procurement and Equal Opportunities in the European Community. Brussels：A Study of "Contract Compliance" in the Member States of the European Community and under Community Law，1994.

8. Peter Malanczuk. Akehurst' s Modern Introduction to International Law. Rout ledge，1997.

9. Donald W Donbler. Purchasing and Supply Management. The Mc Graw-Hill Companies，1986.

10. Harry Robert Page. Public Purchasing and Material Management. Mass D C Heath & Copany，1998.

11. Gosta Westring，George Jadoun. Public procurement manual. Central and Eastern Europe，1996.

12. David H. Rosen bloom：Public Administration：Understanding

Management, Politics, and Law in the 15. public sector. Harvard press, 1988.

13. Herold E Fearon, Donald W Donbler, Kenneth H Killen. The Purchasing Handbook, 5thed, Mc Graw — Hill, Inc, New York, 1993.

14. Steven Kelman. Procurement and Public Management Publisher for American Enterprise institute Washington, D. C, 1996.

15. Benjamin N Cardozo. The Growth of the Law. New Haven, 1924, P40.

16. Mintzberg H. The Nature of Managerial Work. Harper and Roe Press, 1973.

17. Harry W Jones. The Rule of Law and the Welfare State, Collected in D J Galligan. Administrative Law. Dartmouth Publishing Company Limited, 1992.

18. Friedrich A Hayek. The Constitution of Liberty. England : Rout ledge & Kegan Paul Ltd, 1960.

19. Steven Kelman. Procurement and Public Management Publisher for American Enterprise institute, Washington University Press, 1996.

20. Jose M. Fernandez Martin. The EC Public Procurement Ruler. A Critical Analysis, Oxford : Clarendon Press, 1996.

21. W Noel Keyes. Government Contracts—Under The Federal Acquisition Regulation. West Publishing Co, 2002.

22. John W Whelan, Robert S Palsley. Federal Government Contracts—Cases And Materials. Mineola, New Manfred Nowak : U N Covenant on Civil and Political Rights, CCPR Commentary, N P Engel, Publisher, 1993.

23. Kenneth Culp Davis, Discretionary justice, University of Illinois Press, 1971.

24. Alfred C Aman. Administrative Law And Process, Lexis Nexis Press, 1993.

25. Turpin. Government Procurement and Contract. Longman, 1989.

26. John H Jackson. Law and Policy of International Economic Relations. The MIT Press, Second Edition, 1997.

27. Bryson J M. Strategic Planning for Public and Nonprofit Organizations : A guide to Strengthening and Sustaining Organizational Achievement. (Ist ed.). San Francisco : Jossey-Bass, 1989.

28. Mc Crudden. Public Procurement and Equal Opportunities in the European Community. A Study of Contract Compliance in the Member States of the European Community and under community Law. Brussels, 1994.

29. European Commission Green Paper of 27 November 1996 on "Public Procurement in the E U : Exploring the Way Forward", paragraph 5. 47.

30. Donald W Donbler. Purchasing and Supply Management. the McGraw-Hill Companies, INC. 1986.

31. Daintith. Law as a Policy Instrument, in Daintily(ed.), Law as an Instrument of Economic Policy : Comparative and Critical Approaches. Berlin, 1988.

32. H L A Hart. The Concept of Law. Oxford : Clarendon Press, 1994.

33. Meinhard Hilf. "The Role of National Courts in International Trade Relations", in Ernst-Ulrich Petersman(ed.), International Trade Law and the GATT/WTO Dispute Settlement System. Kulwer Law International Ltd, 1997.

34. Paul J Carrier. Sovereignty under the Agreement on Government Procurement . Minn J Global Trade, V01. 6 : 67, 1997.

35. The Uruguay Round Agreements Act. Statement of Administrative Action, Agreement on Government Procurement, p103.

36. Charles Tiefer. Theory and Practice GPA of World Trade Organization. University of Baltimore Law Review, 1997.

37. Commission Communication. Public procurement in the European Union, XV/5500/98—EU. Brussels : 1998.

38. Alan Branch. International Purchasing and Management Copyright by Thomson Learning EMEA. 2001.

三、期刊论文

1．崔建远．行政合同之我见．河南政法管理干部学院学报，2004，1.

2．湛中东，杨君佐．政府采购基本法律问题研究．法制与社会发展，2001，3.

3．曹富国．政府采购法主体范围比较研究．武汉大学学报：人文科学版，2000，4.

4．刘俊海．关于政府采购立法的若干思考．政府采购立法国际研讨会材料（五），1999-12-16.

5．朱琳静．电子政府采购概览．中国政府采购，2007，9.

6．张康之．论政府的非管理化．教学与研究，2002，7.

7．张康之．论“新公共管理”．新华文摘，2000，10.

8．王和平．论政府信用建设．政治学研究，2003，1.

9．全国人民代表大会常务委员会公报，1999，5.

10．苏力．市场经济对立法的启示．中国法学，1996，4.

11．肖北庚．缔约国于《WTO 政府采购协定》之义务及我国因应．环球法律评论，2008，4.

12．周汉华．变法模式与中国立法．中国社会科学，2000，1.

13．王小能．政府采购法律制度初探．中国法学，2000，1.

14．曾令良．欧共体对多边贸易体制的影响．武汉大学学报：人文社会科学版，2000，3.

15．王雷鸣．政府采购法呼之欲出．人民日报，1999-5-12.

16．肖北庚．从效率到控权：美国政府采购法制价值演进的内在理路．财经与理论实践，2007，3.

17．胡玉鸿．法律主体概念及其特性．法学研究，2008，3.

18．曹富国．政府采购法主体之比较研究．法学，2000，7.

19．党的十八大报告．坚定不移沿着中国特色社会主义道路前进为全面建成小康社会而奋斗．人民日报，2012-11-8.

20．蔡春红．《政府采购法》中的立法技术瑕疵．法学，2004，2.

21．王锡锌．自由裁量权与行政正义——阅读戴维斯《自由裁量的正义》．中外法学，2002，1.

22．盛杰民，吴韬．多边化趋势——WTO《政府采购协议》与我国政府采购立法．国际贸易，2001，4.

23．姜明安．行政程序：对传统控权机制的超越．行政法学研究，2005，4.

24．史际春，邓锋．经济（政府商事）合同研究——以政府采购合同为中心．河南大学学报：社科版，2000，4.

25．张泽想．论行政法的契约理论．武汉大学 2002 年博士论文.

26．苏力．从契约理论到社会契约理论．中国社会科学，1996，3.

27．张成福．公共行政的管理主义：反思与批判．中国人民大学学报，2001，1.

28．梁慧星．中国统一合同法的起草．民商法论丛 1，1994，8.

29．朱苏力．制度是如何形成的．比较法研究，1998，1.

30．顾昂然．关于中华人民共和国合同法草案的说明．全国人民代表大会常务委员会公报，1999，3.

31．江必新．是恢复，不是扩大——谈《若干问题》对行政诉讼受案范围的规定．法律适用，2000，7.

32．肖北庚．政府采购法关于行政诉讼受案范围规定之缺失．行政法学研究，2005，2.

33．焦富民．我国政府采购救济制度立法缺陷分析．河南省政法管理干部学院学报，2007，1.

34．刘慧卿．对我国政府采购法质疑与投诉制度的法律分析．世界贸易组织动态与研究，2007，8.

35．姚振炎．关于《中华人民共和国政府采购法（草案）》的说明．全国人民代表大会事务委员会公报，2001，4.

36．于安．我国政府采购法的合同问题．法学，2002，3.

37．许章润．和平与冲突：中国面临的六大问题——一位汉语文明法学从业者的民族主义文本. 政法论坛，2005，6.

38. 周占顺. 认真贯彻“三个代表”的重要思想，努力开创新世纪信访工作新局面. 人民信访，2010，10.

39. 朱景文. 中国诉讼分流的数据分析. 中国社会科学，2008，3.

40. 蔡仕鹏. 法社会学视野下的行政纠纷解决机制. 中国法学，2006，3.

41. 肖北庚. 我国政府采购法制之根本症结及其改造. 环球法律评论，2010，3.

42. 宋雅琴. 美国联邦采购改革述评——新公共管理模式的适用与反思. 中国政府采购，2007，5.

43. 李龙，汪习根. 国际法与国内法关系的法理学思考——兼论国家关于这一问题的观点. 现代法学，2007，1.

44. 陈卫东. 从国际法角度谈 WTO 协定的实施. 法学评论，2001，2.

45. 张莹. 国际组织政府采购法律规则的比较研究. 法学家，2001，2.

46. 史际春，邓锋. 经济（政府商事）合同研究——以政府采购合同为中心. 河南大学学报：社科版，2000，4.

47. 王和平. 论政府信用建设. 政治学研究，2003，1.

48. 樊志成. 重庆市实施政府采购的有益尝试. 中国行政管理，1998，8.

49. 何红锋.《招标投标法》的内容应当纳入《政府采购法》. 中国政府采购，2007，10.

50. 肖北庚. 政府采购法制之发展路径：补正还是重构. 现代法学，2010，2.

51. 王家林. 对财政部败诉案的剖析. 中国政府采购，2007，4.

52. 曾令良. WTO 协定在我国的适用及我国法制建设的革命. 中国法学，2000，6.

四、网站

http：//www.chinalaw.net

http：//it.ccgp.gov.cn，

http：//ceilaw.cei.gov.cn/index/law/index.asp

五、法条

1.《政府采购管理暂行办法》

2.《合同法》

3.《购买美国产品法》

4.《维也纳条约法公约》

5.《北京市政府采购办法》

6.《欧盟公共事业救济指令》

7.《保护工业产权巴黎公约》

8.《1993年购买美产品法》

9.《上海市政府采购管理办法》

10.《建设工程招标投标暂行规定》

11.《中华人民共和国招标投标法》

12.《中华人民共和国政府采购法》

13.《联合国国际货物销售合同公约》

14.《非招标采购方式管理办法》

15. 2011年《联合国国际贸易法委员会公共采购示范法》

16.《中央预算单位2013—2014年政府集中采购目录及标准》

17.《政府采购货物和服务招标投标管理办法》

后　记

政府采购法在执行和实施中为国家机关及其相关人员所知悉；在发展与诟病中为社会大众所关注。本人结缘政府采购法则起因于对国际法与行政法结合点的探寻，其后历经探索政府采购国际规范到我国因应政府采购国际规则对策探讨，再到政府采购法基本理论学理探究的学术性逐次递增的研究历程。

2001 年武汉大学宪法与行政法学博士毕业后重新回到湖南师范大学法学院工作。当时，湖南师范大学法学发展的重点方向是国际法，既要服从于学院发展大局又得固守自己博士研究方向的我极力在国际法与行政法两者中寻求结合点。而时代法治关联实践则是加入世贸组织的中国承诺在入世后一段时间内加入 WTO《政府采购协定》和于 2002 年 6 月颁行《中华人民共和国政府采购法》，政府采购法治在中国法治实践中的肇始使“拔剑四顾心茫然”的我茅塞顿开，将研究视野推进到国际法与行政法均关注的跨学科领域——政府采购法制，2002 年 10 月到中国社科院法学所从事政府采购国际法制博士后研究，这样政府采购国际规则研究就成了自己学术研究的新领域，从而也就一路在这学术疆土中耕耘。

2007 年底中国向世贸组织提交加入《政府采购协定》所规定的附录清单并于 2008 年正式启动谈判。此时如何因应 WTO《政府采购协定》成为政府采购法制研究者们的共同关注的话题，这一时代背景促使了政府采购法制研究的学术研究团队的壮大，国际法与行政法研究领域均有不少学者加入到政府采购法制研究中。自己亦将政府采购国际规则的一般性评介与解释性研究转入到加入 WTO《政府采购协定》的我国法律对策研究中，撰写了一系列相关文章，并出版学术专著。制度视角反思政府采购当事人、采购程序和采购方式及其救济等制度规范缺陷的论据不断增加，对策方法探析政府采购法制完善与发展成为研究主流，规范分析和对策探讨是学者们的主要研究理路。然本质地看，政府采购法制的制度规范问题和实践弊端并不能通过个别规范的修补和某一具体制度的细化而得到根本的解决，仅仅依靠纯粹的规则合理化来完善和补救政府采购法制只可能使规范设计得越周到，偏颇和错误反而越强大。就事论事的具体制度型构分析已不能满足走出政府采购法制根本困境的现实需要，从理念到规则体系化地检讨政府采购法制才是可行策略。

2008 年，本人就政府采购法律体系化问题申报了国家法治与法学理论研究重点课题——政府采购法制基本理论研究，并获司法部批准，此成果正是该项目的终极成果之一。该终极成果本应在获得司法部鉴定通过后不久的 2014 年初出版，考虑到基本理论研究应采用法学研究领域中的新方法和增添政府采购法制发展新内容，期盼成果成为“顺世而生又异世而立”的理论回应实践之作品，后用系统研究方法和工程学理论研究范式对其进行系统思考，并吸收政府采购法制研究最新成果与立法新规范。不过，政府采购法制内容庞杂、位阶多级、政策功能突出，非一两部著作、十余年研究可以毕其功的，即使心怀此理想也难达其境界。作为政府采购法制研究的一部基本理论研究著作能成为法律体系研究成果大厦之基石，则甚欣矣。